시칠리아는 눈물을 믿지 않는다

여행자를 위한 인문학

# 시칠리아는 눈물을 믿지 않는다

글·김상근 | 사진·김도근

시공사

"있는 그대로, 본 그대로…

…que sunt, sicut sunt…"

_프리드리히 2세, 《매사냥의 기술 De Arte Venandi cum Avibus》 서문

# 차례

# 내일 따위는
# 없어요

　대학을 다녔던 20대 시절, 〈모스크바는 눈물을 믿지 않는다〉라는 기묘한 제목의 영화를 보았다. 영화가 1979년에 제작되었으니, 모스크바가 '러시아'가 아니라 '소련'의 수도였을 때다. 냉전이 극에 달했던 시절, 어찌 이런 제목의 영화가 반공反共 국가 한국에서 상영되었는지 궁금할 따름이지만, 그 제목의 강렬한 인상은 아직도 내 뇌리에 선명하게 남아 있다. 모스크바는 눈물을 믿지 않는다고? 그럼 혁명의 도구인 '낫과 망치'만 믿는다는 말인가? 눈물을 믿지 않는다고? 모스크바라는 도시의 이름을 빌려 도스토옙스키 풍의 장엄한 인간 서사를 펼치려는 수작일까?

　'여행자를 위한 인문학' 시리즈가 끝을 향해 가고 있다. 로마(2019년), 베네치아(2020년), 피렌체(2022년)에 이은 네 번째 책의 주제는 시칠리아다. 이 책의 마지막 원고를 탈고하기 직전, 시칠리아의 수도 팔레르모의 거리를 걷다가 〈모스크바는 눈물을 믿지 않는다〉라는 영화 제목이 문득 떠올랐다. 어떤 운명처럼 나는 '여행자를 위한 인문학' 시리즈의 네 번째 책 제목을 《시칠리아는 눈물을 믿지 않는다》로 정하기로 했다. 내 곁을 스쳐 지나가는 시칠리아의 도심 보행자들의 얼굴에 그렇게 쓰여 있었기 때문이다. "우린 눈물을 믿지 않아요. 이 땅, 시칠리아에 내일 따위는 없어요."

러시아에 길고 긴 겨울이 있다면, 시칠리아에는 끝나지 않는 여름이 있다. 모스크바의 하늘에서는 흰 눈이 내리지만, 팔레르모의 하늘에서는 뜨거운 여름 햇살이 불처럼 쏟아진다. 러시아 사람들은 추위 때문에 얼어서 죽고, 시칠리아 사람들은 더워서 죽는다. 아침에 일어나자마자 거친 브리오슈 빵 조각을 얼음물인 셔벗에 찍어 먹는 곳이 시칠리아다. 바다로 둘러싸여 있는 섬이지만 물까지 절대 부족이다. 언제나 목마른 섬. 타오르는 목을 축이기 위해 어디선가 물을 길어 와야 하지만, 그 한 통의 물을 길어 오기 위해 또 다른 한 통의 땀을 흘려야 하는 곳이 시칠리아다.[1]

혹독한 더위에 지친 탓인지, 시칠리아 사람들의 표정에서는 메마름이 느껴진다. 찌푸린 얼굴들, 갑자기 화를 낼 것 같은 표정들, 신경을 곤두세우고 주변을 경계하는 눈동자들. 그들의 이런 성마름은 목마름에서 비롯한 것이다. 시칠리아 사람들은 만성적인 갈증을 참고 견디기 위해 과묵한 인생을 살겠다고 결심한 사람들처럼 보인다. 시칠리아에서는 이탈리아 특유의 다변多辯과 수다스러운 몸동작을 금기로 친다. 금金이 출토되지 않는 시칠리아에서는 오로지 침묵이 금이다. 말을 많이 하는 자는 불온한 자이며, 음흉한 목적을 가진 외지의 침략자로 간주된다.

그렇다고 해서 시칠리아 사람들이 쾌락의 추구를 포기한 것은 아니다. 그들의 과묵함은 은밀한 욕망을 숨기기 위한 유치한 수단이다. 시칠리아의 문제는 이 두 대립하는 성향 사이에 적절한 조화가 부족하기에 발생한다. 그들은 수도승처럼 엄격하지만, 동시에 일순간의 쾌락을 향해 기꺼이 몸을 던진다. 극단적으로 엄격한 성격을 가졌지만 무절제한 삶을 포기하지 않는 그들의 이중적인 성격은 시칠리아의 자연이 언제나 이중적이기 때문일 것이다. 태양이 작열하는 여름, 빠짝 말라버린 시냇물 옆

시칠리아는 눈물을 믿지 않는다

시칠리아 내륙은 언제나 물 부족에 시달린다. 시칠리아 동쪽에 있는 피아차 아르메리나 Piazza Armerina에서 한 할머니가 물통에 식수를 받아 집으로 돌아가고 있다.

에서 목동과 염소가 더위에 지쳐 숨을 헐떡인다. 그러다가 짙은 먹구름
이 몰려와 폭우가 쏟아지면, 그동안 목마름으로 고통받던 목동과 염소가
갑자기 불어난 시냇물에 빠져 목숨을 잃는 곳이 시칠리아다.[2] 그래서 그
들은 화창한 날에도 늘 고개를 들고 혹시 하늘에 먹구름이 있는지를 살
펴본다.

시칠리아 사람들이 사소한 일에도 눈썹을 치켜올리고 눈을 부라리는
것은 주위에서 벌어지고 있는 사건의 원인을 충분히 이해하지 못하기 때
문이다. 지난 2,800년 동안 시칠리아 사람들은 한 번도 스스로 운명을
개척하거나 독자적인 문명을 발전시키지 못했다. 그들 눈에 보이는 모
든 과거의 기념비들은 그들의 땅에 침입했던 외부의 점령자들이 남긴 것
이다. 기원전 800년경, 시칠리아에서 처음 식민지를 개척했던 페니키아
인들부터 그리스, 로마, 반달 왕국, 동고트 왕국, 비잔틴 제국, 사라센 제

국, 노르만 왕조, 독일 호엔슈타우펜 왕가, 프랑스 카페 왕조, 스페인 아라곤 왕조, 북이탈리아 사보이아 왕국, 오스트리아 합스부르크 왕조, 스페인 부르봉 왕조가 차례로 시칠리아를 수탈했다. 그래서 그들은 '외부의 것'이라면 무조건 경계하고 증오하지만, 그것을 이해하려는 노력은 절대로 하지 않는다. 그들의 정신은 과거의 망령에 지배당하고 있다. 시칠리아 사람들은 스스로 말한다. 20살이 되기 전에 빨리 섬을 떠나야 한다고. 그렇지 않으면 과거의 유령이 발목을 잡을 것이라고. 그러나 아무도 쉽게 섬을 떠날 수 없다. 시칠리아의 과거는 그들에게 주어진 운명이며, 피할 수 없는 미래이기 때문이다.

흔히 시칠리아는 '지중해에서 가장 큰 섬'으로 소개된다. 장화처럼 생긴 이탈리아반도 밑에 있는 섬이기 때문에 한반도 끝자락에 있는 제주도와 비교되곤 하지만, 시칠리아는 제주도보다 무려 14배나 큰 섬이다. '아프리카와 유럽을 연결하는 다리'도 시칠리아를 설명할 때 자주 사용되는 표현이다. 실제로 이탈리아반도와는 불과 3킬로미터 정도 떨어져 있고, 남쪽 몰타Malta와는 93킬로미터, 북아프리카와는 160킬로미터 정도의 거리에 놓여 있다. 그래서 시칠리아는 아프리카에서 유럽으로 진출을 시도했던 세력들이 반드시 거쳐 가야 하는 중간 교두보였다.

로마의 건국자 아이네이아스Aeneas는 시칠리아에서 군사들을 훈련시킨 다음, 이탈리아반도로 상륙했다. 제2차 세계대전 당시 허스키 작전Operation Huskey(1943년)은 미국과 영국의 군대가 경쟁적으로 시칠리아에 상륙했던 작전으로, 당시 시칠리아는 이탈리아반도로 진격하기 위한 연합군의 중간 교두보였다. 여행의 최종 목적지가 되지 못하는 곳은 언제나 불행하다. 여행자들은 그곳을 스쳐 지나가는 경유지로만 여기기 때문이다. 잠시 머물렀다 떠나는 곳에 거주하는 사람들은 찾아오는 사람들에게 정을 줄 수 없다. 시칠리아가 그런 곳이었다. 제주도보다 14배 더 큰 지중해의 이 섬에, 14번이나 외부의 손님이 찾아왔지만 그들은 모두 떠나버렸다.

독일의 대문호 요한 볼프강 폰 괴테Johann Wolfgang von Goethe는 시칠리아를 "모든 섬의 여왕"이라고 불렀다.[3] 1787년 4월, 처음 시칠리아를 찾은 그는 자연의 아름다움을 보고 그 섬을 파이아케스족Phaeacians의 섬이라고 상상했다.[4] 트로이 전쟁을 마치고 지중해를 떠돌던 오디세우스가 나우시카아Nausicaa 공주를 만나 그의 지난 10년 여정을 들려주었던 곳이다. 그러나 결국 오디세우스도 그 낙원 같은 섬을 떠나 고향 이타케Ithake 로 돌아간다. 괴테도 결국 시칠리아를 떠났다. 인류 최초의 서사시를 쓴 호메로스Homeros 와 독일 최고의 문호 괴테가 시칠리아의 운명을 정확하게 파악해냈다. 그렇다. 시칠리아는 떠나기 위해 찾아오는 곳이다.

서론이 너무 길었다. 이제부터 펼쳐질 시칠리아 이야기는 이 섬을 찾아왔던 여행자들의 시대 순을 따른다. 지난 2,800년 동안 시칠리아를 차례로 방문했던 14개의 민족, 국가, 왕조, 군대의 이야기다. 이들의 방문으로 인해 시칠리아에는 문명의 지층地層이 포개진 것이 아니라 한숨이 쌓였고, 그 슬픔의 땅 위에는 시칠리아 사람들의 눈물이 뿌려졌다. 우리는 일제강점기(1910~1945년)를 겪으며 딱 한 번 이런 경험을 했다. 우리가 35년간 경험했던 '외부인의 점령'을 시칠리아 사람들은 무려 2,800년 동안 견뎌왔다는 것을 생각하면, 모든 방문자의 가슴은 숙연해진다.

잔뜩 찌푸린 그들의 표정이 이제야 조금 이해가 된다. 인간이 인내할 수 있는 한계는 어디까지일까? 인간은 생존을 위해 어떤 일까지 할 수 있을까? 2,800년의 절망이 계속된다면, 인간성이 파괴되지 않을까? 나는 왜 시칠리아에서 이런 고민을 하는 것일까? 나는 지금 왜 시칠리아에

와 있는가? 이런 고민과 함께 여행자를 위한 인문학, 그 네 번째 여정이 시작된다. 지중해 위에 삼각형으로 떠 있는 시칠리아에서 여행을 시작하자. 결국 우리도 그 섬을 떠나게 되겠지만.

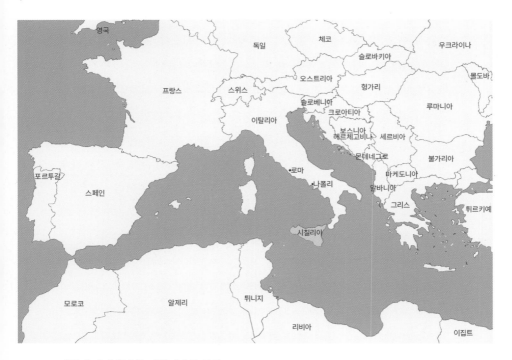

지중해 전체에서 본 시칠리아의 위치.

시칠리아는 눈물을 믿지 않는다

# 표기에 대하여

    이 책의 지명 표기법은 현재 이탈리아에서 사용되고 있는 용어로 표기함을 원칙으로 한다. 예를 들어 그리스 시대에는 시켈리아Sikelia로 불렸고, 로마 시대에는 시킬리아Sicilia로 불렸지만, 현재 사용되고 있는 시칠리아Sicillia로 표기한다. 그리스 시대의 시라쿠사이Syrakousai와 셀리누스Selinus는 각각 지금 사용되고 있는 시라쿠사Syracusa와 셀리눈테Selinunte로 통일한다. 그리스인들은 아크라가스Akragas라 불렀고 아랍인들은 기르겐티Girgenti로 불렀지만, 역시 지금 사용되고 있는 아그리젠토Agrigento로 통일하는 것도 같은 방식이다. 페니키아인들이 지스Zis라 불렀고, 사라센Saracen들이 발레름Balerm이라 불렀지만, 지금 사용되는 팔레르모Palermo로 표기한다. 일부 고유명사는 관용적으로 사용되는 영어식 표현을 차용했으니, 트로이아는 트로이로, 헬라스는 그리스로, 에스파냐는 스페인으로 표기해 독자들의 이해를 돕기로 한다.

    이 책에서 사용하는 '사라센'이란 단어는 시칠리아에 거주했던 모든 이슬람 신앙의 신봉자를 뜻한다. 아랍인과 무어인, 그리고 베르베르인을 포괄하는 개념이다. 왕의 호칭을 쓸 때 해당 국가의 발음을 존중하되, 프랑스 노르만 왕의 이름은 관용적인 영어식 표기를 사용하기로 한다. 로저Roger는 로제의, 윌리엄William은 기욤의 영어식 표현이다. 나머지는 표준 한글 맞춤법에 따른다.

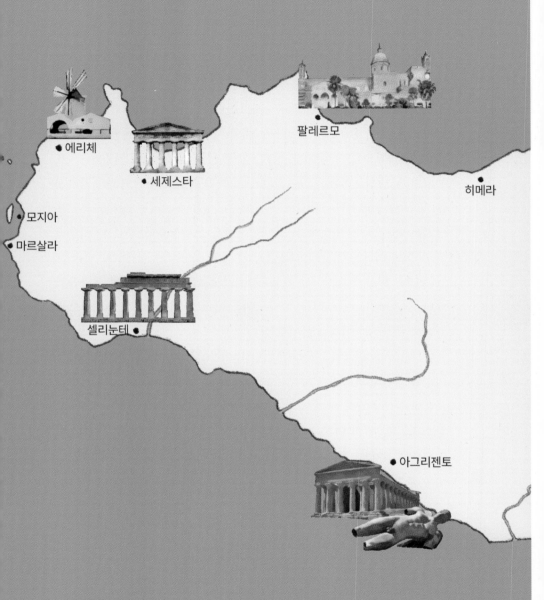

에리체

세제스타

팔레르모

히메라

모지아

마르살라

셀리눈테

아그리젠토

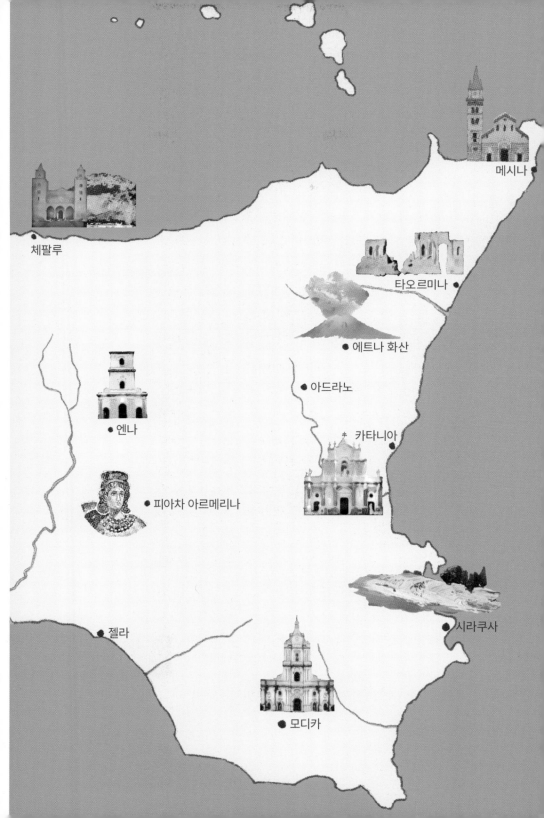

체팔루

메시나

타오르미나

에트나 화산

아드라노

엔나

카타니아

피아차 아르메리나

시라쿠사

젤라

모디카

# 1장

## 시칠리아 원주민과
## 페니키아인의 등장

### 기원전 800년

# 신석기 시대의 리파리제도와
# 시칠리아의 원주민

기원전 5000년경에 이미 시칠리아에 현생 인류가 생존했던 것으로 추정되지만, 처음으로 집단 거주의 흔적을 남긴 사람들은 신석기 시대 말기의 유민들이었다. 그들이 시칠리아에서 처음 본 것은 에트나Etna 화산(해발 약 3,320미터)이었을 것이다. 제주도에 한라산이 있다면, 시칠리아에는 에트나산이 있다. 그러나 한라산은 휴화산이지만, 에트나산은 지금도 살아서 꿈틀거리는 활화산이다. 그래서인지 단테Dante Alighieri(1265~1321년 추정)는 《신곡Divina Commedia》에서 시칠리아를 "불의 섬"이라 불렀다.[1] 제주도에서는 깨끗한 삼다수가 솟아나지만, 시칠리아에서는 지금도 붉은 용암이 흘러내리다가 검은 돌로 굳는다.

시칠리아에서 화산이 맹렬하게 불을 내뿜던 시절, 이 위험한 땅에 고대 인류가 모여든 이유도 역설적으로 화산 때문이었다. 영어로는 옵시디언obsidian, 우리말로는 흑요석黑曜石이라 부르는 날카로운 화산석을 얻기 위해서였다. 화산이 폭발할 때 분출되는 용암이 급속도로 냉각되면 검은

시칠리아는 눈물을 믿지 않는다

색의 흑요석이 만들어진다. 유리처럼 날카로운 흑요석이 출토되는 시칠리아 북쪽의 리파리Lipari제도에 신석기 시대의 유민들이 최초로 거주했다. 이들은 리파리에서 채집한 흑요석을 이탈리아와 지중해 연안 국가들에 수출하며 생계를 꾸렸을 것이다. 리파리에 거주했던 최초의 인류는 이탈리아 중부 캄파니아 지방에서 건너온 무리로 추정되지만, 아직 완벽한 고고학적 증거는 확인되지 않고 있다. 이탈리아의 건국 신화를 쓴 베르길리우스Vergilius(기원전 43~기원후 18년)는 《아이네이스Aeneis》 첫 부분에서 지중해를 떠돌던 트로이의 유민들이 '바람의 섬'이라 불리는 에올리에Eolie섬에서 풍랑에 휩쓸리는 모습을 묘사하고 있다.**2** 에올리에섬이 바로 지금의 리파리다. 기원전 5세기에 《펠로폰네소스 전쟁사History of the Peloponnesian War》를 기록했던 그리스의 역사가 투키디데스Thucydides(기원전 460~400년 추정) 역시 리파리를 여러 차례 언급하고 있다. 에트나산의 화산 활동을 언급하면서 헤파이스토스의 대장간이 있다는 전설을 인용했고, 리파리 사람들은 농사철에 시켈로이Sikeloi족이 있는 시칠리아 본섬으로 가서 농사를 짓는다는 기록을 남겼다.**3**

해안선 너머로 리파리제도가 보인다.

이처럼 시칠리아의 원주민들에 대한 역사 기록을 처음 남긴 사람은 《펠로폰네소스 전쟁사》를 기록한 투키디데스다. 그에 따르면 기록상으로 최초의 시칠리아 '원주민'은 섬의 중앙에 주로 거주했던 시카노이 Sikanoi족인데, 이베리아반도에서 이주해 온 유민들로 추정된다.[4] 그러나 현대 인류학자들은 혈통적으로 발칸반도에서 온 이주민이라는 견해를 제시하고 있다. 시카노이족이 그리스 문명의 직접적인 영향을 받았다는 사실은 고고학적으로 확인할 수 있고, 특별히 그리스 최초의 문화를 일구어낸 미케네 문명의 흔적이 발견되기도 했다.

투키디데스는 시칠리아 서쪽에 거주하던 엘리모이 Elimoi족에 대해서도 언급하고 있다.[5] 그는 이들이 "트로이 전쟁의 피난민들"이라는 기록을 남겼다. 이러한 해석은 로마의 건국 신화를 쓴 로마의 역사가 베르길리우스 Vergilius에 의해 더욱 확장된다. 그는 트로이 유민을 이끌고 이탈리아로 가던 아이네이아스가 돌아가신 아버지를 위한 추모 경기를 개최한 곳을 시칠리아 서쪽이라고 언급했다.[6] 먼저 피난 온 동족들이 있는 땅에서 추모 경기를 개최한 것이다. 이처럼 그리스와 로마 시대의 역사가들은 엘리모이족을 "트로이 전쟁의 피난민들"로 해석하고 있지만, 이들이 사용했던 언어가 라틴어에 더 근접해 있어 현대의 학자들은 엘리모이족을 이탈리아계로 추정한다. 이들은 시칠리아 서부의 세제스타 Segesta와 엔텔라 Entella를 근거지로 삼았고, 시칠리아 서쪽 해안에 정착한 페니키아인(카르타고인)들과 교역을 하며 생계를 유지했다.

역시 투키디데스의 기록에 따르면 시칠리아의 동쪽에는 시켈로이족이 거주했고 이 부족의 이름에서 '시칠리아'란 이름이 만들어졌다. 시켈로이족은 인종적으로는 이탈리아 중부에서 이주해 온 이탈리아계로 추정되지만, 호메로스의 《오디세이아 Odysseia》에도 그 이름이 언급되어 있다.[7]

시칠리아는 눈물을 믿지 않는다

세제스타의 신전과 장례 추모 경기가 열린 세제스타 평원. 엘리모이족의 땅이었다.

그리스 본토에서 첫 유럽 문명의 꽃을 피운 미케네 스타일의 도자기 파편이 시켈로이족의 땅에서 발굴된 적이 있다.[8] 투키디데스에 따르면 '이탈리아'란 이름도 시켈로이족의 왕이었던 이탈로스Italos로부터 나왔다고 한다.[9]

　시켈로이족은 청동기 문명을 유지하던 시칠리아에 처음으로 철기 문명을 소개했다. 이집트의 비문에 '시켈레시Shekelesh'란 비슷한 이름이 자주 등장하기 때문에,[10] 이들이 철제 무기를 휘두르며 지중해 연안 국가들을 공포에 떨게 했던 '해양 민족'의 일부라고 추정하는 학자도 있다. 이들은 대규모 군대를 이끌고 시칠리아 동부와 남부를 점령한 후, 시카노이족을 섬의 내륙으로 몰아냈다. 투키디데스에 의하면 이 종족이 약 300년 동안 시칠리아의 패권을 장악하고 있었다. 그래서 기원전 8세기에 시칠리아로 이주하기 시작한 그리스인들은 이 섬의 이름을 시켈리아로 불렀다.[11]

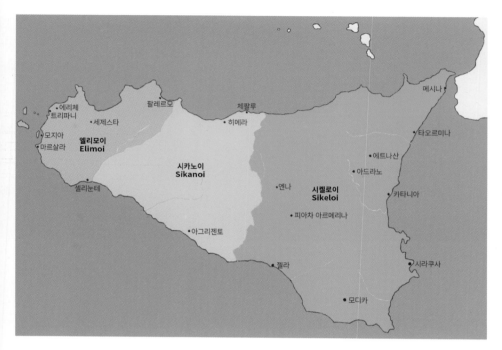

에리체
트리파니
모지아
마르살라
엘리모이
Elimoi
셀리눈테
팔레르모
세제스타
시카노이
Sikanoi
아그리젠토
체팔루
히메라
엔나
피아차 아르메리나
젤라
시켈로이
Sikeloi
에트나산
아드라노
카타니아
시라쿠사
모디카
메시나
타오르미나

시칠리아 원주민의 분포 지도와 주요 도시.

## 페니키아인의 등장(기원전 800년)

기원전 800년경 시칠리아에 교역을 위해 식민 도시를 건설했던 페니키아인에 대한 기록 역시 투키디데스가 쓴 《펠로폰네소스 전쟁사》에 의존하고 있다.[12] 지금의 레바논 해안에 거주하던 페니키아인들은 인근 강대국 아시리아의 침공으로 인해 지중해 서쪽으로 거주지를 옮겨야만 했다. 셈어를 사용하던 페니키아인들은 뛰어난 항해술을 자랑했는데, 북극 부근에 떠 있는 큰곰자리를 이용해서 주로 야간에 항해했다. 그들이 밤

시칠리아는 눈물을 믿지 않는다

눈을 밝히며 처음 정착지로 선택한 곳은 북아프리카의 카르타고였다.[13] 그들은 계속해서 지중해를 가로질러 몰타와 고조Gozo, 그리고 시칠리아 서해안의 섬 모지아Mozia에 교역을 위한 작은 도시를 차례로 건설했다.[14]

페니키아인들은 모지아를 전초 기지로 삼은 후 마르살라, 에리체, 세제스타 그리고 팔레르모까지 진출해 시칠리아 원주민과 활발한 교역을 펼쳤다. 페니키아인들은 보라색 뿔고둥을 가공해서 천을 염색했고, 그래서 그리스인들은 그들을 '포이니케스Phoinikes'로 불렀다. '보라색 천을 거래하는 사람들'이란 뜻이다. 구약성서에 "레바논의 백향목"이 자주 언급되고 있는데,[15] 그들은 백향목을 이용한 건축에 능했고 지중해를 종횡할 만큼 튼튼한 선박을 건조할 수 있었다. 페니키아인들이 남긴 가장 큰 공헌은 알파벳을 지중해 문명권으로 확산시킨 것이다. 모지아 유적지에서 기원전 8세기경에 페니키아인들이 사용했던 도자기 파편이 발견되었는데, 그들이 전파한 알파벳을 확인할 수 있다.[16]

모지아의 페니키아 유적지는 시칠리아에서 와인, 철도, 보험, 은행 등에 투자했던 영국의 사업가 조지프 휘터커Joseph Whitaker(1850~1936년)에 의해 1979년에 발굴되었다. 바알Baal 신을 숭배했던 페니키아인들은 동물 제사와 더불어 장남을 신에게 바치는 인신 공양과 성전 창기娼妓 제도를 모지아에서도 유지한 것으로 보인다. 그리스에서 고대 미케네와 트로이의 유적지를 발굴했던 하인리히 슐리만Heinrich Schliemann(1822~1890년)에 버금가는 업적을 영국인 사업가 휘터커가 남긴 것이다.[17]

모지아에서 발굴된 유적 중에서 가장 유명한 것은 대리석 조각 〈모지아 청년Mozia Charioteer〉이다. 2,500년 동안 불과 1.6미터 지하에 묻혀 있던 이 대리석 조각은 181센티미터의 실물 크기로, 머리는 그리스 고전기(기원전 5세기 초반)에 제작되었고 몸통은 고전기 이후(기원전 5세기 후반)

에 제작된 것으로 확인되면서 학계의 큰 관심을 불러일으켰다. 이 그리스 조각상은 기원전 409년, 카르타고(페니키아)가 셀리눈테를 점령했을 때 그곳에서 노획한 전리품으로 추정된다. 셀리눈테 '신전 E'의 메토프 Metope(도리스 양식 건축에서 사각형으로 된 처마 장식)에서 닮은 모양의 인물이 발견되었기 때문이다. 전문가들은 작품의 주인공이 '마차를 모는 소년(기수)'이었을 것으로 추정하고 있다. 기수들이 마차 경기 때 입는 옷을 착용하고 있기 때문이다. 일부 학자는 기수가 아니라 어떤 종교 의식을 거행하던 '춤추는 제관'이며, 조각상 머리 부분에서 발견된 5개의 구멍이 그 증거라고 주장하고 있다.[18]

페니키아인들은 시칠리아의 서쪽 해안에서 그곳 원주민들과 교류하면서 조용히 생계를 꾸려갔다. 시간이 지나면서 시칠리아 사람들은 그들을 '카르타고인'이라 불렀다. 페니키아인들이 북아프리카의 카르타고와 계속 교류하고 있었기 때문이다. 시칠리아의 첫 번째 방문자였던 페니키아 이주민들은 시칠리아 원주민의 지역 분쟁에 휘말리게 된다. 세제스타와 셀리눈테가 전쟁을 하게 되었고(기원전 409년), 페니키아인들은 평소 교역을 하던 세제스타 편을 들었다. 이들은 세제스타의 요청으로 셀리눈테를 공격하고 전리품으로 대리석 조각 〈모지아 청년〉을 챙길 수 있었다.

그러나 몇 년 후 페니키아인들은 시칠리아 동부의 참주로부터 예상치 못한 공격을 받게 된다. 시라쿠사의 참주였던 디오니시우스 1세 Dionysius I(기원전 432~367년)가 시칠리아 제패를 꿈꾸며 원정을 왔고, 페니키아인들은 충격적인 패배를 당한다(기원전 397년). 모지아를 방어하기 위해 북아프리카의 카르타고에서 원정군까지 출정했지만, 이미 전쟁의 승패가 갈린 후였다. 살아남은 소수의 페니키아인은 마르살라 Marsala(당시 릴리베오 Lilibeo)로 피신했지만, 침략자 디오니시우스 1세는 끝까지 남아 있던 모지아의 페니키아인 전원을 학살함으로써 시칠리아를 찾아온 첫 번째 방문자의 흔적을 깡그리 없앴다. 페니키아(카르타고)를 몰아낸 사람은 시칠리아 원주민이 아니라, 시라쿠사의 참주 디오니시우스 1세였다. 그는 시칠리아에 온 두 번째 방문자 그룹, 즉 그리스에서 이주해 온 사람이었다.

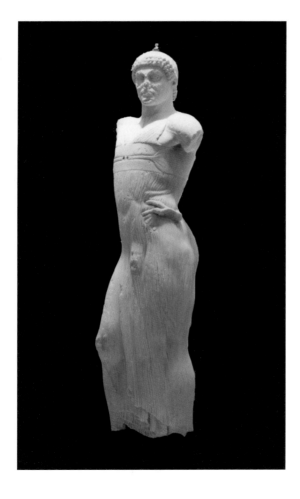

페니키아인들이 셀리눈테에서 전리품으로 가져왔을 것으로 추정되는 〈모지아 청년〉. 팔레르모의 살리나스 고고학 박물관에 소장되어 있다.

# 2장

그리스 이주민의 정착과
참주의 시대

기원전 734~212년

## 신화의 땅 시칠리아에서 펼쳐진
## 그리스 신화 10편

지금도 화산의 유황 냄새가 진동하는 리파리제도에 신석기인들이 살았고, 시칠리아 본섬의 서쪽과 중앙 지역에 각각 엘리모이족과 시카노이족이 청동기 문명을 이루며 살았다. 흔히 '시칠리아 원주민'이라 하면, 이들과 더불어 철기 문명을 전파했던 동쪽의 시켈로이족을 말한다. 앞장에서 살펴본 대로 모지아를 비롯한 마르셀라, 에리체, 세제스타, 팔레르모에 흔적을 남겼던 첫 번째 이주민 페니키아인들은 거의 종적을 감추었다. 겨우 생존을 이어가던 일부 페니키아 유민들은 북아프리카의 카르타고인들과 교류했기 때문에 카르타고인이라고도 불리게 되었다.

시칠리아에 본격적으로 문명이 등장하기 시작한 것은 그리스 이주민의 시대가 펼쳐졌던 기원전 8세기 중엽부터였다. 유럽 최초로 고등 문명을 탄생시킨 그리스는 경작지의 협소로 인한 식량난 때문에 항상 고통스러운 시간을 보내고 있었다. 그리스인들이 지중해의 거대한 '곡물 창고'로 불렸던 시칠리아를 주목하게 된 것도 그 때문이었다. 그들은 도시 국가별로 이주민 선단을 꾸려 시칠리아에 식민 도시를 건설하기 시작했다.

그리스인들은 타고난 이야기꾼이었다. 다양하고 다채로운 신과 자연, 그리고 인간의 세계를 수많은 이야기로 해석했던 그리스인들은 시칠리아를 '신화의 섬'으로 만들었다. 신화는 새로운 세상을 이해하고 해석하려는 그리스인의 노력을 반영한다. 그들은 밤하늘의 별을 보며 동물 모양의 별자리를 만들었고, 그것을 실제 인생살이의 희로애락과 연결시켰다. 그리스 이주민들이 시칠리아에서 목격했던 자연환경은 유난스레 폭력적이었다. 그들은 뜨거운 시칠리아 여름의 열기, 끔찍한 재앙을 불러일으키는 에트나 화산의 폭발, 그리스 본토와 시칠리아 사이를 항해하며 겪었던 폭풍우를 신화의 주제로 삼았다. 그리스 본토의 신화가 만들어진 것은 기원전 16세기에서 8세기까지의 일이었지만 시칠리아에서는 기원전 8세기부터 신화가 탄생했다. 그래서인지 시칠리아의 신화는 그리스 본토 신화와 중첩되는 내용도 많고, 두 문화권을 연결하는 내용도 많다. 많은 그리스 신화가 시칠리아와 연관되어 있지만, 그중에서 10개의 신화만을 추려보기로 한다.

### 1. 에트나 화산의 두 수호신, 아드라노스와 헤파이스토스

시칠리아 동쪽에 거주하면서 최초로 철기 문명을 들여온 시켈로이족이 지리적으로 그리스와 가장 가까웠기 때문에 그리스인들은 그들을 시칠리아의 원주민으로 이해했다. 그래서 지금도 '시쿨로Siculo'라는 이탈리아 단어는 '시칠리아의 토착민'이란 뜻으로 사용되고 있다. 그리스 문명이 도래하기 전, 이 지역에는 '시쿨라Sicula' 문화가 있었고 자체적인 신화도 보유하고 있었다.

시쿨로들은 에트나 화산의 신인 아드라노스가 시칠리아의 수호신이라고 믿었다. 그리스의 역사가 디오도로스 시켈로스Diodoros Sikelos (기원전 90~30년 추정)와 로마 시대의 역사가 플루타르코스Ploutarchos (46~119년 추정)의 저작에서도 아드라노스 숭배가 시칠리아 원주민 시쿨로의 종교 문화로 소개되고 있다.[1] 지금도 에트나산의 남서쪽 기슭에는 아드라노Adrano라는 이름의 도시가 남아 있는데, 이곳에 아드라노스 신전이 있었다고 한다. 소박한 목조 건물이었고, 그 안에 창을 든 전사의 모습을 한 아드라노스가 모셔져 있었다. 전설에 따르면 이 신전을 지키는 특별한 경비대가 있었는데, 시칠리아의 토종견인 키르네코 델레트나Cirneco dell'Etna 1,000마리였다. 줄여서 '키르네키Cirnechi'로 부르는 이 견종은 시칠리아에서만 발견되는데, 뛰어난 지능과 직관력을 가진 것으로 유명하다. 이들 1,000마리의 개 경비대는 신전을 찾아오는 신실한 순례자들에게는 꼬리를 흔들며 반겨주었지만, 약탈자나 신을 공경하지 않는 무례한 자들에게는 사나운 공격을 퍼부었다. 시칠리아 사람들이 사용하는 관용적 표현인 "개한테 잡아먹힐 놈! Ti putissiru mangiari li cani!"은 아드라노스 신화에서 유래했을 것으로 추정된다. 피아차 아르메리나에 있는 건물인 빌라 로마나

키르네키라 불리는 시칠리아 토종견이 빌라 로마나 델 카살레의 바닥 모자이크로 장식되어 있다.

시칠리아는 눈물을 믿지 않는다

델 카살레Villa Romana del Casale 바닥 모자이크에서 키르네키의 모습을 확인할 수 있다.

　기원전 8세기부터 시칠리아에 정착하기 시작한 그리스 이주민들은 본토에서처럼 활발하게 신화를 만들어갔다. 그리스 본토의 신화를 시칠리아와 연결하는 작업이었다. 시칠리아를 새로운 그리스 문명의 일원으로 포섭하기 위한 일종의 문화 침투 현상이라고 보아도 좋겠다. 이를 위해 에트나 화산의 신 아드라노스는 그리스의 대장장이 신 헤파이스토스로 대체된다. 지금도 활화산의 용암 연기를 뿜어내고 있는 장엄한 에트나 화산의 모습에서 그들은 자연스럽게 대장장이 신 헤파이스토스를 떠올린 것이다.[2]

　헤파이스토스는 제우스와 헤라의 사이에서 못생긴 외모와 불편한 다리를 가진 아들로 태어났다. 헤라는 자신이 낳은 아들이 못생겼다는 사실에 수치심을 느끼고 헤파이스토스를 바다에 던져버렸고, 버림받은 아들은 바다의 여신 테티스의 보살핌을 받으며 성장했다. 금속을 다루는 능력이 뛰어났던 헤파이스토스는 자신을 버린 친모 헤라에게 복수하기 위해 아름다운 왕좌를 만들어 선물했다. 훌륭한 선물에 감동한 헤라가 왕좌에 앉자 얇은 사슬이 헤라를 묶어버렸고 어떤 신도 그 사슬을 끊어낼 수 없었다. 헤라는 아들 헤파이스토스에게 사과했고, 헤파이스토스는 미의 여신 아프로디테를 아내로 삼게 해주면 사슬을 풀어주겠다고 약속했다. 결국 못생긴 헤파이스토스는 아름다움의 여신 아프로디테를 아내로 얻고, 어머니 헤라와 화해했다. 그 후 헤파이스토스는 자신의 재능을 활용하여 제우스를 위해 왕좌를, 데메테르를 위해 낫을, 아킬레우스를 위해 방패를 만들어주었다. 그리스인들은 에트나 화산이 헤파이스토스의 대장간이라고 믿었다. 가끔 폭발하는 에트나의 화산 활동은 헤파이스토스가 조수인 키클롭스 삼형제와 함께 무엇인가를 만들고 있다는 뜻으로 해석되었다. 에트나 화산의 주인이 아드라노스에서 헤파이스토스로 대체된 것이다.

### 2. 쌍둥이 형제 팔리치가 태어난 나프티아 호수 이야기

시쿨로들의 시칠리아 토착 신화에 의하면 아드라노스는 탈리아Talia 라는 이름의 님프에게서 팔리치Palici 라 불리는 쌍둥이 형제를 얻게 되었다. 이 쌍둥이 형제 팔리치의 신화는 나프티아Naftia 호수에서 시작된다. 나프티아 호수는 에트나산 서쪽에 있는 작은 마을 아드라노에서 남서쪽으로 약 20킬로미터 떨어진 곳에 있었다. 이 호수는 화산 활동으로 생겨난 2개의 분화구로 만들어졌는데 이산화탄소, 수소, 메탄으로 이루어진 증기가 항상 솟아나고 있었다. 호수의 물은 초록색과 노란색이었고, 주변에는 늘 고약한 유황 냄새가 났는데 시칠리아 사람들은 이곳이 팔리치 형제가 태어난 신성한 장소라 여겼다.

팔리치 형제가 태어났기 때문에 나프티아 호수는 시칠리아 토착 종교의 중심지가 되었다. 지금은 흔적을 찾을 수 없지만 16세기까지 나프티아 호수에는 팔리치 신전이 남아 있었는데, 이곳은 시칠리아 사람들이 중요한 맹세를 하는 장소로 사용되거나 때로 재판 장소로 사용되기도 했다. 나프티아 호숫가에서 거짓말을 하면 눈이 멀게 된다는 전설이 있었기 때문이었다. 시칠리아 사람들이 오늘날에도 사용하는 "내 말이 사실이 아니라면, 내가 장님이 되겠다"는 표현은 팔리치 형제의 신화에서 유래했을 것이다. 범죄를 저지른 것으로 추정되거나 기소를 당한 사람들을 유독 가스가 솟아나는 호수 안에 들어가게 해서 그들의 유죄 여부를 가리기도 했다. 유죄인 사람들은 신의 심판을 받아 물속에서 목숨을 잃을 것이고, 무죄인 사람들은 무사히 물에서 살아 나올 수 있다고 믿었기 때문이다.

### 3. 아름다움을 찾아 떠난 세 님프 이야기

그리스 이주민들은 아름다움을 찾아 떠났던 3명의 님프에 의해 시칠리아가 탄생했다는 신화를 만들어냈다. 어느 날, 세 님프가 세상의 가장 아름다운 곳을 찾아 여행을 떠났다. 그들은 과일과 곡식이 자라나는 아름다운 들판과 형형색색의 꽃이 만개한 숲을 찾아다녔다. 세 님프는 세상에서 가장 아름다운 곳의 흙을 한 움큼씩 손에 담아 지중해 한복판에 모였다. 그들은 끝없이 이어지는 바다가 수평선에 맞닿아 펼쳐지는 아름다운 광경을 마주하게 되었다. 그곳이 시칠리아 유역 바다였다. 세 님프는 바다의 세 모서리로 흩어져서 각각 가져온 흙을 심었다. 세 님프가 가져온 흙은 삼각형 섬을 이루면서 아름다운 꽃과 나무를 키워내기 시작했고, 결국 삼각형 모양의 시칠리아가 탄생하게 된 것이다. 삼각형으로 된 시칠리아의 세 모서리인 펠로로 곶<sup>Capo Peloro</sup>, 파세로 곶<sup>Capo Passero</sup>, 릴리베오 곶<sup>Capo Lilibeo</sup>이 바로 세 님프가 처음 흙을 내려놓은 곳이었다.

삼각형 모양을 가진 시칠리아의 지리적 모습은 호메로스와 투키디데스와 같은 그리스의 저술가들에게 영감을 불러일으켜, '트리나크리아<sup>Trinacria</sup>'라는 시칠리아의 옛 이름이 만들어졌다. 이 이름은 원래 크레타와 미케네 지역에서 사용되고 있던 '트리스켈레<sup>Triskele</sup>(3개의 다리가 회전하면서 달려가는 모양)'에서 파생된 것이다. 3개의 다리로 이루어진 이 삼각형의 이미지는 '달려가는 다리'를 상징하며, 시간과 자연의 빠른 흐름과 변화를 의미했다. 그러나 시칠리아에 정착한 그리스 이주민들은 '트리스켈레'가 삼각형으로 된 섬의 모습과 닮은 것을 보고 이를 시칠리아의

트리나크리아는 그리스 이주민들이 사용했던 시칠리아의 옛
이름이다. 지금도 시칠리아 깃발에 사용되고 있다.

옛 이름으로 사용했다. 트리나크리아 중앙에 메두사의 머리를 더한 것도 그리스 신화를 응용한 것이다. 그리스 본토 신화에서 페르세우스는 메두사의 목을 '서쪽'에서 자른 후에, 그것을 무기로 사용했다. 지리적으로 시칠리아가 그리스의 서쪽에 있기 때문에 메두사의 머리를 트리나크리아 중앙에 배치한 것이다. 시칠리아의 옛 이름과 상징은 기원전 4세기부터 시라쿠사에서 사용되었으며, 오늘날에도 시칠리아의 주 깃발 문양으로 사용되고 있다.[3] 메두사의 머리 주변을 장식하고 있는 밀은 '지중해의 곡물 창고'로 불렸던 시칠리아의 풍요로움을 상징한다. 배경의 짙은 붉은색과 노란색은 프랑스의 앙주Anjou 가문을 몰아내는 혁명(1282년 시칠리아 만종 사건)에 앞장섰던 두 도시 팔레르모(붉은색)와 코를레오네 Corleone (노란색)를 각각 상징한다.

### 4. 그리스와 시칠리아를 연결한 알페이오스와 아레투사의 사랑 이야기

그리스 이주민들은 시칠리아를 자신들의 땅으로 만들기 위해 아레투사Arethusa 신화를 끌어들였다. 아레투사는 그리스 펠로폰네소스반도의 올림피아Olympia에서 살고 있던 아름다운 요정이었다. 그녀는 정절을 지키는 아르테미스 여신을 모시고 따른 무리 중 하나로, 여신의 총애를 한 몸에 받고 있었다. 평소 숲속을 돌아다니는 것을 좋아했던 아레투사는

시칠리아는 눈물을 믿지 않는다

어느 날 올림피아의 숲속 강물에 몸을 담그고 휴식을 취하고 있었다. 마침 그곳을 지나던 강의 신 알페이오스가 아레투사의 이런 모습에 반해, 그녀의 이름을 부르며 쫓아오기 시작했다. 두려움을 느낀 아레투사는 아르테미스 여신에게 자신을 위기에서 구해달라는 간절한 기도를 드렸다. 이에 아르테미스 여신은 짙은 구름으로 아레투사를 감쌌고 알페이오스는 그녀를 찾을 수 없었다. 아레투사가 구름 속에서 깨끗한 샘물로 변신했기 때문이다. 이 사실을 알게 된 알페이오스는 자신도 샘물로 변하여 아레투사와 하나가 되고자 했다. 그러나 아르테미스 여신은 아레투사를 그리스에서 멀리 떨어진 시칠리아의 오르티지아Ortigia섬으로 데리고 가, 그곳의 깨끗한 샘물로 솟아나게 했다. 그리스의 요정이 시칠리아에 도착한 것이다. 그러나 알페이오스는 끝까지 아레투사를 포기하지 않았고, 제우스의 도움을 받아 기필코 아레투사의 샘물에 닿았다고 한다. 이 아름다운 사랑의 이야기는 베르길리우스의 《아이네이스》에 인용될 정도로 유명한 전설이다.[4]

오르티지아섬의 아레투사 샘물. 이집트에서 자라는 파피루스가 자생하고 있다.

지금도 시칠리아의 동쪽 해안 도시 시라쿠사의 오르티지아섬에 '아레 투사 샘물'이 있다. 바다와 바로 접해 있는데도 깨끗한 민물이 솟아나고 있어, 기원전 8세기부터 식수원으로 사용되었다고 한다. 시칠리아와 그 리스 본토의 연관성을 강조하는 이 신화는 기원전 734년경 코린트의 이 주민 아르키아Archia가 시라쿠사에 식민지를 건설하면서 만들어졌을 것 으로 추정된다.

### 5. 헤라클레스에게 패한 시칠리아의 영웅 에릭스

시칠리아 서쪽에 거주하던 원주민들인 엘리모이족 사이에 전설의 왕 부테스Butes가 살았다. 그가 통치한 나라는 에리체Erice산 꼭대기에 있는 작은 도시였다. 에리체는 부테스 왕의 아들이었던 에릭스Eryx의 이름에 서 파생된 것이다. 에릭스는 헤라클레스 신화에 등장하는 전설의 인물이 기도 하다. 헤라클레스는 12개의 과업을 수행하던 중, 게리온의 황소 떼

헤라클레스와 에릭스의 신화를 간직한 에리체 전경.

를 되찾아 돌아가는 임무를 수행하는 과정에서 시칠리아의 에리체를 방문하게 된다. 헤라클레스는 에릭스와 권투 대결을 펼치게 되는데, 만약 헤라클레스가 이기면 '에릭스의 땅', 즉 에리체산을 차지하기로 하고, 반대로 에릭스가 이기면 게리온의 황소 떼를 차지하기로 약속했다. 긴 싸움 끝에 헤라클레스가 승리를 거두고, 에릭스는 목숨을 잃는다. 이 이야기는 그리스 이주민들이 시칠리아를 차지해가는 과정을 신화적으로 설명하고 있다. 에릭스와의 권투 시험에서 이긴 헤라클레스는 그 도시를 떠나면서, 자신의 자손이 돌아올 때까지 에리체 시민들의 자치를 허용했다고 한다.

### 6.《오디세이아》에 등장하는 외눈박이 거인, 키클롭스 폴리페모스

시칠리아에는 2종류의 키클롭스가 있었다고 전해져 내려오고 있다. 첫 번째 종류는 에트나산의 신 헤파이스토스의 조수 키클롭스 삼형제다. 브론테스Brontes, 스테로페스Steropes, 그리고 아르기스Arges라는 이름을 가진 이 삼형제는 제우스 신이 사용하는 번개를 만들었다. 또 다른 종류의 키클롭스는 카타니아 외곽 지역에서 양과 염소를 키우며 사는 거인 형제들이다. 이들은 이마에 커다란 눈 하나만 가진 기괴한 모습을 하고 있었고, 사람을 산 채로 먹어치우는 괴물이었다. 이마에 외눈을 가진 키클롭스의 생김새는 에트나 화산에 뚫려 있는 커다란 분화구를 상징한다고 알려져 있다.

외눈박이 거인 형제들 가운데 가장 유명한 키클롭스는 《오디세이아》에 등장하는 폴리페모스Polyphemos다.[5] 오디세우스와 그의 동료들은 비어 있는 폴리페모스의 동굴에 들어가 그곳에 가득 쌓여 있던 우유와 치즈를 먹으며 허기를 달랬다. 마침 자신의 동굴로 돌아온 폴리페모스는 오디세우스와 그의 동료들을 동굴 속에 가두어놓고 1명씩 잡아먹는다. 그러나 폴리페모스는 오디세우스의 속임수에 넘어가 술에 취한 채 잠이 들고, 그사이에 오디세우스는 외눈박이 괴물의 눈을 찔러 시력을 잃게 만든다. 오디세우스와 그의 동료들이 동굴에서 탈출하여 배를 타고 섬을 떠나자, 화가 난 폴리페모스는 떠나가는 오디세우스의 배를 향해 커다란 바위들을 던졌다. 카타니아<sup>Catania</sup> 해안선을 따라가면 아치트레차<sup>Acitrezza</sup>란 작은 마을이 나오는데, 앞바다에 거대한 바위들<sup>Faraglioni</sup>이 솟아나 있다. 외눈박이 괴물 폴리페모스가 던진 바위라고 한다. 그리스인들의 이주에 폭력으로 대응했던 시칠리아 원주민들의 모습이 폴리페모스 신화에 투영된 것으로 보인다.

폴리페모스가 동굴에서 탈출한 오디세우스 일행에게 바위를 던지는 장면. 보스턴 순수예술 박물관에 소장되어 있는 아르놀트 뵈클린Arnold Böcklin의 작품이다(1896년 작품).

시칠리아는 눈물을 믿지 않는다

## 7. 스킬라와 카리브디스 신화와 시칠리아에 상륙한 오디세우스

스킬라Scylla와 카리브디스Charybdis는 시칠리아와 관련된 가장 유명한 그리스 신화의 주인공들이다. 오디세우스가 스킬라와 카리브디스의 공격을 피해 메시나해협을 건너는 모험담은 오디세우스의 항해 중에 가장 잘 알려진 부분 중 하나다.[6] 오디세우스는 카리브디스와 스킬라가 양쪽에서 위협하는 진퇴양난에 처하게 된다. 그는 스킬라에게 6명의 선원을 희생시킬지, 아니면 모두가 위험에 처하게 될지라도 함께 카리브디스의 소용돌이를 헤쳐 나갈 것인지를 선택해야만 했다.

시칠리아섬의 북동쪽 끝과 이탈리아의 최남단인 칼라브리아Calabria 사이에 너비 3~5킬로미터 정도로 길게 형성되어 있는 바닷길을 '메시나해협'이라 부른다. 이곳은 티레니아해와 이오니아해가 합류하는 지점으로 거센 물결과 소용돌이가 일어, 예로부터 선원들에게 공포의 뱃길이었다. 그리스인들은 많은 선원이 목숨을 잃었을 메시나해협의 양안兩岸에 스킬라와 카리브디스라는 괴물이 숨어 있다는 전설을 만들었다. 이탈리아 본토 칼라브리아 쪽의 바위 동굴에 숨어 있는 스킬라는 12개의 다리를 가지고 있는데, 그중 6개 다리 끝에는 사람을 잡아먹는 뱀의 머리가, 나머지 6개 다리 끝에는 개의 머리가 달려 있었다. 한편 시칠리아의 해안 쪽에 있던 카리브디스는 펠로로의 동굴에 숨어 있다가 하루에 3번씩 거대한 양의 물을 빨아들여 메시나해협의 소용돌이를 일으켰다.

오디세우스는 메시나해협을 지나면서 6명의 전우가 스킬라에게 잡아먹히는 모습을 지켜보았다. 그것은 10년에 걸친 오디세우스의 모험 가운데 가장 참혹한 광경이었다.[7] 그러나 그는 피해를 수습하고 식량을 조달하기 위해 시칠리아에 상륙하자는 동료들의 주장에 미온적으로 대처한다. 마녀 키르케가 '태양신 헬리오스의 소'가 있는 섬을 멀리하라고 조언

해주었기 때문이다. 그러나 배고픔에 시달리던 동료들의 성화에 결국 일행은 시칠리아에 상륙하고, '항구 안에서 솟아나는 달콤한 샘물' 즉 시라쿠사의 아레투사 샘물 곁에서 헬리오스의 소를 잡아먹는다. 이에 태양신 헬리오스가 이들의 무도함을 제우스에게 하소연했고, 결국 제우스는 항해에 나선 오디세우스의 동료들을 거친 파도 밑으로 수장시킨다. 스킬라와 카리브디스의 신화 역시 거칠었던 시칠리아의 자연환경과 초기 이주민들이 겪었던 정착 과정의 시련을 간접적으로 표현하고 있다.

메시나해협이 보이는 해안에서 할아버지와 손자가 수영을 하고 있다.

### 8. 너무 높이 날았다가 시칠리아에 추락했던 이카로스

다이달로스는 그리스의 아테네에서 활동하던 전설적인 건축가였다. 그러나 다이달로스의 조카인 탈로스가 등장하여 모두를 놀라게 하는 뛰

시칠리아는 눈물을 믿지 않는다

어난 재능을 보이자, 조카에게 자신의 지위와 명예를 빼앗길까 두려웠던 다이달로스는 탈로스를 죽인다. 범죄가 들통나자 다이달로스는 아들 이카로스를 데리고 지중해의 섬 크레타로 도주했다. 당시 크레타의 왕이었던 미노스는 유능한 건축가였던 다이달로스를 환영했다. 다이달로스가 크레타에 머물고 있을 때, 미노스는 반은 인간이지만 반은 황소의 모습을 한 아들 미노타우로스를 얻고 큰 어려움을 겪고 있었다. 반인반우半人半牛의 괴물이 태어난 것은 미노스가 포세이돈 신에게 발육 상태가 좋지 않은 황소를 제물로 바쳤기 때문이다. 분노한 포세이돈은 미노스의 부인 파시파에를 크고 하얀 황소와 사랑에 빠지도록 만드는 벌을 내렸다. 그래서 괴물 미노타우로스가 태어난 것이다. 미노스 왕은 건축가 다이달로스에게 아들 미노타우로스가 숨어 지낼 수 있는 미로의 궁전을 만들게 하고, 매년 제물로 바쳐진 아테네의 젊은이들을 먹이로 주었다.

콘코르디아 신전 앞에 떨어진 이카로스 동상. 폴란드의 조각가 이고르 미토라이Igor Mitoraj의 작품으로 2011년 아그리젠토의 신전들의 언덕에 전시했던 17개 작품 중 하나다.

아테네의 창건자가 될 테세우스는 미노타우로스를 무찌르기 위해 크레타로 찾아왔고, 미노스의 딸인 아리아드네의 도움을 받아 소기의 목적을 달성했다. 아들과 딸을 모두 잃어 화가 난 미노스는 다이달로스와 이카로스를 감옥에 가두었다. 그러나 다이달로스는 뛰어난 기술로 새털을 이용해 날개를 만들고, 이것을 밀랍으로 몸에 붙인 후 하늘을 날아 탈출에 성공한다. 이때 다이달로스와 함께 탈출하던 아들 이카로스는 날갯짓을 하며 하늘을 나는 것에 신이 난 나머지 아버지의 충고를 무시하고 태양 근처까지 높이 올라간다. 결국 아버지의 경고대로 날개를 붙였던 밀랍이 녹아 땅으로 추락한다. 크레타를 떠난 다이달로스가 바다를 건너 도착한 곳은 시칠리아였고, 혹자는 이카로스가 시칠리아 앞바다에 떨어졌다고 한다.

## 9. 시칠리아의 풍요가 만든 데메테르와 페르세포네 신화

시칠리아는 풍요로운 계절의 비밀이 숨겨져 있는 신화의 땅이다. 데메테르는 곡물과 풍요의 여신으로, 인간에게 농경의 비밀과 수확한 곡물을 이용해 빵을 만드는 방법을 알려주었다. 데메테르는 제우스와의 관계를 통해 숲의 요정 페르세포네를 낳았는데, 출중한 미모를 자랑하며 성장했다. 그녀 앞에 구혼자들이 길게 줄을 섰으니, 아폴론과 아레스도 페르세포네에게 구혼하며 경쟁을 벌일 정도였다. 어느 날 페르세포네는 시칠리아의 작은 호수 페르구사Pergusa 인근 들판에서 꽃을 따며 행복한 시간을 보내고 있었다. 그 모습을 보게 된 '죽은 자들의 신' 하데스는 페르세포네의 아름다움에 반해 그녀를 아내로 삼기로 작정했다. 페르세포네의 삼촌이기도 했던 하데스는 4마리 흑마가 이끄는 황금 마차를 타고 페르세포네 앞에 나타났다. 하데스는 도망가던 페르세포네를 낚아채 마차에 태우고는 함께 땅속으로 사라졌다. 멀리서 딸의 비명을 들었던 데메테르는 딸을 찾아 시칠리아 곳곳을 돌아다녔다. 풍요의 신 데메테르는 낡은 옷을 입고 자신의 모습을 숨긴 채 딸을 찾아 헤매었고, 밤이 되면 에트나 화산의 불로 밝힌 횃불을 들고 돌아다녔다. 데메테르는 딸을 찾는 데 몰두한 나머지 자신이 항상 가지고 다니던 추수용 낫을 섬의 서쪽에서 잃어버렸는데, 트라파니Trapani에 있는 낫 모양의 곶이 '데메테르의 낫'이라고 알려져 있다.

딸과 낫을 모두 잃은 어머니 데메테르는 큰 슬픔에 빠졌다. 시칠리아에 살고 있던 태양의 신 헬리오스는 데메테르의 이런 모습을 보고 불쌍히 여겨, 페르세포네의 행방을 몰래 알려주었다. 태양의 신은 모든 것을 볼 수 있기에 하데스가 페르세포네를 납치하는 장면을 목격할 수 있었던 것이다.[8] 자초지종을 알게 된 데메테르는 하데스의 만행을 막지 않고 함구했던 신들에게 크게 화가 나, 올림포스산을 떠나버렸다. 풍요의 신 데메테르가 분노하자 땅이 말라갔고, 곡식과 과일의 수확이 중단되면서 인간들이 굶주리기 시작했다. 상황이 심각해지는 것을 지켜본 제우스는 하데스를 만나 페르세포네를 어머니 데메테르에게 돌려주라고 설득했다. 그러나 페르세포네는 이미 지하 세계를 떠날 수 없는 운명에 빠져 있었다. 지하 세계의 음식을 맛보면 그곳을 절대로 떠날 수 없게 되는데, 하데스가 페르세포네를 영원히 지하 세계에 잡아두기 위해 맛있는 석류를 먹게 했던 것이다. 결국 떠날 수 없었던 페르세포네는 1년 중 3분의 1에 해당하는 겨울에는 하데스와 함께 지하 세계에서 생활하고, 나머지 시간은 어머니 데메테르와 함께 지상에서 보내게 되었다.

고대 그리스인들은 1년을 봄, 여름, 겨울이라는 3개의 계절로 나누었다. 그들은 꽃이 피고 곡식이 자라는 봄과 여름은 데메테르가 딸과 함께 땅 위에서 지내는 행복한 시간이고, 페르세포네가 지하 세계로 돌아가면 겨울이 시작된다고 믿었다. 매년 봄, 아그리젠토의 아몬드 나무에 꽃이 피는 것을 기념하는 봄 축제는 데메테르와 페르세포네의 재회를 재현한다. 시칠리아의 데메테르 신전은 시라쿠사, 카타니아, 셀리눈테, 메가라 히블레이아Megara Hyblaia, 아그리젠토, 젤라Gela, 엔나Enna 등에 세워졌지만 안타깝게도 현재 남아 있는 신전 건축물은 없다. 가장 신성시되던 곳은 엔나에 세워진 데메테르 신전이었는데, '시칠리아의 배꼽Umbilicus Siciliae'으로 불릴 정도였다. 엔나에서는 매년 10월 말 추수기에 데메테르 여신에게 봉헌물을 바치는 테스모포리아Thesmophoria 축제가 개최되었는데, 귀족 여성들이 돼지를 희생 제물로 데메테르 여신에게 봉헌하고, 딸을 잃은 여신의 슬픔을 위로하는 시를 낭송한다.

엔나에 있는 데메테르 여신의 바위Locca di Cerere. 데메테르 신전이 있던 곳이다. 로마에 흉년이 들면 원로원은 사절을 보내 엔나의 데메테르 신전에서 제사를 드렸다.

시칠리아는 눈물을 믿지 않는다

## 10. 그리스 신들의 전쟁으로 만들어진 시칠리아

앞서 3명의 님프에 의해 시칠리아가 만들어졌다는 신화를 살펴보았지만, 그리스 본토 신화에서는 시칠리아 형성과 관련된 다른 이야기가 전해지고 있다. 시칠리아는 '신들의 전쟁'으로 인해 만들어졌다는 것이다. 특별히 크로노스와 우라노스의 싸움, 그리고 제우스와 거인들 사이의 연속적인 전쟁으로 시칠리아가 만들어졌다. 그리스 신화에 따르면 태초의 혼돈 속에서 땅의 신 가이아, 밤의 여신 닉스, 사랑의 신 에로스가 탄생했다고 한다. 땅의 신 가이아가 낳은 다음 세대의 신이 우라노스였다. 그러나 이른바 그리스 신화의 3세대라고 할 수 있는 타이탄족이 태어나면서, 2세대와 3세대의 치열한 경쟁 관계가 형성되었다. 2세대를 대표하는 우라노스는 3세대의 타이탄족을 모두 깊은 땅속에 가두어버렸다. 타이탄족의 어머니인 가이아는 이 처사에 반발하면서, 타이탄 형제 중 가장 어린 크로노스에게 낫을 무기로 주고 아버지 우라노스를 치도록 한다. 아버지 우라노스가 어둠으로 어머니 가이아를 감쌀 무렵, 크로노스는 낫을 들고 아버지를 공격하여 그의 성기를 잘라버렸다. 이때 크로노스의 낫이 땅에 떨어졌는데 시칠리아 동쪽의 길쭉한 메시나 지역이 이때 생겨났다고 한다. 그래서 메시나의 옛 이름은 '낫'을 뜻하는 잔클레<sup>Zancle</sup>였다. 절단된 우라노스의 성기는 바다에 떨어졌는데, 그곳에서 거품이 일더니 아프로디테가 탄생했다.

한편 우라노스가 거세당할 때, 그가 흘린 피가 땅을 적셨고 그곳에서 거인족이 태어났다. 이들은 타이탄족처럼, 땅의 여신 가이아와 우라노스 사이에서 태어난 세 번째 세대에 속했다. 이들은 거대한 몸집에 두 다리 대신 뱀의 꼬리를 가진 모습이었다. 아버지 우라노스를 물리치고 권력을 차지한 크로노스는 자매인 레아와의 사이에서 그리스 신화의 주인공이 되는 신들, 즉 제우스, 헤라, 데메테르, 하데스, 포세이돈, 헤스티아를 낳는다. 그리스 신화의 3세대를 대표하는 크로노스와 4세대를 대표하는 제우스 사이에서 다시 갈등이 불거진다.

크로노스는 반란을 일으킬 것이 두려워 태어나는 자식들을 차례로 집어삼켜 자신의 뱃속에 가두었다. 그러나 레아가 몰래 크레타섬에 숨겨서 키웠던 제우스가 나타나 크로노스를 물리치고 배 안에 있던 형제자매들을 모두 풀어주었다. 제우스는 올림포스산에 거처를 정하고 왕좌에 앉아 세상을 다스리기 시작했다. 그러나 제우스의 삼촌이라고 할 수 있는 타이탄족은 조카 제우스가 권력을 쥔 것을 못마땅하게 생각하고, 자신의 형제 크로노스의 복수를 갚아주기 위해 반란을 일으켰다. 타이탄족 가운데 아틀라스Atlas가 반란의 지도자가 되어 궐기하였고, 기나긴 전쟁이 치러졌다. 제우스는 타이탄족의 반란을 진압했으나, 이번에는 거인족의 반란이 발생했다.

에트나산은 활화산이다. 그리스인들은 제우스와 거인족 타이폰의
싸움으로 인해 에트나 화산에서 진동과 지진이 일어난다고 믿었다.

시칠리아는 눈물을 믿지 않는다

거인족 또한 가이아와 우라노스 사이에서 생겨난 후손으로, 제우스에게는 삼촌뻘 되는 신이었다. 총 24명의 거인이 제우스에게 대항한 반란을 일으켰는데, 시칠리아에서도 전투가 벌어졌다. 제우스를 돕던 '전쟁의 여신' 아테나는 엔켈라도스라는 거인과 맞붙게 되었다. 엔켈라도스를 물리치기 위해 아테나는 시칠리아섬 전체를 들어 올려 엔켈라도스에게 내리쳤다고 한다. 한편 타이폰이라는 이름의 거인은 에트나산을 들어 올려 신들에게 던졌는데 제우스가 100개의 낙뢰로 반격하여 타이폰이 던진 에트나산이 오히려 타이폰을 덮치도록 만들었다. 에트나 화산 인근에서 가끔 지축이 흔들리는 이유는 에트나산 밑에 깔린 거인 타이폰이 땅 밑에서 몸부림치고 있기 때문이라고 한다. 제우스에게 반란을 일으켰던 시칠리아의 거인족은 그리스 이주민의 등장에 저항했던 시칠리아 원주민들의 초기 반응을 암시하고 있다.

## 오이키스트의 시칠리아 정착 과정 (기원전 735~728년)

그리스의 수도 아테네에서 시칠리아 동부의 시라쿠사까지 직선거리는 약 750킬로미터다. 시속 900킬로미터인 평균 비행 속도로 따진다면, 비행기로 한 시간이면 도착할 수 있는 거리다. 시칠리아와 지리적으로 더 가까운 펠로폰네소스반도를 출발점으로 삼는다면 시간과 거리는 더 짧아질 것이다. 기원전 8세기 후반, 이오니아해를 건너 시칠리아에 처음 정착한 그리스인은 테오클레스Theokles였다고 한다. 전설에 따르면 그는 항해에 앞서 부정한 제물을 포세이돈에게 바쳤고, 이에 노한 바다의 신 포세이돈이 테오클레스가 탄 배를 침몰시켰다. 그가 부서진 갑판 조각을 붙들고 시칠리아의 동부 해안인 낙소스Naxos에 표류했던 것이 기원전 753년의 일이었다고 한다. 그는 에트나산과 타오르미나Taormina의 절경에 감탄하고 그곳에 정착했다. 시칠리아에 정착한 그리스 이주민들을 '오이키스트Oikist'라 불렀는데, 테오클레스는 그리스 중부의 해안 도시 샬키스Chalcis에서 출발한 오이키스트들과 함께 낙소스를 시칠리아의 첫 번째 그리스 식민 도시로 발전시켜갔다.

에트나 화산이 멀리 보이는 해안 도시 낙소스에 그리스 이주민들이 처음 정착했다.

그리스의 오이키스트들은 시칠리아로 집단 이주하기 전에 델피의 아폴론 신전으로 가 자신들의 미래와 운명에 대한 신탁을 받았다. 테오클레스를 비롯한 초기 그리스 이주민들은 낙소스에 자체적인 아폴론 신전을 지어 바쳐, 신의 축복을 기원했다.[9] 코린트Corinth에서도 일단의 오이키스트들이 시칠리아를 향해 돛을 올렸다. 코린트 이주민의 대표였던 아르키타스Archytas 역시 출항 전에 델피의 아폴론 신전을 찾았다. "부와 건강 중에서 무엇을 원하는가?"라고 델피의 무녀가 질문하자, 아르키타스는 '부'를 선택했다. 또 다른 오이키스트였던 미스켈로스Myskellos는 같은 질문에 '건강'을 선택했다. 이 코린트 이주민들이 주축이 되어 세운 도시가 시라쿠사다(기원전 734년). 시라쿠사 해안에 인접한 작은 섬 오르티지아가 그들의 첫 번째 거주지였다.

로마 시대의 역사가 플루타르코스는 코린트의 전설적인 사랑 이야기로 시라쿠사와 오르티지아의 이주를 설명한다. 코린트의 여성 아르키아스Archias는 청년 악타이온Actaeon을 사모했다. 열렬한 사랑에 빠진 아르키아스는 악타이온을 독차지하려다가 사고로 그를 죽이게 되었고, 억울한 청년의 죽음 앞에서 그 부모는 아르키아스를 법정에 고소했다. 코린트 법정의 추방 명령에 따라 아르키아스는 시칠리아로 이주해 두 딸을 낳았으니, 그 이름이 바로 시라쿠사와 오르티지아였다. 그러나 아르키아스는 시라쿠사에서 한 원주민 소년을 괴롭힌 혐의로 사형을 당해 생을 마쳤다.[10] 인간의 본성이 쉽게 변하지 않는다는 것을 설명하면서 제시되는 사례다.

오이키스트들은 시칠리아의 원주민 시켈로이족과 어떤 관계를 맺었을까? 그들의 이주와 정착 과정에서 두 집단 사이에 무력 충돌이 발생했을까? 아니면 협상을 통한 순조로운 이주 과정이 펼쳐졌을까? 낙소스와 시라쿠사 사이에 있는 작은 도시 레온티노이Leontinoi가 그 첫 번째 시험 장소였다. 낙소스에 정착했던 테오클레스는 내륙으로 10킬로미터 정도 떨어진 이 지역으로 영토 확장을 시도했다. 시칠리아 동부의 원주민들이었던 시켈로이족은 낙소스에서 온 오이키스트들을 환영했다고 한다. 낙소스의 또 다른 오이키스트였던 에우아르코스Euarchos도 동부 해안선을 따라 더 남쪽으로 내려가 카타네<sup>Katane</sup>에 정착했다(기원전 729년). 지금 시칠리아 동부의 국제공항이 있는 대도시 카타니아가 바로 그곳이다.

## 시칠리아 내부에서의 이주

비슷한 시기에 메시나해협의 해안에도 오이키스트들이 도착했다(기원전 728년). 그리스 중부의 에우보이아<sup>Euboea</sup> 출신이었던 그들은 그 지역을 둘러싸고 있는 낫처럼 생긴 지형을 보고 도시에 잔클레라는 이름을 붙였다. 이들은 더 나은 거주 환경을 찾아 서쪽으로 이동을 계속했고, 히메라<sup>Himera</sup>에 도착했다(기원전 648년). 이처럼 시칠리아에 정착했던 그리스인들은 서쪽으로 삶의 터전을 옮기는 경우가 많았다. 카타니아와 시라쿠사 사이에 있는 메가라 히블레이아는 도시의 이름대로 메가라 출신의 라미스<sup>Lamis</sup>가 기원전 728년 개척한 곳이었다. 그러나 북쪽 카타니아(칼키스 출신 이주민)와 남쪽 시라쿠사(코린트 출신 이주민)의 압박과 경계를 받던 메가라 출신 이주민들은 시칠리아 서쪽으로 이동을 감행해 셀리눈테(당시 셀리누스)에 새로운 삶의 터전을 개척했다. 2차 이주를 주도했던 메릴로<sup>Melillo</sup>는 새 거주지를 감싸고 있는 강가에 채소 샐러리(그리스어로 selinon)가 많은 것을 보고, 도시 이름을 셀리누스로 지었다고 한다.[11]

에게해의 로도스섬과 크레타섬에서 온 이주민들도 시칠리아 남쪽의 젤라에 식민 도시를 개척했다(기원전 689년). 시라쿠사의 견제를 받던 로도스 출신의 이주민들은 젤라에서 다시 서쪽으로 거처를 옮겨, 아그리젠토를 개척했다(기원전 580년). 이들은 시칠리아의 서쪽 끝인 마르살라까지 진출했지만, 이주 과정에서 분쟁이 발생했고 결국 시칠리아 북쪽 바다에 흩어져 있는 리파리제도에 최종 정착했다. 그리스 이주민들은 시칠

시칠리아는 눈물을 믿지 않는다

메가라 출신 이주민들이 서쪽으로 이동해 건설한 셀리눈테.

리아 동쪽에서는 비교적 평화롭게 원주민(시켈로이)과 동화되었지만, 서쪽의 페니키아 출신 정착민과 엘리모이 원주민과는 약간의 마찰을 빚은 것으로 추정된다.

그리스 출신의 오이키스트가 세운 식민 도시는 총 12곳이었다. 이들의 정착 과정에서 시칠리아의 본토박이들과 어떤 관계를 맺었는지 정확하게는 알 수 없다. 전쟁의 흔적과 같은 명확한 고고학적 자료가 발견되지 않고 있기 때문이다. 평화적인 정착 과정을 겪었거나, 아니면 시칠리아 원주민들이 내륙으로 집단 도피하면서 충돌이 최소화되었을 것으로 추정된다. 시칠리아의 본토 신화들이 그리스 신화에 포함되거나 그리스 신화가 확장되는 일이 시칠리아에서 순조롭게 진행된 것을 보면, 원주민들이 그리스 문명에 압도당했을 가능성도 있다. 이 추측의 유일한 예외는 세제스타다. 나중에 다시 설명하겠지만, 시칠리아 북서쪽 내륙에 있던 세제스타는 시칠리아 원주민들만의 자치 영역이었을 것으로 추정되고 있다.

우리가 기억해야 할 것은 시칠리아에서 그리스 문명이 태동한 시기가 흔히 생각하는 것처럼 한참 후대의 일이 아니었다는 것이다. 그리스의 시인 호메로스가 《일리아스Ilias》를 암송했을 때인 기원전 8세기에 이미 시칠리아에 그리스 문명이 수입·정착되고 있었다. 첫 번째 고대 올림픽 경기가 기원전 776년에 개최되었는데, 불과 40여 년 후에 그리스 이주민들이 집단을 이루고 시칠리아를 향한 배에 돛을 올렸다. 로물루스와 레무스에 의해 로마가 창건된 해를 기원전 753년으로 보는데, 거의 같은 시기에 이탈리아 남쪽의 섬 시칠리아에 그리스 문명이 전래된 것이다. 서구의 역사가 본격적으로 시작될 시점에, 이미 외국 문명의 등장을 경험했던 시칠리아 원주민들은 장차 끊임없는 외지인들의 침략과 수탈을

시칠리아는 눈물을 믿지 않는다

견뎌야만 하는 운명을 양어깨에 걸머지게 되었다.

그리스인들이 줄기차게 시칠리아로 이주해 온 이유는 단연코 식량 때문이었다. 척박한 그리스 땅은 무른 대리석만 생산할 뿐, 충분한 밀을 키워내지 못했다. 시칠리아의 해변 도시를 위주로 식민지를 개척했던 오이키스트들은 점차 밀을 재배할 수 있는 내륙으로 진출했다. 이들은 시칠리아의 밀을 본토 그리스로 수출하면서 경제적 발전을 이루어갔다. 그들의 아크로폴리스는 시칠리아에서 더 높이, 더 크게 지어졌고, 그들의 아고라는 밀 거간꾼들이 외치는 호객 소리로 떠들썩했다. 부富가 있는 곳에 권력이 태동한다. 시칠리아의 식민 도시들은 기원전 6세기부터 참주들의 시대를 맞이하게 된다. 힘 있는 자들이 강압적으로 나라를 통치하는 시대가 시작되었으니, 이것은 아테네의 철학자 플라톤Platon (기원전 427~347년)이 자신의 저서 《국가Politeia》에서 극도로 경계했던 권력 체제였다. 부와 권력을 모두 독점한 '참주'들이 통치하는 곳에서 백성들은 신음하게 된다. 기원전 6세기, 시칠리아에서 벌어진 일이다.

## 참주의 등장과 팔라리스의 폭정 (기원전 570~554년)

그리스의 간접 지배를 받기 시작한 시칠리아는 '참주'들의 등장과 더불어 숨죽이며 지내는 세월을 견뎌야만 했다.[12] 문명의 변두리에서는 언제나 무뢰한들의 철권통치를 견뎌내야만 했으니, 그리스 본토에서 멀리 떨어진 시칠리아의 현실도 그리 다르지 않았다. 아그리젠토의 팔라리스 Phalaris (기원전 570~554년 재위)는 시칠리아에서 참주 정치의 서막을 알린 인물이다. 그는 자신의 권력을 확대하기 위해 공포 정치를 펼쳤다. 정적 政敵을 산 채로 잡아 청동으로 만든 황소 틀 안에 집어넣고 그 밑에 장작

불을 피웠으니, 고문을 당하는 사람들의 울부짖는 소리가 소의 울음소리처럼 들렸다고 한다. 식인 행위를 서슴지 않았고, 심지어 아기들의 인육을 즐겨 먹었다고 전해지고 있으니, 시칠리아의 기나긴 불행은 첫 번째 참주와의 지독한 악연에서부터 출발한다. 팔라리스는 16년간 학정을 일삼다가 결국 아그리젠토 시민들의 반란으로 자신이 만든 청동 황소 안에 갇혀 죽임을 당했다(기원전 554년).

팔라리스의 만행을 고발하고 있는 톤도화(르네상스 시대에 유럽에서 유행했던 원형 회화).

## 신전들의 계곡에 있는
## 아그리젠토의 그리스 신전들

'신전들의 계곡'으로 유명한 아그리젠토는 그리스 시대에는 아크라가스Akragas, 로마 시대에는 아그리젠툼Agrigentum, 사라센 시대에는 케르켄트Kerkent라는 이름으로 각각 불렸다. 앞에서 설명한 대로, 젤라에 1차로 정착했던 로도스섬과 크레타섬 출신 이주민들이 다시 서쪽으로 이주해 세운 식민 도시였다(기원전 580년). 이들은 해변에서 약 5킬로미터 떨어져 있는 경사진 언덕과 산 중턱에 삶의 터전을 만들었다. 도심 옆으로 강이 흘렀으나 지금은 겨울철 우기에만 모습을 드러내는 간헐천으로 남아 있다. 길이가 약 13킬로미터에 이르는 성벽으로 둘러싸여 있었던 이 도시에는 20만 명에서 최대 80만 명의 인구가 거주했을 것으로 추정된다. 그러나 아그리젠토의 전성기는 오래 지속되지 못했다. 기원전 406년 카르타고를 시작으로 로마, 노르만, 사라센의 군대가 차례로 도시를 침략했다. 1087년, 노르만인들이 찾아왔을 때 아그리젠토 사람들은 성문을 굳게 닫고 식량난을 견디기 위해 인육까지 먹으며 버텼지만 결국 116일간의 항쟁은 완전한 패배로 끝이 났다.

흔히 '신전들의 계곡'으로 불리는 그리스 이주민 시대의 신전 구역에는 그리스 본토에서도 볼 수 없는 신전들이 일렬로 서 있어 '그리스를 사랑하는 사람들'에게 잊지 말아야 할 방문지로 꼽힌다. '신전들의 계곡'에는 총 7개의 신전이 서 있지만, 여기서는 중요한 3곳만 소개한다.

### 1. 헤라 신전

헤라 신전 Tempio di Hera Lacinia 은 신혼부부들이 결혼의 신 헤라에게 그들의 영원한 사랑을 기원하며 암양을 희생 제물로 바치고, 결혼 예식을 올리는 곳이었다. 소매가 없고 발끝까지 모두 가릴 만큼 긴 흰색 튜닉을 입은 신부가 헤라 신전 앞에 등장하면, 신랑은 일명 '헤라클레스의 매듭'이라고 불리는 순결을 의미하는 끈을 신부의 허리에 둘러주었고, 사제가 신부와 신랑의 오른손을 붙잡아 서로 포개주는 것으로 부부의 결혼이 선포되었다. 헤라 신전 앞에서 결혼식을 마친 신랑 신부는 마차를 타고 신

신전들의 계곡 동쪽 끝에 있는 헤라 신전.

혼집으로 가는데, 도착한 다음 바퀴 축을 빼내 불태운다. 다시는 옛날로 돌아가지 않게 해달라는 뜻이다.

시간이 지나 신부가 임신하면 불러오는 배 때문에 '헤라클레스의 매듭'을 허리에 두를 수 없게 된다. 그때 부부는 헤라 신전으로 다시 돌아와 허리끈을 신전에 헌납하는 의식을 행한다. 이탈리아어에서는 임신하는 것을 '인친타incinta'라고 하는데, 이는 벨트를 뜻하는 '친타cinta'에서 유래한 말이다. 즉 임신한다는 것은 '벨트를 푼다'는 뜻이다. 결혼식은 엄숙한 동시에, 명랑하고 즐거운 분위기 속에서 진행된다. 하늘 높이 연기를 올려보내며 울려 퍼지는 악기 연주 소리와 합창대의 노랫소리 속에서 신랑은 신부의 허리 매듭을 푼다. 두 사람의 결혼은 출산을 통해서만 최종적으로 공인된다. 그리스에서는 아이를 출산한 후에야 '아내'로 인

시칠리아는 눈물을 믿지 않는다

정을 받기 때문이다. 출산을 마친 부부는 아기와 함께 다시 헤라 신전을 방문하고, 이로써 한 가정이 탄생하게 된다.

헤라 신전은 '신전들의 계곡' 동쪽 끝에 있다. 기원전 450년에서 440년 사이에 지어졌을 것으로 추정되는 이 신전은 가로 길이가 약 20미터이고, 세로는 약 41미터이며, 높이는 약 15미터다. 상당한 크기지만 '신전들의 계곡'에서 가장 큰 제우스 신전 크기의 7분의 1 정도 규모다. 본래 지름이 약 1.76미터가 되는 30개의 석주가 서 있었으나, 현재는 16개의 기둥만이 남아 있다. 기원전 406년경, 카르타고인들이 도시를 함락시켰을 때 헤라 신전도 약탈당한 것으로 추정된다.

### 2. 콘코르디아 신전

콘코르디아 신전Tempio della Concordia은 기원전 430년경에 건축된 것으로 가로 약 20미터, 세로 약 42미터, 높이 약 13.5미터로 헤라 신전과 비슷한 규모다. 정면에서 보면 기둥 6개가, 측면에서 보면 기둥 13개가 지붕을 받치고 있다. '신전들의 계곡'에 있는 다른 신전들처럼, 콘코르디아 신전 역시 낮과 생명을 상징하는 태양이 떠오르는 동쪽을 향해 건축되었다. 현존하는 그리스 시대의 고대 건축물 중에서 보존 상태가 가장 뛰어난 것으로 유명하다.

콘코르디아 신전을 떠받치고 있는 기둥은 도리스 양식을 채택하고 있다. 고대 그리스의 신전 건축에서 기둥의 양식은 단순히 형태에 관한 것이 아니라, 전체 건물의 건축 양식을 보여주는 지표다. 도리스 양식은 기원전 7세기부터 사용된 양식으로, 기원전 5세기부터 나타났던 이오니아 양식과 코린트 양식보다 앞선다. 그리스 건축이 목재에서 석재로 옮겨가던 시기에 사용된 초기 양식이기 때문에 도리스 양식 건물에는 목재를 사용하던 건축의 흔적이 남아 있다. 콘코르디아 신전은 아테네의 파르테논 신전과 더불어 도리스 양식을 대표하는 건축물로 꼽힌다.

신전 지붕을 받치고 있는 약 6.75미터 높이의 기둥은 높이에 따라 그 두께를 달리하는데, 가운데가 볼록한 유리병처럼 생겨 '배흘림 기둥'이라고 부른다. 바닥에서부터 약 3분의 1 높이 지점이 전체 기둥에서 가장 두꺼운 엔타시스<sup>Entasis</sup> 지점이다. 엔타시스를 기점으로 기둥은 아주 조금씩 좁아지기 시작한다. 엔타시스를 적용한 배흘림 기법은 멀리서 신전을 바라보았을 때 기둥이 휘어 보이는 것을 막기 위한 조치였다. 그러나 과도한 배흘림은 가까이서 신전을 보았을 때 시각적 조화를 해칠 수 있다. 따라서 배흘림은 최대 폭 2.2센티미터를 넘지 않는 것이 통례다. 신전에 시각적 안정감을 주기 위해 적용하는 또 다른 건축 기법은 일렬로 서 있는 기둥을 살짝 안쪽으로 기울이는 것이다. 콘코르디아 신전의 기둥들은 안쪽으로 미세하게 기울어져 있는데, 각 기둥의 기울어진 각도에 맞추어 선을 이어나가면 모든 기둥은 약 1.5킬로미터 상공에서 한 점에 수렴된다. 이러한 시각적 효과는 신전 기둥들이 거대한 지붕을 안정적으로 지탱하고 있는 것처럼 보이게 하는 데 일조한다.

이 신전이 '콘코르디아 신전'으로 불리게 된 것은 처음 유적을 발견했던 시칠리아의 역사가 톰마소 파젤로<sup>Tommaso Fazello</sup>(1490~1570년)가 인근에서 '콘코르디아'란 라틴어 단어가 새겨져 있는 유적을 발견했기 때문이다. 그러나 오늘날 학자들은 이 단어와 신전은 아무런 관련이 없는 것으로 본다. 이 건물이 거의 완벽한 상태로 보존된 것은 콘코르디아 신전이 통째로 성당으로 사용되었기 때문이다. 597년, 콘코르디아 신전 안에 있던 2개의 신상이 제거되고 가톨릭 성당으로 사용되기 시작했다. 이때부터 이 건축물은 전환 공사의 책임자였던 주교 그레고리우스<sup>Gregorius</sup>의 이름을 따서 '성 그레고리오 성당'으로 불렸다. 이 전환 과정에서 본래 신전 내부의 뒷면 공간을 분리하던 벽을 허물고, 기둥 사이에 돌담을 쌓아서 막는 등의 개축이 진행되었다. 신앙심이 깊기로 유명했던 노르만인들은 신전 내부의 동쪽 벽면을 개조해 작은 채플을 새로 만들기도 했는데, 이 부분은 1743년 이 신전 전체가 이탈리아의 문화재로 지정되면서 원래 상태로 복원되었다.

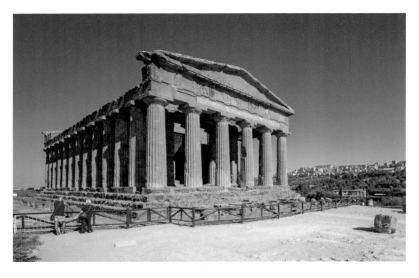

가톨릭 성당으로 사용되면서 다행히 파괴를 피한 콘코르디아 신전.

### 3. 제우스 신전

제우스 신전Tempio di Zeus Olimpio은 아그리젠토에서는 물론 고대 그리스 건축물 중에서 가장 큰 규모로 세워진 도리스 양식의 신전이다. 가로 56미터, 세로 113미터, 높이 30미터로 약 1,900평의 큰 규모를 자랑한다. 이는 오늘날 4만 2,000여 명의 관객을 수용할 수 있는 대형 축구장에 맞먹는 면적이다. 지금은 돌무더기처럼 방치되어 있어 건축물의 특징을 눈으로 확인할 수 없지만, 이 신전에는 거대한 크기 외에도 다른 신전들과 확연히 구분되는 특징이 있었다.

다른 일반적인 신전은 독립적인 기둥이 일렬로 세워져 있었지만, 아그리젠토의 제우스 신전에는 기둥과 기둥 사이가 벽으로 막혀 있었다. 20미터 높이의 신전 측면에서 약 절반에 해당하는 12미터까지 벽으로 막혀 있는 독특한 구조였다.[13] 따라서 출입구는 신전 정면에 있는 통로가 유일했을 것이다. 기둥 사이를 연결한 벽면의 위에 약 8미터 높이의 거대한 석상들이 기둥 사이에 배치되어 마치 지붕을 떠받들고 있는 듯한 모습을 하고 있었다. 지붕을 떠받들고 있는 이러한 조각상들을 '텔라몬 Telamon'이라고 부르는데, 아테네의 에레크테이온 Erechtheion 신전을 카리아티드 Caryatid 라 불리는 여성 조각상이 지탱하고 있는 것과 달리, 제우스 신전은 전부 남성 조각상으로 장식되어 있었다. 현재 아그리젠토의 제우스 신전 터에서는 지면에 방치되어 있는 거대한 텔라몬 석상을 볼 수 있는데, 이런 석상이 총 32개였다. 이 탈레몬 석상은 올림푸스의 신들을 상대로 전쟁을 일으켰던 타이탄족의 반란에 참여한 죄로 세상을 떠받드는 벌을 받은 아틀라스를 형상화한 것이다. 그러나 실제적으로는 시칠리아가 히메라 전투에서 패배시킨 카르타고인들을 노예의 모습으로 형상화한 것으로 추정된다.

사실 이 거대한 신전 자체가 기원전 480년, 카르타고를 상대로 싸워 승리를 거둔 히메라 전투를 기념하며 건립된 것이다. 신전의 정면에 해당하는 동쪽 페디먼트(주로 건물 정면 상부에 있는 삼각형 모양의 박공)에는 거인족의 반란을 진압하는 제우스와 올림푸스 신들의 모습이, 서쪽 페디

먼트에는 트로이 전쟁의 명장면이 조각되어 있었다. 이 신전이 카르타고에 대한 승리를 기념하며 착공된 만큼, 카르타고가 시칠리아를 재침공했을 때 이 신전이 제일 먼저 공격의 대상이 되었을 것이다. 그 과정에서 제우스 신전은 지금의 폐허로 변해버렸다.

제우스 신전을 떠받치고 있던 32개의 탈레몬 석상 중 하나가 땅바닥에 누워 있다.

제우스 신전이 다른 신전 건축물과 구별되는 또 다른 특징은 신전 중앙이 개방된 형태라는 점이다. 천장이 없었기 때문에 하늘을 향해서 개방된 이 장소에서 황소 100여 마리를 잡아서 바치는 제사가 진행되었을 것이다. 높이가 30미터에 달하는 이 거대한 석조 신전을 짓기 위해 세심하고 정확한 수학적 계산이 뒷받침되었고, 피라미드를 만들었던 이집트인들과 비슷한 건축 기술이 사용되었을 것이라는 주장도 제기된 바 있다. 영국군 장교 알렉산더 하드캐슬 경Sir Alexander Hardcastle (1872~1933년)은 '신전들의 언덕' 중턱에 빌라 아우레아Villa Aurea를 짓고 제우스 신전을 포함한 아그리젠토의 고고학 자료 발굴을 위해 자신의 모든 재산과 열정을 쏟아부었다.

## 시라쿠사의 참주 겔론(기원전 485~478년)

기원전 5세기로 접어들었을 때, 시칠리아에 정착한 그리스 이주민들의 역사는 이미 200년을 넘기고 있었다. 아그리젠토의 참주 팔라리스가 저질렀던 폭정도 이미 반세기 전에 끝이 났다. 시칠리아의 그리스 이주민들은 본토의 문명을 빠르게 받아들이면서 점차 '마그나 그라이키아Magna Graecia (범그리스 문명권)'의 일원이 되어갔다. 그 중심에 시라쿠사가 있었다.

기원전 5세기 초, 시라쿠사는 귀족 가모리Gamori 가문의 느슨한 통치를 받고 있었다. 시라쿠사 주민들은 가모리 일파를 도시에서 추방하고(기원전 491년), 시라쿠사에서 서쪽으로 약 90킬로미터 거리에 있는 젤라를 통치하던 겔론Gelon에게 찾아가 도움을 청했다. 겔론의 가문도 오이키스트 출신으로, 그리스의 텔로스에서 이주해 젤라에 식민지를 개척했던 사람들이다. 겔론은 군대를 이끌고 시라쿠사로 들어가 평화적으로 참주의 자리에 올랐다(기원전 485년). 겔론의 통치를 통해 시라쿠사는 시칠리아뿐만 아니라 '마그나 그라이키아'에서 주목받는 강대국으로 성장하게 된다. 그는 동생 히에론 1세Hieron I에게 자기 가문의 출발점이었던 젤라의 통치를 맡겼다.

시칠리아는 눈물을 믿지 않는다

이제 겔론의 관심은 시라쿠사를 발판 삼아 지중해의 최강자로 부상하는 것이었다. 그는 이웃 도시 국가를 공격해 영토를 넓혀나갔고, 정복지의 시민들을 시라쿠사로 강제 이주시켜 나라의 크기를 키워나갔다. 귀족 출신이었던 그는 평민에 대해 늘 부정적인 생각을 품고 있었다. 그래서 문제를 일으키는 평민은 모두 노예로 팔아버리는 강압적인 정책을 유지해, 그리스 전역에서 '참주'라고 불리는 첫 번째 통치자가 되는 오명을 얻었다. 계속해서 영토를 넓혀나갈 수 있었던 것은 그가 막강한 용병 부대를 거느리고 있었기 때문이다. 시켈로이 원주민들과 그리스 본토에서 모집된 용병의 숫자는 무려 1만 명을 넘어섰다.

겔론이 시라쿠사를 군사 대국으로 탈바꿈시킬 무렵, 전체 그리스 역사의 전환점이 되는 중요한 사건이 발생했다. 페르시아의 왕 크세르크세스 1세Xerxes 1가 대군을 이끌고 그리스를 침공한 페르시아 전쟁(기원전 499~449년)이 발발한 것이다. 그리스의 역사가 헤로도토스Herodotos가 《역사Historiai》란 책에서 그 의미와 전개의 과정을 파헤친 국제전이다. 막강한 외국 군대의 침공을 앞두고 아테네는 여러 나라와 군사 동맹을 체결했다. 아테네 사절단은 시라쿠사로 찾아와(기원전 481년), 겔론에게 군사 원조를 요청했다.[14] 헤로도토스가 기록한 대로 "겔론은 힘이 막강한 것으로, 그리스인들 가운데 어느 누구보다도 훨씬 막강한 것으로 간주"되었기 때문이다.[15] 겔론은 군사 지원의 조건을 제시했다. 자신을 그리스 연합군의 총사령관으로 임명해주면 200척의 함선과 2만 8,000명의 군사, 그리고 식량 조달을 책임지겠다고 약속했다. 그러나 아테네 사절단은 이 도발적인 제안을 거절했고, 대신 북아프리카의 카르타고가 정세가 혼미해진 틈을 타서 시칠리아를 공격할지 모른다는 경고를 남기고 시라쿠사를 떠났다.

기원전 480~478년경에 시라쿠사에서 주조된 겔론의 은화. 겔론이 마차를 끌고 있고
승리의 신 니케가 하늘을 날고 있다. 반대편에는 펠로폰네소스반도에서 시칠리아로
헤엄쳐 온 아레투사의 두상과 그 주위를 맴도는 돌고래가 보인다.

겔론은 그리스 동쪽의 페르시아와 시칠리아 남쪽의 카르타고가 군사
협정을 맺고 동시에 양국을 공격할 것이라고 예상했다. 페르시아가 그리
스를 공격할 동안, 카르타고가 시칠리아를 치는 양면작전을 구사하리라
고 본 것이다. 겔론은 만약의 사태에 대비하기 위해 사신에게 많은 금은
보화를 가지고 델피에서 대기하라는 지시를 내렸다. 아폴론 신전의 신탁
소를 운영하던 델피에서는 지중해 연안의 국가들 사이에 맺어진 협정에
따라, 일체의 군사 행동이 금지되어 있었다. 겔론은 사신에게 델피에서
전쟁의 추이를 지켜보다가 페르시아가 그리스를 점령할 경우 크세르크
세스 1세에게 보물을 주어 화친을 맺고, 만약 그리스가 승리할 경우에는
그냥 보물을 가지고 시칠리아로 돌아오라는 명령을 내렸다.[16]

시칠리아는 눈물을 믿지 않는다

# 그리스 문명의 역사를 바꾼 사건, 히메라 전투(기원전 480~478년)

아테네 사절단과 겔론이 예상한 대로, 카르타고가 시칠리아를 침공했다. 그리스 동쪽에서 페르시아가 공격한 틈을 노려 시칠리아 정복에 나선 것이다. 아테네의 위대한 장군 테미스토클레스Themistocles(기원전 524~459년 추정)가 살라미스 해전에서 페르시아의 해군을 물리치던 날, 시칠리아 북쪽의 히메라에서는 겔론의 시라쿠사 군대와 하밀카르Hamilcar의 카르타고 군대가 격돌했다(기원전 480년).[17] 히메라는 팔레르모에서 동쪽 해안선을 따라 약 40킬로미터 지점에 있다. 이곳에서 서구와 그리스 문명의 역사를 바꾼 히메라 전투가 펼쳐진 것이다. 30만 대군을 이끌고 막 시칠리아 북단에 상륙한 카르타고의 하밀카르, 그리고 5만 명의 보병과 5,000명의 기병을 거느린 겔론 사이에 치열한 전투가 벌어졌다. 하밀카르의 아버지는 카르타고 사람이었지만, 어머니는 시라쿠사 사람이었다. 겔론은 시칠리아 서부의 경쟁국이었던 아그리젠토의 참주 테론Theron(기원전 494~434년)과 연합군을 결성하고 카르타고에 맞섰다. 겔론과 테론은 셀리눈테와 히메라에 주둔하고 있던 시칠리아 군대를 동시에 출병시켜 하밀카르의 군대를 양쪽에서 공격했다. 시칠리아의 지형에 익숙한 겔론의 부대는 화공 작전을 펼쳐 카르타고의 군대를 괴멸시켰다. 하밀카르를 비롯한 약 15만 명의 카르타고 군인들이 죽임을 당했다고 전한다.[18]

스파르타의 왕 레오니다스Leonidas가 이끌던 '300' 용사들은 테르모필레 전투(기원전 480년)에서 굴욕적인 패배를 당했지만, 겔론과 테론의 시칠리아 연합군은 페르시아 전쟁의 서부 전선을 방어해냈다. 역사에 '만약'이란 가정은 불가능하지만, 만약 히메라 전투에서 겔론과 테론의 연합군이 패배를 당했다면 서구의 역사는 완전히 다른 방향으로 전개되었을 것이다. 시라쿠사의 참주 겔론은 아그리젠토의 참주 테론과의 동맹을 확고히 하기 위해, 그의 딸 다마레타Damareta와 결혼했다.

카르타고는 겔론에게 전쟁 배상금과 평화 조약 체결에 대한 답례로 2,000탈란톤talanton의 은을 제공했다. 그리스 문명권에서 1탈란톤은 약 26킬로그램에 해당하는 무게다. 그러니까 무려 52톤의 은을 확보하게 된 것이다. 그 막대한 재원으로 겔론은 시라쿠사에 아테나 신전(7세기에 성당으로 개조되어 시라쿠사 두오모가 된다), 그리스 문명권에서 최대 규모를 자랑하는 시라쿠사 극장, 그리고 이후 아테네 군대의 침공 시 튼튼한 방어선이 되었던 시라쿠사 성벽 등을 건축했다. 집권 초기에 폭정으로 그리스 전역에서 최초의 '참주'라는 오명을 쓰게 되었지만, 히메라 전투의 승리 이후 겔론은 뛰어난 통치자로 시라쿠사 주민들의 절대적인 신망을 얻었다. 그가 임종한 후(기원전 478년), 권력은 젤라를 통치하던 동생 히에론 1세에게로 넘어갔다.

참주 겔론이 카르타고로부터 받은 전쟁 배상금으로 건축한 시라쿠사의 아테나 신전. 지금은 시라쿠사 대성당으로 사용되고 있지만 성당 외벽에는 여전히 아테나 신전의 기둥이 남아 있다.

## 참주 히에론 1세의 통치(기원전 478~466년)

히에론 1세는 형 겔론의 뒤를 이어 시라쿠사의 참주로 등극했고, 계속해서 영토 확장에 나섰다. 인근 카타니아를 무력으로 점령하고 이름조차 아이트나Aitna로 바꾸어버렸다(기원전 474년). 그는 막강한 해군력을 바탕으로 이탈리아 남부까지 진출하여 에트루리아인들의 남하를 막는 중요한 업적을 남겼다. 아직 로마가 이탈리아 본토에서 세력 기반을 확보하지 못하고 있을 때, 히에론 1세와 그리스 연합군은 쿠마에 전투(기원전 474년)에서 에트루리아 해군을 물리쳤다. 히에론 1세는 히메라 전투 때 함께 싸웠던 아그리젠토도 무력으로 복속시켰다(기원전 471년). 그가 통치하던 시라쿠사는 그리스 전역에서 가장 부유한 도시 중의 하나로 성장했다. 시라쿠사를 12년 통치한 후 사망한 히에론 1세의 뒤를 이은 사람은 그의 동생 트라시불로스Thrasybulus였지만, 그의 통치는 채 1년을 넘기지 못했다. 그는 참주 정치에 염증을 느낀 시라쿠사 주민들에 의해 축출되었고, 악명 높은 참주 시대가 잠시 중단되는 듯했다.

## 비극 작가 아이스킬로스의 시칠리아 활동

히에론 1세의 참주 정치 기간 중 시라쿠사를 방문한 유명 인사 중에 '그리스 비극의 아버지'로 불리는 아이스킬로스Aeschylos(기원전 525~456년)가 있었다. 그는 히에론 1세의 초청으로 시라쿠사를 방문하고, 현존하는 유일한 역사극인 〈페르시아인Persai〉을 썼다. 살라미스 해전에 직접 참전했던 그는 〈페르시아인〉을 통해 전쟁의 참상을 고발하면서, 카르타고와 맞서던 시라쿠사인들에게 감동을 주는 작품을 선물했다. 페르시아 침략자들이 살라미스에서 퇴각한 것처럼, 카르타고 침략자들도 히메라에서 퇴각해야만 했다. 헤로도토스에 의하면 두 전투는 우연히 같은 해, 같은 날에 일어났다(기원전 480년 9월 26일). 아이스킬로스의 〈페르시아인〉은 페르시아 침략자를 물리친 테미스토클레스를 칭찬하고 있지만, 동시에 카르타고 침략자를 물리친 히에론 1세를 염두에 두고 쓴 것이다. 아이스킬로스는 시라쿠사에서 〈아이트나 사람들〉이라는 작품도 썼지만, 아쉽게도 원전은 전해지지 않고 있다. 히에론 1세의 영토 확장 전쟁 당시 카타니아를 점령하고 그 도시의 이름을 아이트나로 바꾼 사건을 비극으로 표현한 작품이었다.

아이스킬로스는 아테네로 귀환했다가 다시 시칠리아로 돌아와 젤라에 머물렀다. 전설에 의하면 그는 "지붕이 무너져 죽게 될 운명"이라는 신탁을 받고 절대로 건물 안으로 들어가지 않았다고 한다. 그러나 거북이를 잡아 하늘을 향해 높이 올라가던 독수리가 실수로 거북이를 떨어뜨렸고, 하필 그것이 지나가던 아이스킬로스 머리 위에 떨어져 비극적인 죽음을 맞았다고 한다.

아이스킬로스의 비극 〈페르시아인〉이 초연되었던 시라쿠사의 그리스 극장.

# 참주 시대에 등장한 소피스트 철학과 코락스 기술

겔론과 히에론 1세, 그리고 트라시불로스(기원전 466~465년 재위) 형제가 차례로 권력을 잡으면서 시라쿠사의 첫 번째 참주 가문인 데이노메니드 왕조Deinomenids가 탄생했다. 11개월간 이어진 트라시불로스의 짧은 통치기에 그리스 철학사에서 중요한 사조가 등장한다. 수사학rhetoric이라는 '말에 대한 학문'이 시작되었는데, 그리스 정통 철학사에서 이른바 '소피스트Sophist'로 불리는 사람들의 학문이다. 데이노메니드 왕조가 참주 정치를 일삼던 시라쿠사에서 소피스트들이 처음 등장했다. 참주들이 시민의 재산을 강제로 압류하는 일이 많았기 때문에 법정 다툼이 자주 발생했고, 따라서 '말에 대한 학문'이 발전한 것이다. 최초의 소피스트로 알려져 있는 코락스Corax가 시라쿠사에서 수사학을 발전시켰다.

코락스는 지금도 법정에서 사용되는 법적 논리 전개의 구조를 최초로 제시했다. 재판에 회부된 사건의 의미를 밝히는 서론적 설명, 실제 사건의 진술, 혐의에 대한 구체적 설명, 법정 반대 의견(변호), 그리고 최종 요약으로 이어지는 법정 진술의 순서를 확립시켰다. 코락스는 법정에서 변호를 위해 사용할 수 있는 이른바 '반개연성 논박reverse-probability argument'을 처음으로 소개한 인물이기도 하다. 그래서 이를 '코락스 기술'이라고도 한다. 실제 일어날 확률, 즉 개연성이 높은 사례를 먼저 설명한 다음, 개연성이 적은 사례가 일어날 수 없다는 것을 주장하는 기술이다. 예를 들면, 덩치가 큰 사람과 작은 사람이 싸웠는데, 덩치 작은 사람이 폭행죄로 고소되었다고 치자. 이 경우 덩치 작은 사람이 자신보다 큰 사람을 때릴 개연성이 매우 적기 때문에, 무죄를 주장하는 방식이다. 이런 코락스 기술은 지금도 법정에서 자주 사용된다. 부자이기 때문에 도둑질을 하지 않았을 것이라고 주장하거나, 너무 잘생긴 사람이기 때문에 굳이 몰래 간통을 할 필요가 없다고 주장하는 방식을 말한다.

그러나 코락스 기술의 단점은 그 개연성의 논리가 반대로도 적용될 수 있다는 것이다. 아까 예로 들었던 "덩치 작은 사람이 큰 사람을 폭행하지 않았을 것이다"라는 주장은, 논리가 충분히 뒤집힐 수 있다. 덩치가 큰 사람이 폭행 혐의로 고소를 당했을 경우 "덩치 큰 사람이 먼저 공격할 것이라는 판단을 내릴 확률이 매우 높기 때문에, 이 사실을 잘 알고 있는 덩치 큰 사람이 폭행하지 않았을 것"이라고 주장하는 방식이다. 따라서 코락스 기술은 어떤 경우에도 무죄를 주장할 수 있는 논리로 받아들여졌다. 이런 법정 변호 기술을 '소피스트(궤변론자)의 주장'이라고 해석한 그리스의 철학자들이 많았다. 그 궤변의 사례가 바로 코락스와 그의 제자 티시아스Tisias가 법정에 제시했던 논박이었다.

제자 티시아스는 코락스에게서 법정 논쟁의 기술을 배웠지만, 정해진 학비를 스승에게 지불하지 않았다. 결국 코락스는 티시아스를 법정에 고소했고, 두 사람은 불꽃 튀는 법률 논쟁을 통해 각자의 '말에 대한 학문' 실력을 뽐내게 된다. 두 사람의 법정 진술을 대화로 각색해보면 다음과 같다. 먼저 티시아스의 주장이다.

존경하는 재판관님, 저는 코락스 선생님에게 학비를 지불할 수 없습니다. 저는 법정에서 승리할 수 있는 법을 가르쳐주는 조건으로 코락스 선생님에게 학비 지불을 약속했습니다. 그러나 보십시오. 저는 지금 법정에 고소를 당했습니다. 제가 만약 이 재판에서 진다면, 그것은 코락스 선생님이 절 잘못 가르쳤기 때문입니다. 이 경우에는 제가 학비를 납부할 의무가 없습니다. 그러면 반대로 제가 이 재판에서 이긴다면 어떻게 될까요? 당연

시칠리아는 눈물을 믿지 않는다

히 납부할 필요가 없어지겠지요. 자, 보십시오, 이게 바로 제가 코락스 선생님에게 학비를 납부할 수 없는 이유입니다.

티시아스의 주장에 맞서, 코락스가 법정에서 자신의 주장을 펼친다.

존경하는 재판관님, 제 억울한 사정을 들어주십시오. 저는 최선을 다해 티시아스를 가르쳤습니다. 정해진 학비를 납부해야 한다는 계약을 맺고, 티시아스에게 법정 변론의 기술을 전수해주었던 것입니다. 제 주장은 이렇습니다. 만약 티시아스가 이 재판에서 이긴다면, 그것은 제가 티시아스를 잘 가르친 덕분입니다. 이 경우 사전에 맺은 계약대로 제게 학비를 납부해야 합니다. 하지만 티시아스가 법정에서 패한다면 어떻게 될까요? 그럼 두말할 필요도 없이 티시아스가 제게 학비를 지불해야 합니다. 이처럼 어떤 경우에도 티시아스는 제게 학비를 납부해야 한다는 것을 이 법정에서 주장하고자 합니다.

시라쿠사의 재판관은 어떻게 판결을 내렸을까? 전설처럼 전해져 내려오는 이야기에 의하면, 재판관과 배심원들은 한목소리로 "카카우 코라코스 카콘 오온Kakou Korakos Kakon oon"을 외쳤다고 한다.[19] 스승의 이름 코락스가 까마귀를 뜻하는 그리스어 'Koráki'와 발음이 비슷하다는 점을 풍자한 것인데, '나쁜 까마귀가 나쁜 알을 낳는다'란 뜻이다. 잘못된 스승 밑에서 잘못된 제자가 나왔음을 풍자하는 명판결이었다.

# 시칠리아로 확대된 펠로폰네소스 전쟁과
## 젤라 선언(기원전 424년)

페르시아 전쟁은 그리스의 최종 승리로 끝이 났다. 페르시아란 말만 들어도 벌벌 떨던 그리스인들이 일치단결하여 외국의 침략자들을 물리친 것이다. 마라톤 전투(기원전 490년)의 영웅 밀티아데스Miltiades, 테르모필레 전투에서 패배했지만 영화 〈300〉의 주인공으로 깊은 할리우드적 인상을 남긴 스파르타의 왕 레오니다스, 살라미스 해전을 승리로 이끈 테미스토클레스, 후퇴하던 페르시아군에 최후의 일격(기원전 467년)을 가했던 키몬Kimon의 역할이 컸다. 그러나 페르시아 전쟁의 결과는 예상치 못했던 파국으로 이어졌는데, 바로 그리스 동족상잔의 비극이었던 펠로폰네소스 전쟁(기원전 431~404년)이다. 역사가 투키디데스가 인간의 본성을 파헤치기 위해 썼던 《펠로폰네소스 전쟁사》의 역사적 배경이 된 사건이다.

전쟁이 오랫동안 지속되면서 전쟁 당사자였던 아테네와 스파르타는 식량난에 허덕였고, 자연스레 지중해의 곡물 창고인 시칠리아를 주목하게 되었다. 시라쿠사의 권력이 참주의 손아귀에서 벗어나자, 먼저 렌티니Lentini 사람들이 아테네에 보호를 요청하며 동맹을 맺었다(기원전 433년). 코린트의 이주민이 설립했던 시라쿠사는 당연히 우방국인 스파르타를 지원하고 있었기 때문에 인근 도시인 렌티니가 아테네에 군사 보호를 요청한 사건은 곧 국제 문제로 비화했다. 이에 시라쿠사는 군대를 출동시켜 렌티니를 포위했고, 렌티니는 유명한 소피스트였던 고르기아스Gorgias를 아테네로 보내 원군을 요청한다(기원전 427년).[20]

이런 급박한 상황 속에서 아테네의 심기를 자극하는 또 다른 사건이 발생했다. 기원전 424년 시라쿠사의 주도로 시칠리아의 모든 참주가 함께 모여 "시칠리아의 분열을 획책하는 아테네에 대항하기 위해 서로 화해하자"는 '젤라 선언'을 발표했기 때문이다.[21] '젤라 선언'은 시칠리아의 운명에 대한 통찰력을 담고 있었다. 시라쿠사의 장군이었던 헤르모크라테스Hermocrates(기원전 407년 사망)는 시칠리아의 불행이 "내부의 적대감을 부추기는 외부 세력의 농간"에서 비롯됨을 강조하면서,[22] 시칠리아가 생존을 원한다면 모든 도시 국가가 분열되지 말고 서로 화해해야 한다고 주장했다.[23] 그러나 헤르모크라테스의 사자후는 시칠리아 서쪽에 있던 두 도시의 분열과 반목으로 빛을 잃게 된다. 세제스타와 셀리눈테 간에 무력 충돌이 발생한 것이다. 결국 시칠리아 전체는 아테네의 군사 공격을 받는 일촉즉발의 위기로 치닫게 된다. 스파르타와 아테네가 맞붙었던 펠로폰네소스 전쟁의 전선이 이제 시칠리아 서부로 확대되기에 이른다.

## 세제스타와 셀리눈테의 충돌과 아테네의 시칠리아 원정(기원전 415~413년)

기원전 424년에 선포된 '젤라 선언'은 아테네를 자극했다. 시라쿠사의 장군 헤르모크라테스가 시칠리아 내정에 외부인의 간섭을 배제한다는 조치를 발표하자 아테네는 사절단을 급히 시칠리아의 여러 도시로 파견했다. 시칠리아의 패권을 장악하려는 시라쿠사를 견제하기 위해 그리스 유민들이 개척한 도시를 돌며, 그들을 반反시라쿠사 세력으로 규합하려고 했다. 그러나 사절단의 시칠리아 도시 순회는 중단되었다. 시라쿠사의 적극적인 방해 공작 때문이었다.

기원전 416년 겨울, 세제스타의 대표단이 아테네를 찾아오면서 사태

세제스타의 신전. 셀리눈테와의 지역 분쟁으로 아테네의 원조를 청한 도시다.

는 새로운 국면에 접어든다. 세제스타 대표단은 경쟁 도시인 셀리눈테가 시라쿠사의 지원을 받으며 자신들을 괴롭힌다고 하소연했다. 셀리눈테와 시라쿠사가 모두 스파르타의 지원을 받고 있으니, 아테네가 개입하여 이 문제를 해결해달라는 요청이었다. 세제스타는 시칠리아 서쪽 원주민이었던 엘리모이족의 주요 거점 도시였다. 이들은 북아프리카와 시칠리아에 정착한 카르타고인들과의 교역을 통해 경제력을 키워가고 있었다. 반면 셀리눈테인들은 그리스 출신이었으니, 당연히 시라쿠사는 셀리눈테 편을 들고 있었다. 세제스타 대표단은 지금 시라쿠사를 견제하지 않으면 이들이 곧 시칠리아의 패권을 차지할 것이며, 결국에는 스파르타와 결탁해서 장차 아테네에 큰 위협이 될 것이라고 설득했다. 스파르타와 맞붙은 펠로폰네소스 전쟁의 와중에 있던 아테네로서는 세제스타의 예측과 조언을 무시할 수 없었다. 60척의 아테네 함선이 출항하는 비용까지 모두 세제스타가 부담하겠다고 약속했을 때, 아테네로서는 원정을 주

시칠리아는 눈물을 믿지 않는다

저할 마지막 이유도 없어진 셈이었다. 이것이 아테네를 파국으로 이끌고 가게 될 시칠리아 원정(기원전 415~413년)의 출발이었다.

사실 아테네의 시칠리아 원정은 그때가 처음이 아니었다. 아테네는 기원전 427년부터 424년까지 이미 시칠리아 원정을 단행한 바 있는데, 그 이유는 시칠리아가 펠로폰네소스 동맹에 밀과 곡식을 제공했기 때문이었다. 60척의 아테네 전함이 동원된 제1차 원정은 라키스Laches 장군이 이끌었다. 원정 초기에는 메시나를 점령하는 등의 성과를 올렸으나 기원전 425년, 지휘관이 교체되면서 특별한 성과 없이 흐지부지되고 말았다.[24] 당시 아테네인들은 시칠리아 동부의 해안선을 따라 항해하면서 물살을 익혔지만, 세제스타가 있는 서부 지역까지는 진출해보지 못했다. 시칠리아 서부 해안의 지형과 도시의 규모를 전혀 모르는 상태에서 출발했던 제2차 원정은 출발부터 불안한 요소를 안고 있었다.

제1차 원정의 실패 경험 때문에 아테네 민회는 파병 결정을 미루며 숙고를 거듭했다. 마지막까지 주저하던 신중파를 설득시켜 원정에 나서게 한 요인은 결국 '돈'이었다. 세제스타 대표단은 1만 2,000명이 탑승하는 함선 60척의 항해에 필요한 병사들의 한 달 급여와 경비 조로 6탈란톤의 은을 가져왔다. 아테네 민회 대표단을 접대할 때는 지참해 온 금 쟁반을 사용해 그들의 환심을 사기도 했다. 그들은 세제스타 신전에 보관된 황금 봉헌물을 자랑하기까지 했다. 결국 아테네 민회는 투표를 통해 60척의 삼단노선을 시칠리아로 원정 보내고, 알키비아데스Alcibiades(기원전 450~404년)와 니키아스Nikias(기원전 470~413년)를 공동 사령관으로 임명하기에 이른다. 알키비아데스와 니키아스는 정반대의 성격을 가진 장군이었다. 알키비아데스의 충동적인 성격을 잘 알고 있던 아테네 원로들은 신중한 니키아스를 공동 사령관으로 임명해 그를 견제하고자 했다. 이것도 부족했는지, 50세의 역전 노장 라마코스Lamachos를 세 번째 사령관으로 임명하여 두 사람의 충돌을 막았다.

아테네 민회가 결정한 원정의 목적은 시칠리아의 내륙 정복이 아니었다. 세제스타인들을 돕고, 시라쿠사의 세력 확장으로 인해 곤란을 겪고 있는 렌티니를 지원하는 것이 목적이었다. 함대의 규모도 제1차 원정과 똑같이 함선 60척을 보냈다. 다시 말하자면, 기원전 415년의 제2차 시칠리아 원정은 호전적인 식민지 정복 전쟁과는 거리가 멀었다는 것이다. 시라쿠사는 코린트의 이주민들이 세운 도시다. 펠로폰네소스 전쟁의 원인 제공자이기도 한 코린트는 아테네와 적대적인 관계를 유지하고 있었다. 따라서 제2차 원정을 통해 아테네가 바랐던 것은 시라쿠사라는 스파르타의 우방국을 사전에 제거하는 것이었다.

시라쿠사의 발흥을 분쇄하기 위해 기원전 415년 7월 초, 아테네의 함대는 피레우스 항구를 출발했다. 그러나 예상과는 달리 시라쿠사로부터 예상치 못한 일격을 당했고, 2년에 걸친 원정은 완전한 실패로 끝난다. 널리 알려진 대로 시칠리아 원정을 부추겼던 알키비아데스 장군은 탈영해서 스파르타에 투항했고, 사령관 니키아스를 포함한 아테네 군사 전원은 전사하거나 포로로 잡혀 참혹한 최후를 맞이했다. 《펠로폰네소스 전쟁사》를 기록한 투키디데스의 분석대로, 시칠리아 원정은 장차 아테네가 스파르타에 패배를 당하는 결정적인 원인을 제공했다. 시칠리아에서 입은 막대한 전력의 손실 때문에 아테네는 막강한 스파르타의 육군을 당해낼 수 없었던 것이다.[25] 한편 아테네에 원조를 청했던 세제스타는 카르타고 편에 붙어 생존을 모색했다. 카르타고는 경제 교역국이었던 세제스타에 5,000명의 지원군을 보냈고, 덕분에 세제스타는 숙적 셀리눈테와의 전쟁에서 승리를 거둔다(기원전 410년).

# 황금이 가득했던 세제스타 신전

아테네로 파견되었던 세제스타 대표단이 황금 봉헌물로 가득 차 있다고 자랑했던 세제스타 신전은 이제 텅 빈 채 산언덕 위에 자리 잡고 있다. 기원전 5세기 후반에 도리스 양식으로 건축되었지만, 누가 건축했는지, 심지어 어떤 신을 모신 신전인지 알 수 없는 상태다. 3열 계단이 신전 입구에 놓여 있었고, 너비 21미터의 정면에 6개의 기둥이, 너비 56미터의 옆면에 14개 기둥이 일렬로 도열해 있다. 내부에 벽실이 설치되지 않았고, 천장도 없었던 것으로 보아 미완성으로 남은 신전이었을 것이다.[26]

세제스타 신전은 그리스의 신이 아니라 토착민이었던 엘리모이족의 토속 신을 모시기 위해 그리스 신전의 모양으로 대충 만들어졌다는 설도 있다. 공사가 중단된 이유에 대해서는 세제스타가 카르타고의 지원을 요청했기 때문이라는 것이 지배적이다. 기원전 413년, 아테네 원정대가 시라쿠사에서 괴멸을 당하자 세제스타는 카르타고의 원조를 청했고, 세제스타로서는 그리스 신전을 건축할 필요가 없어졌을 것이다. 신전의 외벽 기둥에 주름 처리가 되지 않은 채 남아 있는 것으로 보아, 신전 건축 공사가 초기 단계에서 중단된 것으로 보인다. 그리스 신전을 건축할 때, 외벽 기둥의 주름 처리는 내부의 벽실이 완성된 이후에 진행한다는 원칙이 있기 때문이다.

미완성으로 남은
세제스타 신전.

# 셀리눈테의 고고학 공원

셀리눈테는 시칠리아 남쪽에 있는 항구 도시로 그리스 문명이 일찍부터 만개했던 곳이다. 지중해 무역의 중심이었고 북아프리카와의 지리적 근접성 때문에 카르타고와의 교역이 활발했는데, 전성기에는 인구가 20만 명까지 불어날 정도로 큰 도시 국가를 형성했다. 이 도시는 기원전 728년에 시칠리아로 이주했던 그리스의 메가라인들이 다시 서쪽으로 옮겨와 만든 곳이다. 직사각형 도로가 바둑판처럼 펼쳐져 있는 '히포다모스Hippodamos 도시 설계 방식'으로 건축되었다. 히포다모스(기원전 498~408년)는 밀레투스 출신으로, 세계 최초의 도시 설계자로 알려져 있다. 그는 직각으로 교차하는 형태의 주 간선 도로와 그 사이의 바둑판 같은 부지에 저택을 배치한 것으로 유명했고, 도시 공간을 종교 시설, 공공 건물, 개인 주택으로 삼분할 것을 제안했던 인물이다.

현재 남아 있는 신전 유적지는 동쪽에 있는 E(헤라), F(아테나), G(제우스) 신전과 서쪽 아크로폴리스에 있는 A(아르테미스 추정), B(엠페도클레스), C(아폴론), D(아테나), R(메가론) 신전으로 구성되어 있다. 헤라를 모신 신전 E가 가장 잘 보존되어 있는데, 기원전 5세기 중엽에 건축된 도리스 양식을 채택하고 있다. 앞면에 6개의 기둥, 옆면에 15개의 기둥이 서 있고, 안에는 헤라를 모신 작은 내부 신전이 비교적 잘 보존되어 있다. 다른 모든 그리스 신전처럼 빛과 생명을 뜻하는 동쪽을 향해 서 있다. 동쪽을 향해 일렬로 서 있는 신전들인 A, C, D 사이에 있는 작은 B 신전은 인근 아그리젠토 출신의 철학자, 과학자, 그리고 의사였던 엠페도클레스를 추모하는 신전이다. 셀리눈테에 말라리아가 창궐했을 때 이를 극복할 수 있도록 도와준 데 대한 감사를 표시한 것이다. 셀리눈테의 신전들은 대부분 카르타고의 침공(기원전 409년)으로 파괴되었다. 고고학자들은 돌무더기 안에서 신전의 메토프 조각을 발굴했고, 이 조각들은 현재 팔레르모의 살리나스 지역 고고학 박물관에 전시되어 있다.

셀리눈테 고고학 공원의 E 신전. 결혼과 가정의 행복을 주관하는 헤라 여신을 모신 신전이었다.

## 디오니시우스 1세의 참주 통치(기원전 405~367년)

시라쿠사가 군사 강국 아테네를 물리칠 수 있었던 저력은 어디서 온 것일까? 어떻게 시라쿠사가 아테네를 상대로 승리를 거둘 수 있었을까? 그 이유는 시라쿠사가 자유로운 민주정을 채택하고 있었기 때문이었다. 겔론 1세, 히에론 1세, 그리고 트라시불로스 형제로 이어진 데이노메니드 왕조가 끝난 후, 시라쿠사는 민주정을 도입했다(기원전 465~405년). 정확하게 60년간 이어졌던 민주정 시대에 시라쿠사는 아테네 군대의 침공에 맞서 승리를 쟁취하는 기염을 토했던 것이다. 민주정을 받아들인 아테네가 일치단결하여 페르시아를 물리쳤던 것처럼, 시라쿠사도 민주정을 받아들여 막강한 아테네 원정대를 물리칠 수 있었다.

그러나 시라쿠사는 다시 혹독한 참주정 시대로 돌아간다. 시라쿠사의 두 번째 참주 가문의 시조인 디오니시우스 1세가 등장했기 때문이다. 시라쿠사의 민주정이 아테네를 물리칠 만큼 강성했지만, 북아프리카의 카르타고는 시라쿠사가 직면한 군사적 위기를 시칠리아 공격의 기회로 삼았다(기원전 410년). 70년 전 히메라 전투의 패배를 설욕하기 위해, 한니발 마고Hannibal Mago 장군은 대군을 이끌고 시칠리아에 상륙했다. 명분은 원조를 요청한 세제스타를 돕는다는 것이었고, 결국 경쟁 국가였던 셀리눈테를 초토화시켰다(기원전 409년). 한니발 마고는 군대를 이끌고 북쪽으로 올라가, 히메라에서 다시 한번 시라쿠사 군대와 맞붙었다. 제2차 히메라 전투는 카르타고의 승리로 끝이 났고(기원전 409년), 한니발 마고는 여세를 몰아 아그리젠토와 젤라까지 점령해버렸다(기원전 406년).[27] 지척에 있던 젤라가 카르타고군에 점령당하자 민주정을 자랑하던 시라쿠사인들은 당황했다. 동쪽으로 침략한 아테네를 막았더니, 이번에는 서쪽에서 카르타고가 침략한 것이다.

바로 이 시기에 시라쿠사의 새로운 참주가 등장한다. 제2차 히메라 전투 때 시라쿠사군은 한니발 마고의 카르타고군에 맥없이 무너졌지만, 장교 1명이 용감하게 싸웠다는 소문이 퍼졌다. 평범한 군대 행정관에 불과했던 디오니시우스 1세는 카르타고와의 전투에서 공을 쌓아, 시라쿠사의 군 지휘관으로 승진했다(기원전 406년). 그는 카르타고와 재빨리 화친을 맺으면서 자신의 정치적 위상을 높였다. 마침 펠로폰네소스 전쟁에서 최종 승리를 거둔 스파르타는 힘의 균형을 유지하기 위해서 디오니시우스 1세의 득세를 용인해주었다. 그가 참주로 다스리는 시라쿠사를 지중해 서쪽을 장악하고 있는 카르타고를 견제하기 위한 완충 지역으로 삼은 것이다.

디오니시우스 1세는 잔혹한 독재자였다. 600명의 이탈리아 출신 용병을 개인 경호 부대로 거느리고, 온갖 악행을 일삼았다. 시라쿠사 고고학 지구의 한쪽을 차지하고 있는 '디오니시우스의 귀' 채석장은 그가 얼마나 잔혹한 인물이었는지를 증명하는 유적지다. 그는 채석장의 동굴 속에 죄수들을 가두어놓고 강제 노동과 고문을 일삼았으며, 전대미문의 공포 정치로 시라쿠사 주민들을 괴롭혔다. 9장에서 자세히 소개할 인물이지만, 그 채석장의 이름을 '디오니시우스의 귀'라고 붙인 사람은 바로크 예술의 창시자였던 천재 화가 카라바조Caravaggio (1571~1610년)였다.

디오니시우스 1세는 시라쿠사 북쪽 평원 지역에 튼튼한 성곽을 건축했다 (기원전 402년). 길이 27킬로미터에 달

카라바조가 참주 디오니시우스 1세의 잔혹성을 듣고 이름 붙인 채석장, 디오니시우스의 귀.

했던 시라쿠사 성벽은 지금도 그 흔적이 남아 있다. 디오니시우스 1세는 카르타고와 군사 동맹을 맺고 아테네의 우방 도시 국가들을 공격하는 영토 확장 전쟁에 적극적으로 나섰다. 렌티니, 카타니아, 낙소스 등이 이때 모두 시라쿠사에 복속되었다. 카타니아 주민들을 모두 시라쿠사로 강제 이주시키고 그곳에 이탈리아 본토에서 온 용병들이 거주하도록 했다. 최초의 그리스 이주민 도시였던 낙소스는 끝까지 저항했지만 결국 디오니시우스 1세의 군대에 의해 토벌되었다.

디오니시우스 1세의 정복 전쟁은 시칠리아 동부에서 중단되지 않았다. 야심만만한 참주였던 그는 우방국이었던 카르타고까지 시칠리아에서 축출하기 위해 서부 지역 원정을 감행했다. 그가 노렸던 첫 번째 도시는 에리체Erice였다. 시칠리아 서쪽 끝의 항구 도시인 트라파니를 내려다보고 있는 에리체는 디오니시우스 1세의 공격을 받아 함락되었고, 마르살라 인근 석호의 섬 모지아도 이때 점령되었다(기원전 397년). 디오니시우스 1세의 모지아 점령은 북아프리카의 카르타고를 자극했고, 두 나라의 분쟁은 기원전 368년까지 이어졌다. 지중해의 두 강대국은 '플라타니Platani 조약'을 체결하고 셀리눈테와 히메라로 이어지는 시칠리아 중부의 플라타니강을 느슨한 국경선으로 삼는 것에 합의했다. 시칠리아의 동쪽은 시라쿠사가, 서쪽은 카르타고가 통치하는 것을 서로 인정하기로 한 것이다.

이제 디오니시우스 1세의 시선은 바다 건너 동쪽으로 향했다. 시칠리아의 경계선을 넘어, 그리스 본토에 눈독을 들인 것이다. 당시 그리스 본토에서는 펠로폰네소스 전쟁에서 승리를 거둔 스파르타와 이에 반발하는 그리스 연합군 사이에 전쟁이 발발했다. 이를 '코린트 전쟁(기원전 395~387년)'이라고 부른다. 시라쿠사의 참주 디오니시우스 1세는 스파르타 편에 서서 이 본토 전쟁에 개입한다. 그는 우방 국가였던 테살로니키 중부의 에피루스Epirus를 돕기 위해 2,000명의 중무장 보병을 파견했지만, 아예 그 도시를 점령해버렸다(기원전 385년). 그리고 여세를 몰아 델피의 아폴론 신탁소와 공물 보관소를 약탈하는 '만행'을 저질렀다. 델피의 아폴론 신탁소는 어느 나라의 군대도 침략해서는 안 되는 성스러운 장소였다. 결국 동맹국이었던 스파르타가 군대를 출동시켜 디오니시우스 1세의 시라쿠사 군대를 그리스에서 축출했다. 2명의 여성과 동시에 결혼했던 그는 두 번째 아내를 통해 공식 후계자인 디오니시우스 2세Dionysius II를 얻었고, 기원전 367년에 사망했다. 아들 디오니시우스 2세에게 독살을 당했다는 설과 아테네에서 경연에 나선 자신의 비극 작품 〈헥토르의 보상금〉이 우승했다는 소식을 듣고 과음으로 죽었다는 설이 있다.

시라쿠사는 무려 38년에 걸친 디오니시우스 1세의 참주 통치 기간 중 서쪽으로는 카르타고, 동쪽으로는 스파르타와 어깨를 나란히 하는 지중해의 강대국으로 부상했다. 아무도 무시할 수 없는 이 참주에게 아테네의 상심한 철학자가 찾아왔다. 기원전 399년 소크라테스Socrates(기원전 470~399년 추정)의 사형을 지켜보며 아테네의 만행에 절망했던 플라톤이었다. 그는 장차 자신의 책《국가》에서 제시하게 될 이상적인 나라의 모습을 시라쿠사에서 구현해보겠다는 소망을 품고 디오니시우스 1세를 찾아왔다. 플라톤은 디오니시우스 1세의 처남이었던 디온Dion과 교류하고 있었지만, 참주와는 불편한 관계를 이어갔다. 플라톤이 그의 폭정에 대한 경고를 주저하지 않았기 때문에 두 사람의 관계가 틀어지고 만 것이다. 결국 디오니시우스 1세는 플라톤을 추방했고, 아테네로 귀환하던 플라톤은 해적에게 생포되어 아이기나Aigina섬으로 끌려가는 수모를 당한다. 친구들의 도움으로 겨우 아테네로 돌아온 플라톤은 '아카데미아'를 설립해 이상적인 국가에 대한 연구를 계속 이어가게 된다. 플라톤 아카데미의 창설이었다.

## 디오니시우스 2세의 참주 정치 (기원전 367~343년)

디오니시우스 2세가 시라쿠사의 참주 권력을 이어받았다. 30살의 나이에 왕좌에 올랐으나, 그에게는 통치의 지혜와 경륜이 부족했다. 외삼촌 디온은 젊은 참주의 교육을 위해 플라톤을 다시 시라쿠사로 초청했다(기원전 366년).《국가》에서 '철학자 왕'을 이상적인 통치자로 제시했던 플라톤은 디오니시우스 2세를 그런 인물로 만들기 위해 기꺼이 초청을 받아들였다. 그러나 디오니시우스 2세는 외삼촌 디온의 정국 주도에 불만을 품고, 그가 애써 모신 플라톤을 다시 추방해버렸다. 플라톤이 시라쿠사에 도착한 지 불과 4개월이 채 지나지 않았을 때였다. 결국 플라톤은 두 번째 시칠리아 여행에서도 뜻을 이루지 못한 채, 아테네로 돌아가야만 했다.

세월이 흘러 디오니시우스 2세는 다시 플라톤을 시라쿠사로 초청했다(기원전 361년). 플라톤은 건강과 나이를 이유로 사양했지만, 참주는 직접 아테네로 배를 보내 철학자의 방문을 강력하게 요구했다. 디오니시우스 2세는 그동안 자신의 철학 공부가 얼마나 성과가 있었는지를 점검해달라고 부탁했다. 타렌툼의 피타고라스주의 철학자 아르키타스Archytas (기원전 435/410~360/350년 추정)로부터 철학을 깊이 있게 공부했다고 자랑을 했다. 플라톤은 자신이 존경하던 아르키타스로부터 철학을 배운 디오니시우스 2세의 상태를 알아보고 싶었다. 또한 계속 거절할 경우 디온이 정치적 곤경에 처할 것을 염려해, 결국 세 번째 시칠리아 방문을 수락한

디오니시우스 2세에게 플라톤을 소개하는 디온. 1876년에 그려진 삽화.

다. 그러나 플라톤의 기대와는 달리 왕의 철학 공부는 미진했고, 추방당한 디온을 사면해달라는 플라톤의 간곡한 부탁도 받아들여지지 않았다. 플라톤은 아테네 귀국을 희망했으나, 디오니시우스 2세는 이런저런 핑계를 대면서 그를 가택 연금에 처해버린다. 플라톤은 타렌툼의 아르키타스에게 도움을 청해 겨우 아테네로 귀환할 수 있었다(기원전 360년).

철학자의 귀환에 화가 난 디오니시우스 2세는 디온의 재산을 모두 압류하고 그의 아내를 다른 남자와 결혼시켜버리는 벌을 내렸다. 이에 격분한 디온은 결국 반란을 일으켰다(기원전 357년).[28] 두 번째 반란에서 마침내 디온이 승리를 거두고, 시라쿠사는 참주의 손아귀에서 벗어난

다. 디오니시우스 2세가 마지막으로 공격했던 곳은 낙소스였다. 낙소스의 주민들은 안드로마쿠스Andromachus라는 인물의 영도 아래 인근 타우로Tauro산 중턱으로 집단 이주했고, 새 도시의 이름을 타오르미나Taormina로 붙였다(기원전 358년). 그들은 맷돌처럼 생긴 더 높은 언덕 봉우리에 아크로폴리스를 세웠는데, 이곳이 바로 '맷돌 모양의 성채'란 뜻의 카스텔몰라Castelmola다.

사실 디온이 반란에 성공할 수 있었던 이유는 디오니시우스 2세가 이탈리아 본토에 체류하고 있었기 때문이었다. 참주가 자리를 비운 사이에 외삼촌이 시라쿠사를 차지한 것이다. 결국 디오니시우스 2세는 기원전 357년부터 346년까지 11년간 망명을 떠나야만 했다. 이탈리아반도 남쪽 로크리Locri에 터전을 잡았지만, 주민들을 잔혹하게 통치해 그곳에서도 참주의 악명을 떨쳤다.

디오니시우스 2세는 기원전 346년 시라쿠사로 돌아왔다. 디온이 반란에 성공한 후 4년이 지났을 즈음인 기원전 354년 측근에게 암살당했기 때문이다. 그가 로크리를 떠난 뒤, 그동안 학정에 시달린 주민들이 남겨진 아내와 딸들을 죽여 보복했다고 한다. 무능하지만 잔혹했던 디오니시우스 2세의 귀환을 환영하는 시라쿠사 주민들은 아무도 없었다. 끊임없는 반발과 내분에 시달리던 디오니시우스 2세는 카르타고의 공격을 예상하고 있었지만, 아무런 조치를 할 수 없었다. 결국 주민 대표가 모국 그리스의 코린트에 군사 원조를 청하는 대사를 보냈다. 코린트 지원군을 이끌고 온 티몰레온Timoleon 장군의 공격을 받은 디오니시우스 2세는 결국 시라쿠사를 내어주고 항복을 선언한다(기원전 343년). 평범한 시민으로 돌아간 그는 비참한 생활을 이어가다, 이듬해에 임종했다(기원전 342년).

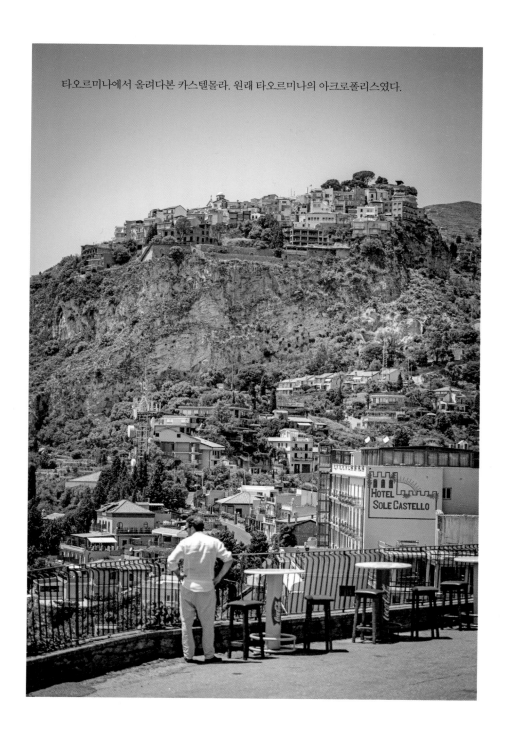

타오르미나에서 올려다본 카스텔몰라. 원래 타오르미나의 아크로폴리스였다.

# 다모클레스의 단검

디오니시우스 2세는 시라쿠사 주민들로부터 미움을 받았고 늘 암살 위협에 시달렸다. 전설처럼 전해져 내려오는 '다모클레스Damocles의 단검' 일화에서 그 사실을 확인할 수 있다. 다모클레스는 디오니시우스 2세의 궁정에서 일하는 신하였다. 디오니시우스 2세의 권력을 부러워했던 그는 참주에게 그 사실을 솔직하게 얘기했다. 막강한 권력과 엄청난 재산을 가졌으니 당신이 세상에서 가장 행복한 사람이라고 부러워했다. 그러자 디오니시우스 2세는 그에게 위치를 바꾸어보자고 제안했다. 다모클레스가 왕좌에 앉고 디오니시우스 2세가 신하로 서 있자는 것이다. 왕좌에 앉게 된 다모클레스는 신이 났다. 주위에 값비싼 보석들이 있었고, 아름다운 시녀들이 왕좌에 앉아 있는 그의 시중을 들었다. 그런데 고개를 들고 보니 머리 위에 가느다란 말총에 위태롭게 묶여 있는 단검이 보였다. 겁에 질린 다모클레스가 왜 저것이 내 머리 위에 있냐고 묻자, 디오니시우스 2세가 "내 왕좌에는 언제나 암살의 위험이 도사리고 있기에, 방심하지 않기 위해 단검을 매달아두었다"라고 답했다. 이 말은 로

리처드 웨스톨Richard Westall이 그린 〈다모클레스의 단검〉(1812년 작품). 오클랜드 박물관 소장.

시칠리아는 눈물을 믿지 않는다

마 공화정 시대의 정치가 키케로Cicero(기원전 106~43년)가 인용하면서 유명해졌는데,[29] 권좌에 앉은 사람은 늘 행동을 삼가야 한다는 의미로 사용된다. 늘 암살의 위험에 시달리던 참주 디오니시우스 2세의 불안했던 권력의 이면도 동시에 설명해주는 일화다.

## 플라톤의 편지에 나타난 시칠리아

아테네의 철학자 플라톤은 시라쿠사의 참주 디오니시우스 1세와 그의 아들 디오니시우스 2세를 모두 찾아갔다. 소크라테스의 제자이며, 서양 철학사의 위대한 출발점이었던 그의 마음은 언제나 시라쿠사를 향해 열려 있었다. 그는 시칠리아를 3번 방문했고(기원전 387년, 367년, 361년), 당시 역사에 대해 상세한 기록을 남겼다.

기원전 431년부터 시작된 펠로폰네소스 전쟁에서 아테네가 스파르타에 패배를 당하고(기원전 404년), 존경하던 스승 소크라테스가 독배를 들고 죽음을 맞이하자 플라톤은 큰 충격을 받았다. 일찍부터 정치에 뜻을 두고 있었던 그는 아테네의 쇠락과 소크라테스의 죽음으로 촉발된 지혜의 데카당스(타락)를 목격하고 지중해 유랑을 떠났다. 28살의 청년 플라톤은 수학자 테오도로스를 찾아 북아프리카의 키레네Cyrene를, 피타고라스의 사상을 배우기 위해 이탈리아 남부를, 그리고 신관을 만나기 위해 이집트를 방문했다고 알려져 있다. 플라톤은 고향 아테네로 돌아가기 전에 시칠리아를 먼저 방문했다. 본인이 쓴 것으로 추정되는 편지에서 "40살이 되던 해"에 시칠리아를 처음 방문했다는 기록을 남겼다. 그가 만약 기원전 427년에 태어났다면 플라톤은 기원전 387년에 시칠리아를 처음 방문했고, 당시 시라쿠사의 참주는 디오니시우스 1세였다.

여기서 잠깐 화제를 돌려 "본인이 쓴 것으로 추정되는 편지"에 대해서 설명할 필요가 있다. 플라톤의 생애를 복기하는 것뿐만 아니라 시칠리아의 역사를 이해하기 위해 매우 중요한 배경이 되기 때문이다. 널리 알려진 대로 플라톤은 '대화체'로 책을 썼다. 그것도 대부분 스승 소크라테스가 철학적 대화의 주인공이었다. 그래서 학자들은 플라톤의 '대화' 내용에서 소크라테스와 생각과 플라톤의 생각을 구분하기 위해 진땀을 흘리고 있다. 플라톤이 썼다고 추정되는 편지는 총 13통인데, 학자들은 상당수가 위작이라고 판단하고 있다.[30] 유명 인물의 서신이 비싼 값에 거래되었기 때문에 이런 위작이 자주 만들어졌지만, 학자들은 그중에서 일곱 번째와 여덟 번째 편지만은 플라톤이 직접 쓴 것으로 추정하고 있다. 공교롭게도 이 2통의 편지는 모두 플라톤의 시칠리아 방문과 연관되어 있어, 당시 역사를 연구하는 데 결정적인 단서를 제공한다.

스파르타는 이른바 '30인의 참주'를 통해 점령한 아테네를 간접 통치했다. 플라톤은 아테네의 비극적인 역사를 뒤로하고 지중해 유랑을 떠났고, 귀국해서는 플라톤 아카데미를 창립했으며 그곳에서 철학 연구와 집필에 매진했다. 그의 《국가》는 작게는 아테네, 크게는 그리스 전체의 미래에 대한 고뇌를 담고 있으니, '철인哲人 통치'만이 이상적인 국가의 미래를 보장한다는 주장을 담고 있다. 플라톤은 40세가 되었을 때, 《국가》에서 자신이 설파했던 '철인 통치'의 가능성을 모색하기 위해 시칠리아로 갔다. 배편으로 시칠리아에 도착한 플라톤은 에트나 화산을 바다에서 구경한 다음, 참주 디오니시우스 1세가 통치하는 시라쿠사에 도착했다.

플라톤은 참주에게 참된 탁월함, 즉 '아레테arete'가 부와 사치보다 고귀한 것이라고 가르쳤다. 이에 디오니시우스 1세가 플라톤에게 이 세상에서 제일 행복한 사람은 누구냐고 물었고, 플라톤은 자신의 스승 소크라테스라고 답했다. 디오니시우스 1세가 그렇다면 이 세상에서 제일 용감한 사람은 자신과 같은 참주가 아니냐고 다시 물었다. 그러나 플라톤은 그렇지 않다고 답했다. 언제 이발사가 면도칼로 참주의 목을 그을지 모르기 때문에 용감한 사람이 될 수 없다고 말했다. 화가 난 왕은 플라톤을 추방해버렸고, 플라톤은 참주의 처남이었던 디온의 도움으로 겨우 목숨만을 건져 아테네로 귀환했다.

기원전 367년, 디오니시우스 1세가 죽고 그의 아들 디오니시우스 2세가 참주의 자리에 올랐다. 디온은 젊은 참주에게 희망을 걸고, 다시 플라톤을 초청했다. 망설이던 플라톤에게 "철학은 이론에 머무는 것이 아니라 실천되어야 한다"고 강조하며, 그의 2차 시칠리아 방문을 재촉했다. 결국 시라쿠사로 돌아온 플라톤은 디오니시우스 2세에게 절제의 덕목을 가르쳤다(기원전 366년). 오직 자신을 잘 다스리는 사람만이 다른 사람을 잘 다스릴 수 있다는 것을 강조했다. 믿고 맡길 수 있는 친구들과 권력을 나눌 것을 제안하기도 했다. 공정한 법체계를 도입한다면 시칠리아의 모든 도시가 시라쿠사의 통치권 안으로 들어올 것이고, 그렇게 세력이 결집되면 숙적 카르타고를 물리칠 수 있게 될 것이라고 설득했다. 그러나 디오니시우스 2세는 플라톤의 교육이 디온의 정치적 야망을 실천에 옮기기 위한 정치 선전에 불과하다고 믿고 있었다. 결국 디오니시우스 2세는 디온을 시라쿠사에서 추방하고, 플라톤을 체포해버린다. 플라톤의 두 번째 시칠리아 방문도 이렇게 허망하게 끝났다. 시라쿠사 아크로폴리스에 갇혀 있던 플라톤은 참주가 다시 부를 때 언제든 시라쿠사로 돌아와야 한다는 조건으로 석방되었다. 플라톤은 다시 아테네로 돌아갔다.

아테네에 있던 플라톤에게 디오니시우스 2세가 다시 전갈을 보냈다. 그동안 열심히 철학을 공부해서 자신의 철학적 성숙도가 무르익었으니,

시라쿠사로 와서 판단을 내려달라는 청이었다. 플라톤은 66세의 노년을 이유로 들면서 거듭 사양했다. 그러자 디오니시우스 2세는 아테네로 배를 보내, 만약 플라톤이 돌아오지 않는다면 디온에게 해를 끼칠 것이라고 협박했다. 결국 친구 디온의 안위를 염려했던 플라톤은 세 번째 시칠리아 방문길에 나선다(기원전 361년). 디오니시우스 2세의 철학 교사는 플라톤도 존경하던 타렌툼 출신의 피타고라스주의 철학자 아르키타스였다. 시라쿠사에 도착한 플라톤은 참주와 개인 면담을 했다. 자신이 '철학자 왕'이 되었음을 과시하던 디오니시우스 2세에게 플라톤은 그의 교육이 충분하지 않다고 평가했다. 참주가 디온의 재산을 갈취한 것을 잘못된 통치의 사례로 들었다. 격분한 디오니시우스 2세는 아테네로 돌아가겠다는 플라톤을 체포하고 억류했다. 시라쿠사에 남게 된 플라톤은 내부에서 일어난 용병들의 반란에 연루된다. 참주가 반란의 주모자로 지목했던 헤라클레이데스Heraclides를 플라톤이 변호했기 때문이다. 그러나 철학자 아르키타스가 개입해 플라톤은 시라쿠사를 떠나 고향 아테네로 돌아간다. 이것이 철학자 플라톤이 시라쿠사와 맺은 마지막 인연이었다.

## 에트나 화산에 몸을 던진 철학자

디오니시우스 가문의 참주 통치가 이어지던 시칠리아에 또 다른 철학자가 살고 있었다. 에트나 화산의 용암이 솟아오르는 분화구에 스스로 몸을 던졌다고 전해지는 기원전 5세기의 철학자 엠페도클레스Empedocles다. 그는 아그리젠토 출신이었다. 당시 아그리젠토는 테론의 통치하에 전성기를 맞이하고 있었다. 테론은 카르타고 군대를 물리쳤던 히메라 전투의 영웅이었다. 테론이 이룩한 정치적 안정은 문화 번영으로 이어졌으니 엠페도클레스가 자신의 책에서 "황금색 큰 도시, 아그리젠토"라고 언급했을 정도였다.[31] 고귀한 가문 출신의 엠페도클레스는 피타고라스의 제자였지만, 비밀로 지켜야 할 내용을 발설하는 바람에 일종의 철학적인 제재를 받았다는 기록이 남아 있다.

셀러리가 무성했던 셀리눈테의 강변은 모두 말라버렸다. 엠페도클레스는 셀리눈테의 말라리아를 물리친 의사이기도 했다.

그는 참주의 지배에 반발했던 정치가였으며, 피타고라스의 영향을 받아 '삶의 태도와 몸가짐에서의 위엄'을 배웠고, 윤회를 믿는 비의 종교에 심취했던 인물이다. 의학에도 탁월한 조예가 있어, 말라리아가 창궐했던 셀리눈테에서는 도시의 역병을 물리치게 해준 그에게 기념 신전을 지어 바칠 정도였다(신전 B). 개인에게 신전을 지어 바쳤다는 것은 엠페도클레스를 인간이 아닌 신으로 간주했다는 뜻이다.

엠페도클레스는 운문으로 글을 쓴 그리스 최후의 자연철학자로도 알려져 있다. 아리스토텔레스에 의하면 호메로스와 엠페도클레스는 모두 '시인'으로 불렸는데, 그 이유는 두 사람 다 운율이 있는 글을 썼기 때문이었다.[32] 또한 아리스토텔레스는 엠페도클레스가 세상을 구성하는 네 원소(불, 물, 공기, 흙)를 최초로 규명한 자연과학자였다고 증언하고 있다.[33] 이 4가지 요소는 끊임없이 교체하며 결코 멈추는 일이 없는데, '결합되는 힘'인 사랑과 '분리되는 힘'인 다툼이 그 동인動因이라 보았다. 엠페도클레스는 이 우주가 때로 사랑(결합되는 힘)으로 하나가 되고, 때로 다툼(분리되는 힘)이 가지고 있는 증오의 힘에 의해 뿔뿔이 흩어지게 된다고 말했다.[34] 생애 말기에는 스스로 신이 되었다는 확신을 가졌던 것으로 추정된다. 그는 고향 아그리젠토 시민들에게 이런 글을 남겼다.

벗들이여, 황금색 아그리젠토강이 내려다보이는 큰 도시의 가장 높은 곳에 사는 그대들이여. 오직 선한 일들에 마음을 쏟고, 이방인들을 환영하는 항구이자, 악에 물들지 않는 사람들이여. 안녕하신가! 나는 그대들에게 불멸하는 신이요, 더는 죽을 운명의 인간이 아니로다. 마치 나에게 걸맞다고 그대들이 생각하는 대로, 나는 머리에 장식 끈과 화려한 화관을 두른 채 만인에게 존경을 받으며 이곳저곳을 돌아다닌다네. 내가 그대들의 풍요로운 도심으로 가면, 남자들과 여자들에게서 나는 신처럼 추앙받지. 숱한 사람이 나를 뒤따르며, 어디에 이득을 구할 지름길이 있는지 내게 물어본다네. 어떤 이들은 신탁을 구하고, 어떤 이들은 오랫동안 심한 고초를 겪은지라, 온갖 질병을 치유할 확실한 말을 듣기를 청한다네.[35]

이 글이 암시하는 것처럼 엠페도클레스는 당시 사람들에게 탁월한 의사 혹은 병을 치유하는 능력을 가진 일종의 '주술사'처럼 받아들여졌던 것으로 보인다. 계절풍이 불어 곡물에 피해가 생겼을 때 그가 당나귀 가죽으로 바람 주머니를 만들어 언덕 정상에 걸어놓자, 신기하게 계절풍이 잦아들었다는 전설적인 이야기도 전해지고 있다. 그래서 그는 '바람을 막는 사람'이라는 별명으로 불리기도 했다.[36] 이런 기적을 일으키는 엠페도클레스는 인구 80만 명이 살던 거대한 도시 아그리젠토의 종교 지도자였을 것이고, 그의 임무는 "오랫동안 심한 고초를" 겪은 시칠리아 사람들에게 종교적 위로와 불멸의 확신을 심어주는 역할을 했을 것이다. 그러나 언제나 눈앞에 보이는 사소한 이익에만 몰두하는 아그리젠토 시민들의 요구에 절망한 것으로 보인다. 그래서 그는 생애 마지막에 이런 글을 남겼다.

오, 친구들이여, 내가 하게 될 이야기에 진리가 담겨 있음을 나는 잘 알고 있다네. 그러나 인간에게 진리는 대단히 힘들게 받아들여지며, 확신이 마음에 밀어닥쳐 와도 인간은 그것을 달가워하지 않는다네.[37]

자신의 진심이 전달되지 않아 절망했던 철학자, 자연과학자, 의사, 샤먼이었던 엠페도클레스는 자신의 슬픔을 불멸의 확신으로 승화시키기 위해 에트나 화산의 불구덩이에 몸을 던졌다고 전해진다. 역사가들은 엠페도클레스가 시칠리아가 아닌 그리스 본토의 펠로폰네소스반도에서 죽은 것으로 추정하고 있지만, 시칠리아 사람들은 그가 에트나 화산의 분화구에 스스로 몸을 던졌다거나 지상에서 하늘로 갑자기 사라졌다는 신비적인 종말을 굳게 믿었다.[38]

# 티몰레온의 시라쿠사 통치(기원전 344~337년)

기원전 405년부터 시작된 디오니시우스 가문의 참주 통치는 권좌로 복귀했던 디오니시우스 2세의 두 번째 통치로 끝이 났다(기원전 343년). 카르타고의 침공이라는 외부적 위협 앞에서 시라쿠사의 시민 대표는 그리스의 모국인 코린트에 원군을 청하는 대사를 보냈고, 티몰레온 장군이 원정군을 이끌고 시라쿠사에 상륙했다. 로마 시대의 역사가 플루타르코스는 《영웅전Vitae parallelae》에서 티몰레온의 뛰어난 자질과 품성을 높이 찬양하고 있다.

코린트의 귀족 가문에서 태어난 티몰레온은 어릴 때부터 참주제를 혐오하는 민주정의 수호자로 성장했다. 뛰어난 무공을 갖춘 그는 기병대의 지휘관이었던 형 티모파네스Timophanes가 적진에서 쓰러지자 혼자 뛰어들어 그를 구해낸 전쟁 영웅이었다. 그러나 동생 덕분에 목숨을 건진 티모파네스는 400명의 용병과 함께 스스로 코린트의 참주로 등극해서 동생 티몰레온과 대립하게 된다. 그는 눈물로 형을 설득했지만 갈등만 심화되었고, 결국 티몰레온은 형을 암살해 코린트의 참주정을 종결시킨다(기원전 360년대). 그의 거사는 코린트 시민들의 지지를 받았지만, 형을 죽이고 어머니의 마음을 아프게 했다는 양심의 가책 때문에 약 20년간 그는 자발적인 은둔 상태로 세월을 보내게 된다.

그러던 중 디오니시우스 2세의 참주정에 고통받던 시라쿠사 시민대표가 모국이기도 한 코린트에 사절단을 보내 군사 원조를 청했다(기원전 344년). 코린트의 유력자들은 은둔 생활을 하고 있던 티몰레온을 지휘관으로 임명하고, 디오니시우스 2세를 축출시키면 '독재자를 몰아낸 사람'이라는 명예를 하사할 것이라고 약속했다. 그러나 만약 시라쿠사 원정에 실패하면 '형을 죽인 살해자'로 남게 될 것이라고 선언하면서 티몰레온의 분발을 촉구했다.[39] 티몰레온은 7척의 함선에 700명의 용병을 태우고 시라쿠사로 향했다. 티몰레온 원정대는 타오르미나에 먼저 닻을 내렸다(기원전 344년). 코린트와 그리스에서 온 추가 지원군과 합류한 티몰레온이 시라쿠사를 공격하자 디오니시우스 2세는 바로 항복을 선언(기원전 343년)했고, 이듬해에 죽었다. 티몰레온은 디오니시우스 부자父子가 남긴 참주정의 흔적을 모두 없애고, 시라쿠사에 그리스 방식의 민주정을 도입했다.

그러나 일부 시라쿠사의 주민들이 티몰레온의 민주정에 반대하며 카르타고에 원조를 청했다. 카르타고는 7만 명의 군대를 시칠리아에 상륙시켰다. 티몰레온은 1만 2,000명의 용병을 이끌고 셀리눈테까지 서진해 카르타고 군대와 맞붙었다. 기원전 339년의 크리미수스Crimissus 전투에서 티몰레온의 군대가 대승을 거두고, 카르타고 군대는 다시 아프리카로 후퇴했다. 티몰레온은 카르타고와 협정을 맺고, 시칠리아 서부 지역에서 교역하는 것을 허락하는 대신 카르타고가 다른 시칠리아 도시를 지원하는 것을 금했다. 정세를 안정시킨 티몰레온은 민주적인 헌법을 시라쿠사에 도입하고 그리스 전역에서 이주민을 모아 시칠리아에 정착시켰다. 티몰레온은 원했던 정치적 업적을 이루고 은퇴를 결정했으며, 노년에 시력을 잃었지만 시라쿠사 시민들로부터 존경을 한 몸에 받았다고 한다. 티몰레온은 기원전 337년에 임종해 시라쿠사의 아고라에 묻혔다. 묘비에 "그는 참주를 몰아냈으며, 야만인을 굴복시켰다. 폐허로 변한 도시에 활력을 불어넣었으며, 시칠리아에 법의 통치를 도입했다"라는 문장이 새겨져 있었다고 한다.[40]

# 아가토클레스의 참주 통치 (기원전 317~289년)

그리스 본토의 민주정을 시라쿠사에 도입했던 티몰레온이 임종한 뒤, 시라쿠사의 권력은 참주 아가토클레스Agathocles (기원전 361~289년)에게로 넘어갔다. 다시 참주정으로 돌아간 것이다. 시칠리아 북서쪽의 작은 마을 테르마이 히메라이아이Thermae Himeraeae에서 태어난 아가토클레스는 디오니시우스 2세가 티몰레온에게 항복했던 기원전 343년, 시라쿠사로 이주해 온 평범한 인물이었다. 옹기장수였던 아버지 곁을 떠나 시라쿠사 군에 입대했고, 귀족 미망인과 결혼해서 출세의 길로 들어섰다. 티몰레온이 사망한 후, 시라쿠사는 다시 귀족들에 의해 강압적으로 통치되고 있었고, 주민들의 불만이 고조되고 있었다.

기원전 311년, 아가토클레스는 민주정을 회복한다는 명분을 내세우며 반란을 일으켰다. 당황한 귀족들은 카르타고의 원조를 요청했고, 하밀카르가 사령관으로 임명되어 아가토클레스가 일으킨 반란을 진압하기 위해 시라쿠사에 상륙했다. 능수능란한 군사작전의 귀재였던 아가토클레스는 카르타고의 막강한 군사력을 보고 작전을 바꾼다. 하밀카르에게 접근해 동맹을 맺고, 시칠리아 남서부 지역을 카르타고에게 완전히 넘겨주기로 합의한 것이다. 물론 그 대가로 아가토클레스가 시라쿠사를 차지하는 것을 허락받았다. 카르타고는 아가토클레스에게 5,000명이나 되는 북아프리카 용병까지 지원해주기로 약속했다. 이들과 함께 시라쿠사로 진입한 아가토클레스는 귀족들과 주요 인사를 모두 학살하고, 시라쿠사의 참주로 등극했다(기원전 317년).

시라쿠사의 참주 시대를 다시 열게 된 아가토클레스는 하밀카르와 맺었던 밀약을 일방적으로 파기하고 시칠리아에서 카르타고를 몰아내기

시칠리아는 눈물을 믿지 않는다

위한 전쟁을 다시 추진한다. 아가토클레스는 카르타고에게 양보했던 시칠리아 서쪽 도시를 하나씩 탈환해갔다. 카르타고는 같은 이름을 가진 하밀카르에게 원정군을 주어 시칠리아에 상륙시키려 했다. 카르타고에서 130척의 삼단노선에 1만 5,000명의 군인이 출발했지만, 항해 도중에 폭풍을 만나 60척의 삼단노선이 파괴되었다. 남은 병력을 데리고 겨우 시칠리아에 상륙한 두 번째 하밀카르는 현지 주민을 차출해 부대의 규모를 늘렸다. 총 4만 명의 보병과 5,000명의 기마병으로 구성된 카르타고 군대가 아가토클레스의 시라쿠사 군대에 맞섰다.

아가토클레스는 카르타고와 협력하던 아그리젠토를 먼저 공격했다. 본보기를 보여주기 위해 아그리젠토 시민 약 4,000명을 학살한 후 히메라강으로 군대를 이동시켰다. 카르타고의 하밀카르 장군이 진을 치고 있던 장소였다. 기습 공격으로 기선을 제압한 시라쿠사 군대가 카르타고의 진영을 무너트리려는 순간, 리비아에서 도착한 카르타고의 지원군이 도착하면서 단숨에 전세가 역전되었다. 히메라강의 전투(기원전 311년)는 시라쿠사의 극적인 패배로 끝났다. 시라쿠사 군인들은 황급히 도망치던 도중, 갈증을 채우기 위해 히메라강의 물을 마셨다. 소금기가 많은 그 강물을 마신 군사들은 더 심한 갈증에 시달리다가 카르타고 기마병에게 잡혀 목숨을 잃었다.

아가토클레스는 잔류 부대를 이끌고 시라쿠사로 돌아가 반격을 준비했다. 최상의 공격이 바로 최상의 방어임을 확신하고 있던 아가토클레스는 아예 북아프리카의 카르타고에 기습 상륙하는 과감한 작전을 펼친다(기원전 310년). 그는 허가 찔린 카르타고 도심을 재빨리 점령하고 인근 해안 도시를 차례로 굴복시켜 나갔다. 해안선을 따라 리비아까지 도착한 아가토클레스는 지역 왕과 화친을 맺는 척하다가 불시에 그를 암살하는 전광석화 같은 군사 작전을 펼쳤다. 리비아 동쪽의 지역 왕 역시 같은 방식으로 암살했다. 화친을 맺고 공동의 적인 카르타고를 제압하자고 제안한 다음, 그를 몰래 죽이는 방식이었다. 그러나 그의 이런 "마키아벨리적" 음모는 곧 마감되고 말았다(기원전 307년). 북아프리카의 여러 왕국이 카르타고와 협력해서 그를 시칠리아로 내쫓아버렸기 때문이다. 결국 아가토클레스는 카르타고와 다시 평화 협정을 맺고(기원전 306년), 시라쿠사의 왕으로 공식 등극한다(기원전 304년).

왕이 된 아가토클레스는 갑자기 온화한 통치자로 변모해 시라쿠사 주민들을 놀라게 만들었다. 노년에 얻은 병 때문에 큰 고생을 했지만 시라쿠사에 민주정을 도입하기 위해 자손에게 왕위를 물려주지 않겠다고 발표를 해서 다시 한번 주민들을 놀라게 만들었다.[41] 그는 3번 결혼했는데, 둘째 아내에게서 얻은 딸과 결혼한 에피루스의 피로스Pyrrhos(기원전 319~272년)가 그의 권력을 이어받게 된다. 아가토클레스는 잔혹한 통치와 권모술수로 악평을 달고 살았지만, 왕이 된 이후에 선정을 베풀어 시라쿠사 시민들의 호평 속에서 눈을 감았다(기원전 289년).

## 마키아벨리의 《군주론》에서 극찬을 받은 아가토클레스

니콜로 마키아벨리Niccolò Machiavelli에 의하면 아가토클레스는 전형적인 '마키아벨리적' 인물이다. 마키아벨리는 《군주론》에서 아가토클레스에 대한 최고의 찬사를 아끼지 않는다. 그가 등장하는 8장은 제목부터 예사롭지 않다. '악행으로 군주의 자리에 오른 자들에 대하여'이다. 이 무시무시한 8장의 첫 번째 사례로 등장하는 인물이 바로 시라쿠사의 참주 아가토클레스다. 상속을 받지 않는 한, 군주가 되는 방법은 2가지뿐이다. 하나는 백성들의 지지를 받는 것이고, 다른 하나는 사악한 방법을 통해 권력을 찬탈하는 것이다. 마키아벨리는 이런 사악한 방법을 동원했던 고대의 사례로 아가토클레스 1명이면 충분할 것이라고 말한다. 마키아벨리에 의하면 아가토클레스는 '악행을 통해' 군주가 되려는 모든 사람의 모범 사례다.

마키아벨리의 분석에 의하면 아가토클레스는 비천한 가문 출신이었으나 내면에는 기백virtù이 넘치는 인물이었다. 공을 세워 장군이 된 그는 카르타고의 지원군 대장이었던 하밀카르와 내통한 후, 시라쿠사의 유력자들을 일시에 죽여버렸다. 그것도 국가의 중대사를 결정하기 위한 회의장에 난입해 살인을 저질렀다. 그러나 앞에서 설명한 대로 카르타고가 그를 견제하자 이번에는 아예 북아프리카의 카르타고 본토를 직접 공격해 기선을 제압했다. 결국 카르타고는 아가토클레스를 시라쿠사의 왕으로 인정하지 않을 수 없었다. 마키아벨리는 아가토클레스가 행운fortuna의 여신에게서 도움을 받은 것이 아니라, 순전히 본인의 역량으로 군주가 되었다고 설명한다. 마키아벨리의 칭찬은 아래와 같이 이어진다.

그가 군대에서 승진하여 권력을 잡고, 그 권력을 대담하고 위험이 따르는 많은 결정들을 통해서 유지하는 동안 다른 사람의 호의에 의해서가 아니라 스스로의 힘으로, 갖은 난관과 위험을 극복했기 때문입니다. (…) 아가토클레스가 대담하게 위기에 맞서고, 그 위기를 타개하면서 보여준 역량과, 곤경을 참고 극복하면서 발휘한 불굴의 의지를 고려한다면, 그는 그 어떤 유능한 장군과 비교해도 손색이 없다고 판단됩니다.**42**

아가토클레스는 동료 시민을 무참하게 학살했고, 친구들을 배신했으며, 승리를 위해서라면 신의를 헌신짝처럼 버렸고, 잔혹하기까지 했던 인물이었다. 이런 인물을 높이 평가하고 있는 마키아벨리의 진정한 의도는 무엇이었을까? 만약 《군주론》이 8장에서 끝이 났다면 우리는 도덕적 모순에 빠지게 될 것이다. 이런 악당이 이상적인 군주의 모델이란 말인가?

마키아벨리의 《군주론》은 섬세하고 정확한 독서가 필요한 책이다. 은유적 표현이나 논리적 비약이 자주 출몰하는 책이기 때문이다.[43] 섬세한 독자라면 마키아벨리가 아가토클레스의 냉혹했던 집권 방식을 찬양

마키아벨리는 〈군주론〉에서 아가토클레스를 높이 평가했다. 산티 디 티토Santi di Tito가 그린 〈마키아벨리의 초상화〉. 16세기 후반 제작. 피렌체 베키오 궁전 소장.

한 것이 아니라, '단숨에 거사를 단행했다'는 점을 높이 평가하고 있다는 사실을 알게 될 것이다. 악행은 저지르지 말아야 한다. 그러나 피치 못할 상황이라면, 단 한 번의 악행으로 '단숨에 끝장을 보아야만 한다'는 것이다. 마키아벨리가 아가토클레스의 사례를 통해 강조하고자 하는 점은 "가해 행위는 모두 일거에 저질러야 한다"는 것이다.[44] 지속적으로 저지르는 가해 행위는 백성들의 저항과 반발을 불러일으킨다. 대신 백성에게 베푸는 은혜는 조금씩, 천천히 베풀어야 한다. 그래야 백성들은 고마워

시칠리아는 눈물을 믿지 않는다

하게 되고, 또 다른 은혜를 기다리며 순종적으로 변해가기 때문이다. 마키아벨리에 의하면 시라쿠사의 참주 아가토클레스는 이런 덕목을 완벽히 실천한 사례였다.

## 시칠리아를 통치한 에피루스의 왕 피로스(기원전 287~275년)

　참주 아가토클레스는 시라쿠사의 주민들에게 권력을 넘겨주고 민주정의 시행을 전격적으로 발표했지만(기원전 289년), 그의 선의는 정치적 혼란만 초래했다. 로마가 남쪽으로 세력을 확장하고 있는 가운데, 숙적 카르타고가 막강한 군대를 이끌고 시칠리아에 상륙했기 때문이다. 민주정의 소중한 가치를 알고 있었지만, 민주정을 유지하는 방법을 몰랐던 시라쿠사 주민들은 다시 아가토클레스의 참주 가문에 자신의 운명을 맡기게 된다. 아가토클레스는 두 번째 아내를 통해 낳은 라나사Lanassa를 그리스 본토의 에피루스의 왕 피로스에게 시집보냈다. 정치적 혼란에 직면한 시라쿠사 시민들은 피로스와 라나사를 시라쿠사의 왕과 왕비로 정식 초대하기에 이른다(기원전 287년).

　에피루스는 데살로니키 중부의 도시 국가로, 시라쿠사와 오랜 인연이 있던 곳이었다.[45] 이 도시의 왕이었던 피로스는 알렉산드로스 대왕의 재종형제로, 13살의 어린 나이에 왕위에 올랐던 인물이다(기원전 306년). 그러나 4년 만에 권력을 찬탈당한 피로스는 매형 데메트리우스Demetrius가 통치하던 펠로폰네소스 지역으로 도피한 후, 이른바 '알렉산드로스 왕위 계승 전쟁(기원전 323~281년)'에 참여하며 전투 경험을 쌓았다. 이집트 영토를 차지했던 프톨레미 왕가의 딸과 결혼한 피로스는 사돈 왕가의 지원을 받으며 이듬해인 기원전 297년에 에피루스로 귀환해, 다시 왕위에 올랐다. 에피로스는 이때 두 번째 아내를 맞이했는데, 바로 시라쿠사의 참주 아가토클레스의 딸 라나사였다.

점차 강대국으로 성장해갔던 에피루스는 주위 국가들에 위협적인 존재가 되었다. 피로스는 마케도니아 내지까지 진격해서 기존 왕국들을 위협하기도 했다. 피로스가 마케도니아의 패권을 장악하고 있었고, 이에 대한 저항이 간헐적으로 이어졌다. 이때 이탈리아반도의 남단에서 지중해의 판도를 바꿀 만한 소식이 전해졌다. 이탈리아 남부와 시칠리아는 기원전 8세기부터 그리스 유민들이 차지하고 있었다. 코린트 유민이 세운 시라쿠사는 물론이고, 이탈리아 남부의 타렌툼과 로크리, 레기움Rhe-gium 등은 모두 그리스 문명의 전통을 이어가고 있던 식민지였다. 그런데 로마가 이 범그리스 문화권의 영토를 장악하기 위해 남쪽으로 세력 확장을 시도한 것이다. 이탈리아 최남단 도시인 타렌툼 해안에 로마 함대가 출몰하자(기원전 282년), 그리스계 주민들은 당대의 명장이었던 피로스에게 군사 지원을 요청했다. 타렌툼에서 시작된 이 전쟁은 곧 시칠리아로 확대되었는데, 역사가들은 이 전쟁을 '피로스의 전쟁(기원전 280~275년)'이라고 부른다. 그동안 시칠리아를 통치하던 범그리스계 문명에 처음으로 로마가 도전장을 내민 전쟁이었다.

## 피로스의 전쟁(기원전 280~275년)과 그리스 지배의 종말

로마의 2개 군단이 타렌툼으로 진격하자, 피로스 왕은 2만 명의 보병과 3,000명의 기마병을 이끌고 마케도니아의 전형적인 방진 대형(팔랑크스phalanx라고도 부르며, 방패와 긴 창을 든 보병들을 일렬로 밀집시켜 방어 혹은

피로스의 조각. 나폴리 국립 고고학 박물관 소장.
헤르쿨라네움의 파피루스 빌라Villa dei Papiri에서
발견된 1세기 로마의 조각이다.

전진하는 전술)을 이루며 로마군과 맞붙었다
(기원전 280년). 마케도니아의 왕으로부터
빌려온 20마리의 전투용 코끼리도 피로스
군대의 위용을 더했다. 전쟁 초기에는 피로
스가 기선을 잡았고, 그의 군대는 캄파니아
지방을 거쳐 로마의 앞마당까지 진격했다.
수세에 몰린 로마군은 이탈리아 북부의 지
원군과 함께 8개 군단으로 군사력을 키운
다음 남진을 계속했고, 결국 피로스의 군대
는 타렌툼으로 철수해야만 했다. 밀고 밀리
는 전투가 계속되던 중, 피로스의 군대는
아스쿨룸Asculum 전투에서 승리를 거두고,
아풀리아Apulia (이탈리아 풀리아주) 지역을 모
두 점령하는 데 성공한다(기원전 279년).

　　피로스는 장기전이 불리하다는 것을 깨
닫고 로마와 평화 협정을 체결하기 위해 외교전을 펼쳤다. 그러나 로마
는 피로스의 완전 철수를 요구하며 오히려 카르타고와 동맹을 맺는 초강
수를 두었다. 카르타고는 로마와 피로스의 전쟁을 기회로 삼고 먼저 시
칠리아를 공격했다. 피로스는 이제 남부 이탈리아와 시칠리아를 동시에
보호해야 하는 처지에 놓이게 된 것이다. 카르타고가 시라쿠사를 포위하
자 피로스는 즉각 군대를 보내 카르타고 군대를 몰아냈다(기원전 278년).
카르타고군은 시칠리아 서쪽 끝 도시인 마르살라로 후퇴했다.

　　피로스는 시라쿠사 공성전의 승리를 계기로 시칠리아 전체의 왕으로
인정받게 되었다. 그러나 남부 이탈리아에서 로마와 싸워야 했고, 시칠

리아에서 카르타고와 싸워야 했기 때문에 전력의 한계를 깨닫고 있었다. 피로스는 두 아들에게 각각 시칠리아와 남부 이탈리아를 유산으로 넘겨주기 위해 먼저 카르타고와 협상을 벌였다(기원전 276년). 그러나 시칠리아의 각 도시는 피로스의 협상 추진에 반대했다. 시칠리아 서부의 소금 산지로 유명한 마르살라를 여전히 카르타고가 장악하고 있었고, 호전적인 그들을 평화 협상의 대상자로 인정할 수 없다고 주장했다. 피로스는 반대하는 도시 대표들에게 카르타고와의 평화 협상을 원치 않는다면 대신 카르타고 정벌 비용을 대라고 요구했다. 논의가 진행되는 동안 피로스는 에피루스와 마케도니아, 그리고 이탈리아에서 모집한 용병들에게 시칠리아 전역에 진지를 구축할 것을 지시했고, 이런 조치는 시칠리아의 민심을 극도로 자극했다. 남부 이탈리아에서도 나쁜 소식이 전해졌다. 타렌툼을 제외한 모든 이탈리아 남부의 도시들이 로마의 손에 넘어갔다는 것이다.

　피로스는 다시 이탈리아 남부로 돌아가 로마와 싸워야만 했다. 북진을 거듭하던 피로스의 군대는 베네벤툼Beneventum 전투(기원전 275년)에서 큰 패배를 당했다. 그동안 위용을 자랑하던 코끼리 부대의 전략이 로마군에게 노출되었고, 로마군은 2번의 기습 작전으로 피로스의 군대를 괴멸시켰다. 베네벤툼 전투는 로마가 이탈리아 남부에서 피로스의 군대를 몰아내고, 지역 패권을 장악한 역사적인 전투였다. 심지어 원래 이 도시의 이름은 '불길한 소식'이라는 뜻의 말레벤툼Maleventum이었지만 전투에서 승리를 거둔 후 '좋은 소식'이라는 뜻의 베네벤툼으로 바꾸었다. 피로스는 이탈리아와 시칠리아를 떠나면서(기원전 275년) 장차 이 땅에 참혹한 전쟁, 즉 카르타고와 로마의 전쟁이 벌어질 것을 예측했다고 한다. 일명 '한니발 전쟁'으로 불리기도 하는 카르타고 전쟁을 암시한 것이다.

그리스로 돌아간 피로스는 스파르타를 점령하기 위해 공격에 나섰다가(기원전 272년), 예상치 못했던 강력한 저항을 받았고 전투 중에 장남을 잃었다. 그는 아르고스에서 전투를 지휘하다가 불의의 공격을 받는다. 좁은 아르고스 골목길에서 전투를 지휘하던 피로스는 한 아르고스 병사의 어머니가 지붕에서 던진 타일을 맞고 말에서 떨어졌다. 이때 척추가 부러지는 사고를 당했고, 마케도니아의 병사 조피루스Zopyrus가 척추 부상으로 몸을 움직이지 못하던 피로스의 목을 잘랐다(기원전 272년). 피로스가 전투 중에 사망했다는 소식을 들은 타렌툼은 즉각 로마에 항복을 선언했고, 이로써 이탈리아반도 전체는 마침내 로마의 수중에 떨어진다. 로마 군대의 시선은 이제 메시나해협 너머 시칠리아로 향하고 있었고, 그곳에는 카르타고 군대가 주둔해 있었다. 피로스가 예상했던 대로 지중해의 패권을 놓고 로마와 카르타고가 격돌할 준비를 하고 있었던 것이다.

한편 마키아벨리는 《군주론》에서 피로스가 이탈리아 남부와 시칠리아 원정에 실패한 이유를 특별한 관점에서 분석하고 있다. 피로스의 개인적 역량이 부족해서가 아니라 단지 이탈리아 남부와 시칠리아의 정치 체제가 '1인 통치'가 아닌 여러 세력이 존재하는 '다원화된 사회'였기 때문이라는 것이다. 마키아벨리에 의하면 피로스는 단지 정복지의 국가 정체政體가 남달랐기 때문에, 즉 운이 없어서 원정에 실패한 것이다.[46] 그러나 피로스의 퇴각은 시칠리아의 운명에 결정타를 날렸다. 기원전 735년부터 시작되었던 그리스 이주민들의 역사가 마침내 마감되고, 시칠리아는 새로운 강력한 방문자를 맞이하게 된다. 바로 베네벤툼에서 피로스의 군대를 무찌른 로마였다. 피로스의 군대가 로마군에 패배를 당했다는 소식은 시칠리아 사람들에게 '베네벤툼'이 아니라 '말레벤툼'으로 들렸을 것이다. 그것은 정말 '불길한 소식'이었다.

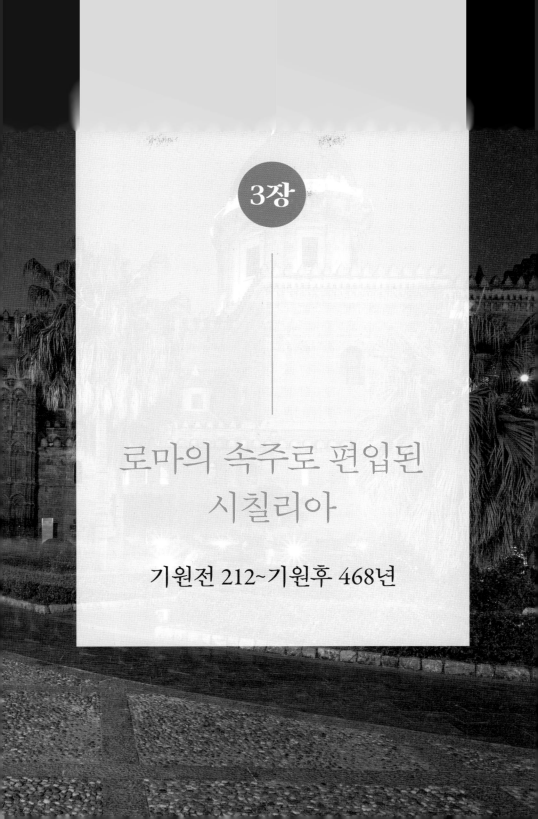

3장

로마의 속주로 편입된
시칠리아

기원전 212~기원후 468년

## 그리스의 식민지에서 로마의 속주로

시칠리아는 그리스인들의 도래와 더불어 문명의 첫걸음을 내디뎠다. 시켈로이를 비롯한 원주민들은 그리스의 신화를 받아들이면서, 동시에 참주의 곤욕스러운 통치도 받아들여야만 했다. 기원전 735년 낙소스에 첫 그리스 이주민이 정착한 이래, 아그리젠토의 팔라리스부터 참주 정치의 서막이 올랐다. 겔론, 히에론 1세, 디오니시우스 1세, 디오니시우스 2세, 티몰레온, 아가토클레스, 그리고 에피루스의 피로스가 차례로 등장해 시칠리아에 기나긴 고통의 시간을 안겨주었다. 르네상스 시대의 정치사상가 마키아벨리로부터 극찬을 받았던 아가토클레스조차 시칠리아 사람들에게는 잔혹한 참주였을 뿐이었다. 대부분의 참주들은 북아프리카와 지중해의 해상권을 장악하고 있던 카르타고로부터 큰 군사적 압박을 받았다. 그러나 이제 카르타고를 누르고 지중해의 패권을 장악하게 될 새로운 세력이 부상하고 있었으니, 바로 로마였다. 왕정의 역사(기원전 753~509년)를 뒤집고 공화정(기원전 509~27년)의 기상으로 궐기한 로마의 등장은 시칠리아의 운명과 미래를 결정짓게 된다. 로마 공화정 시대에 선포된 최초의 속주가 바로 시칠리아였다(기원전 241년). 이제 동쪽 그리스에서 찾아와 강압적으로 통치하던 참주와 남쪽 아프리카에서 끊임없이 노략질하러 오던 카르타고에 이어, 시칠리아 주민들은 북쪽도 경계심에 찬 눈으로 노려보아야만 했다. 타오르미나산 정상에서 육안으로도 볼 수 있는 지척의 이탈리아 본토에서 로마 군대가 시칠리아를 침공할 날을 기다리고 있었기 때문이다.

## 히에론 2세의 통치와 제1차 카르타고 전쟁

피로스의 휘하에 장군 히에론 2세 Hieron II(기원전 308~215년)가 있었다. 그는 젤라와 시라쿠사를 통치했던 참주 겔론의 먼 후손이었다. 피로스가 이탈리아에서 완전히 철수한 후(기원전 275년), 시라쿠사 주민들은 히에론 2세에게 남아 있던 병력의 지휘를 맡겼다. 그는 군대를 이끌고 시칠리아 동북쪽 해안의 메시나를 먼저 공격했다. 참주 아가토클레스가 고용했다가 그의 죽음 이후에 일종의 군벌 세력으로 성장한 마메르티니 Mamertini가 메시나를 점령하고(기원전 289년) 횡포를 부리고 있었기 때문이다. 마메르티니는 '마르스의 아들들'이란 뜻으로 이탈리아의 캄파니아 지방에서 모집된 용병 부대였다. 히에론 2세가 이들을 성공적으로 진압하자, 시라쿠사 시민들은 그를 왕으로 정식 추대했다(기원전 270년). 시라쿠사 주민들은 60년간 이어진 그의 통치 기간 동안 번영을 누렸다. 그러나 이탈리아를 떠나던 피로스가 예상했던 대로 시칠리아는 곧 제1차 카르타고 전쟁(기원전 264~241년)의 격전지로 변하게 된다. 로마와 카르타고가 지중해의 패권을 놓고 자웅을 겨루는 것은 좋지만, 하필 그 장소가 시칠리아가 될 줄은 아무도 예상치 못했다.

문제의 발단은 히에론 2세가 시칠리아를 떠나지 않고 문제를 일으키는 마메르티니를 진압하기 위해 군대를 출전시킨 것이었다. 이에 마메르티니는 모국 로마와 카르타고에 각각 도움을 청했고(기원전 265년), 북아프리카의 카르타고가 먼저 도움의 손길을 내밀었다. 카르타고 군대는 메시나를 점령하고, 그곳에 진지를 구축했다. 카르타고가 내세운 명분은 지원을 요청한 마메르티니를 돕는 것이었다. 그러나 로마 원로원은 이탈리아반도 바로 맞은편에 카르타고 진영이 구축되는 것은 절대로 용납할수 없었다. 로마는 원로원의 신중한 토론을 거쳐 1년 후인 기원전 264년에 대규모 군대를 시칠리아로 파견했다. 카르타고를 견제하고 지원을 요청한 마메르티니를 보호한다는 명분을 내세웠지만, 사실은 시칠리아라는 지중해의 '곡물 창고'를 노린 결정이었다. 그들은 먼저 메시나를 점령한 카르타고를 몰아내려는 계획을 세웠다. 이에 카르타고는 시라쿠사에 대규모 진영을 꾸리고 로마의 공격에 맞섰다. 마침내 로마 2개 군단 병력이 메시나해협을 건너 시칠리아 북단에 상륙했다(기원전 264년). 로마 군단은 메시나를 점령 후, 시라쿠사를 향해 남진을 계속했다. 1개 군단이 4,200명의 보병으로 구성되어 있었으니, 기마병도 포함하면 약 1만명의 군인이 동원된 것이다. 궁지에 몰린 시라쿠사의 히에론 2세는 그동안 적국으로 간주했던 카르타고의 군사 원조를 요청한다. 마침내 시칠리아에서 대규모 국제전이 펼쳐지게 되었다. 이것이 바로 23년간 진행된 '제1차 카르타고 전쟁(기원전 264~241년)'이다.

카르타고 전쟁은 일명 포에니 전쟁 Punic War이라고도 불린다. 로마인들은 카르타고인의 조상인 페니키아인을 퓨니쿠스Punicus 혹은 포에니쿠스Poenicus라 불렀고, 여기서 '포에니'란 단어가 나왔다. 카르타고 전쟁은 시차를 두고 총 3차례 전개되었다. 시칠리아는 카르타고(북아프리카)와 로마(이탈리아)의 중간 교두보였기 때문에 전쟁의 직접적인 피해를 입었다. 카르타고 전쟁은 지중해에서 펼쳐진 로마와 카르타고의 패권 경쟁, 그리고 그 중간에 끼어 있던 시칠리아(시라쿠사)의 국제적인 역학 관계에서 비롯된 것이다.[1]

카르타고 전쟁은 총 3번 펼쳐졌지만 시칠리아를 주 무대로 싸운 것은 제1차 카르타고 전쟁이 유일했다. 당시 시칠리아 중부와 서부를 차지하고 있던 카르타고는 남부의 아그리젠토를 수도로 삼고 있었다. 메시나를 점령하고 엔나까지 복속(기원전 258년)시킨 로마군이 아그리젠토를 포위하고 압박을 가하자, 북아프리카의 카르타고 본토에서 지원군이 도착했다. 그러나 로마는 더 대담한 작전으로 카르타고를 제압해나간다. 아그리젠토를 교두보로 삼은 로마군은 막강한 해군력을 동원해 북아프리카의 카르타고 본토를 기습 공격했다(기원전 256년).

카르타고 해군의 전력은 크게 강화되어 있었다. 그리스에서 사용되던 삼단노선은 카르타고의 해군에 의해 더 많은 군인을 탑승시킬 수 있는 오단노선으로 발전했다. 그리스의 삼단노선이 빠른 기동력을 자랑했다면, 카르타고의 오단노선은 그야말로 '전함'이라고도 부를 수 있는 큰 규모였다. 카르타고의 오단노선에는 280명의 노 젓는 인력과 20명의 선원이 타고 있었다. 이들은 언제라도 전투병으로 전환될 수 있도록 훈련을 받았다. 또한 지중해 전역을 오가면서 해상 무역을 펼쳐왔던 카르타고인들은 유능하고 경험이 많은 선원을 많이 보유하고 있었다. 로마 해군은 강력한 전투 무기를 고안해 항해와 선박 운용 기술의 부진을 만회하고자 했다. 로마 함선에는 상대방 배로 올라탈 수 있는 연결 사다리가 장착되어 있어, 탑승하고 있는 보병들이 마치 육지에서처럼 백병전을 펼칠 수 있었다. 선박의 크기가 커지면서 자연히 속도가 느려졌기 때문에 옛 해전에서 주로 사용하던 선수船首의 충각衝角을 이용한 충돌보다는 연결 사다리를 이용한 측면 공격을 더 선호했다.

로마 해군이 감행했던 카르타고 상륙 작전(기원전 256년)은 두 나라의 해군이 충돌한 '역대급' 사건이었다. 일부 학자들은 세계 해전 역사상 가장 많은 함선이 동원된 전투였다고 기록하고 있다. 로마의 기습 공격에 당황한 카르타고는 서둘러 로마와 평화 협정을 맺는다(기원전 255년). 사실상 항복 문서에 서명한 것이다. 그러나 로마가 까다로운 조건을 제시했고, 두 나라는 전투와 휴전을 반복하며 간헐적인 무력 충돌을 이어간다. 결국 로마의 승리로 전쟁이 끝나고 로마의 함대는 시칠리아를 거쳐 귀국길에 오른다.

그러나 귀환하는 뱃길에서 풍랑을 만나 로마군 약 10만 명이 수장을 당하는 대참사가 발생했다. 해전에 동원되었던 거의 모든 함선도 수장되고 말았다. 이 틈을 타 카르타고는 다시 공세에 나섰다. 아그리젠토에 있던 로마 진지를 공격했지만(기원전 255년), 카르타고는 도시를 점령하는 것이 이익이 되지 않는다고 판단하고, 서쪽으로 군대를 이동시켰다. 급히 220척의 함선을 새로 건조한 로마는 카르타고의 주요 무역항이었던 팔레르모를 공격하기 위해 출항한다(기원전 254년). 로마군은 카르타고를 시칠리아의 서쪽 끝까지 밀어붙였다. 약 10년 동안 서로 밀고 밀리는 교전이 계속되다가 기원전 243년에 이르러 로마군이 완전한 승리를 거두게 된다. 마지막 전투는 기원전 241년의 아이가테스Aegates 해전이었다. 시칠리아 서쪽 끝, 트라파니 앞바다에 있는 아이가테스섬 인근에서 로마군이 최종 승리를 거두고, 카르타고군은 항복을 선언했다. 카르타고는 거액의 전쟁 배상금을 지불해야 했고, 로마는 시칠리아를 자국의 영토로 편입시키고 로마의 첫 번째 속주로 선포했다(기원전 241년). 이제 로마인들이 시칠리아의 새 주인이 된 것이다. 시칠리아를 차지하는 자는 지중해의 주인이 된다. 마침내 지중해가 로마인들에게 '우리들의 바다Mare Nostrum'가 되었으니, 숙적 카르타고를 몰아내고 시칠리아를 차지했기 때문이다. 한편 히에론 2세는 로마가 차지한 지중해 해상권을 인정하고 시칠리아 속주의 통치자로 임명받았다(기원전 263년). 히에론 2세는 기원전 215년 임종할 때까지 시라쿠사를 60년 동안 통치하면서 로마의 패권을 인정하고 새 주인에게 충성을 다했다.

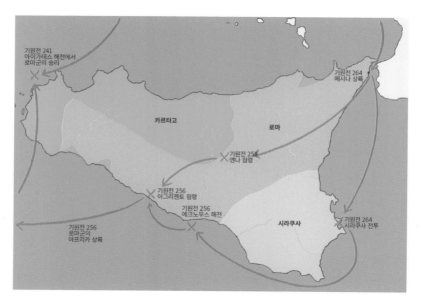

제1차 카르타고 전쟁의 지형도.

마키아벨리는 《군주론》 6장에서 히에론 2세를 높이 평가한다. 상황에 따라 달라질 수밖에 없는 군주의 덕목을 설명하면서 마키아벨리는 "자신의 무력과 역량으로 군주가 된" 히에론 2세를 모범 사례로 제시한다. 이런 군주의 유형은 모세, 키루스 대왕, 테세우스, 로물루스가 대표한다. 이들은 자신의 힘과 노력으로 유대, 페르시아, 아테네, 그리고 로마를 각각 통치했던 탁월한 군주였다. 한결같이 "자신들의 성공을 시기하는 자들을 섬멸함으로써" 통치권을 확보했던 인물들이다.[2] 이들의 명성에는 미치지 못하지만, 사례로 들 만한 충분한 가치가 있는 인물이 바로 시라쿠사의 참주 히에론 2세라고 마키아벨리는 강조한다. 일개 시민에 불과했던 그는 위기를 기회로 삼아 군주의 자리에 올랐다. 새로운 군대를 조직하고 예전의 동맹을 폐기한 다음, 새로운 동맹을 체결할 만큼 용의주도한 인물이었다. 마키아벨리는 《군주론》에서 히에론 2세를 2번이나 소개했다. 두 번째로 등장하는 히에론 2세는 용병의 무익함을 알 만큼 현실감각이 뛰어난 지도자였다. 그는 이탈리아 용병 마메르티니가 위기의 순간에 자신에게 등을 돌릴 것을 알고 있었기 때문에 왕이 된 다음 그들을 모두 척살하고, 시라쿠사 주민으로 자국 군을 구성했다.[3] 마키아벨리의 칭찬을 거듭 언급하지 않아도, 히에론 2세의 60년 통치는 시라쿠사에 큰 번영을 가져다주었다. 시라쿠사 고고학 지구에 그가 남긴 문화적 업적이 고스란히 보존되어 있다.

## 히에론 2세가 시라쿠사에 남긴 유적

기나긴 그리스 참주들의 시대가 끝이 난 후, 히에론 2세는 로마 군대를 받아들이고 속주 통치를 인정하며 권력을 잡았다. 그와 더불어 그리스 시대가 끝나고 새로운 로마의 시대가 개막된 것이다. 히에론 2세는 참주의 시대가 종식된 것을 기념하기 위해 시라쿠사 외곽에 거대한 제단을 만들어 '해방자' 제우스Zeus Eleitherios에게 헌정했다.[4] 새로 건축물을 쌓

시칠리아는 눈물을 믿지 않는다

아 올린 것이 아니라 채석장의 바위를 깎아서 1개의 거대한 제단을 만들었다. 길이 198미터, 폭 27미터에 이르는 거대한 제우스 제단에서 매년 한꺼번에 450마리의 소를 잡아 제우스 신에게 바쳤고, 그 음식으로 시라쿠사 주민들이 모두 참여하는 큰 잔치를 열었다고 한다.[5]

시라쿠사 외곽에 있는 제우스에게 바치는 신전의 히에론 제단. 450마리의 소를 동시에 잡아 바치던 대형 제단이다.

악명 높은 '디오니시우스의 귀'가 있는 '천국의 채석장Latomie del Paradiso' 을 오른쪽으로 끼고 계속 직진하면, 유명한 시라쿠사의 그리스 극장이 나온다. 기원전 5세기의 위대한 그리스 비극 작가 아이스킬로스가 〈페르시아인〉을 초연한 곳이다. 히에론 2세가 이 극장을 증축했는데 중간 통로 벽에서 그의 이름과 아내(필리스티스, 기원전 277년 결혼), 며느리(네레시스, 기원전 238년 결혼)의 이름이 새겨져 있는 것을 볼 수 있다. 반원형 극장의 무대 지름이 138미터에 달하고 약 1만 8,000명이 동시에 관람할 수 있다고 하니, 시칠리아에 남아 있는 그리스 극장 중 최대 규모다.[6] 히에론 2세가 증축한 시라쿠사 극장의 놀라운 점은 채석장의 거대한 바위를 깎아서 만든 하나의 조각 작품이란 것이다. 물론 로마 시대를 거치면서 무대 시설이 증축되기는 했지만, 여전히 관람석 부분은 1개의 거대한 바위로 만들어져 있다. 관람석 뒤 언덕에서 들려오는 물소리를 따라가면 님파에움Nymphaeum의 흔적을 볼 수 있다. 작은 뮤즈의 신전이 있었던 이곳은 무대 위에서 연기를 펼치는 배우들을 위한 대기 공간이었다. 관람석 뒤에 외롭게 서 있는 건물은 님파에움에서 흘러내려오는 물을 이용해 돌리던 중세의 방앗간 건물이었다.

## 제2차 카르타고 전쟁에 휘말린 시라쿠사(기원전 218~201년)

카르타고와 로마가 지중해 패권을 놓고 맞붙은 카르타고 전쟁은 총 3차례 치러졌다. 제1차 카르타고 전쟁은 시칠리아가 주 무대였고, 로마가 시칠리아를 첫 번째 속주로 선포하면서 끝났다(기원전 241년). 스페인에 주둔하고 있던 카르타고의 군벌이라고 할 수 있는 하밀카르 바르카Hamilcar Barca(기원전 275~228년)와 그의 아들 한니발Hannibal(기원전 247~181년)은 시칠리아와 사르데냐를 로마에 빼앗긴 것에 대해 참을 수 없는 모욕을 느꼈고, 결국 제2차 카르타고 전쟁을 일으켰다(기원전 218년). 스페인에서 출발한 한니발의 코끼리 부대는 남프랑스를 거쳐 알프스산맥을 넘은 다음, 이탈리아반도로 진입해 장기전을 펼쳤다. 한니발은 북아프리카로 회군했던 기원전 204년까지, 무려 14년 동안 이탈리아 남부를 종횡으로 오가면서 로마와 대결했다. 제2차 카르타고 전쟁 당시 시칠리아는 양쪽 진영이 서로를 감시하는 최전방 전초기지 역할을 했다. 로마는 시칠리아에 소규모 군대를 상주시키면서 이탈리아반도에서 장기전을 펼치고 있는 한니발의 보급선을 끊으려고 했고, 반대로 카르타고는 로마가 직접 북아프리카를 공격할 가능성을 염두에 두고 로마군의 이동을 감시하고 있었다. 두 진영의 팽팽한 대립이 펼쳐지는 사이, 시칠리아가 할 수 있는 것은 양쪽의 눈치를 보며 무조건 힘센 쪽에 붙는 약소국의 외교를 펼치는 것이었다.

시라쿠사 주민들의 지지를 받으며 60년간 긴 통치를 이어갔던 히에론 2세의 권력은 손자 히에로니무스Hieronymus(기원전 215~214년 재위)에게 바로 넘어갔다. 그러나 로마 역사가 리비우스Livius가 표현한 대로 그는 "미숙한 사람"이었다.[7] 어릴 때부터 사치와 방탕이 심해서 실망한 할아버지 히에론 2세가 왕정을 폐지할 계획까지 세울 정도였다. 부적격자가 권력을 잡았을 경우 초래될 정치적 혼란을 예상한 것이다. 결국 노년의 히에론 2세는 15명의 국가 원로를 손자 주위에 포진시켜 손자의 권력을 견제하도록 만들었다. 손자에게 남긴 그의 유언은 약 50년간 지켜온 (기원전 263~215) 로마에 대한 우호 정책을 계속 이어가라는 말이었다.

그러나 히에로니무스를 측근에서 돕던 외삼촌들이 친親카르타고 정책으로 방향 전환을 조언했고, "미숙한 사람" 히에로니무스는 무모한 외교 정책을 펼친다. 시대의 판세를 읽지 못한 그는 카르타고에 접근하는 정책을 펼쳐 로마 원로원을 자극했다. 히에로니무스는 카르타고에 사신을 보내 시칠리아를 정확하게 양분한 다음, 동쪽은 자신이 통치하고 서쪽은 카르타고의 정식 영토로 삼자고 제안했다. 카르타고 군대를 자신이 지휘할 수 있게 해주면 카르타고가 이탈리아반도를 정복할 수 있도록 해주겠다는 호기에 찬 제안을 하기도 했다. 카르타고는 히에로니무스의 이런 엉뚱한 제안을 받고 아무런 대응을 하지 않았다. 결국 히에로니무스는 카르타고의 지원이 확보되지 않은 상태에서 로마의 점령을 끝내기 위해 단독으로 전쟁에 나섰다. 직접 1만 5,000명 정도의 군대를 이끌고 로마의 전진 기지가 있는 레온티니Leontini로 진격했다. 사치와 방탕을 일삼고, 시칠리아의 운명을 풍전등화로 만들어가던 히에로니무스에게 칼을 겨눈 사람은 로마 군인이 아니라 시라쿠사 주민들이었다. 레온티니의 좁은 골목길에서 히에로니무스는 자객의 칼에 맞아 숨을 거둔다(기원전 214년). 시칠리아 참주의 역사는 히에로니무스의 죽음으로 완전히 종결되었다.

히에로니무스 왕이 레온티니에서 암살당한 뒤, 시라쿠사 주민들은 로마의 지배를 거부하며 반란을 일으켰다. 로마는 시칠리아의 소요를 진압하고 카르타고의 잠재적인 위협을 제거하기 위해 대규모 함대를 파견했다. 남부 이탈리아에서 계속된 한니발과의 전투 때문에 로마의 국가 재정이 거의 고갈되어, 개인이 소득에 따라 전쟁 비용을 부담해야만 했다.[8] 보유 재산에 따라, 소득이 적은 사람은 선원 1명의 6개월 치 급료를 부담하고, 가장 소득이 많은 사람은 선원 7명의 1년 치 급료를 부담해야 했다. 실제 전투에 참전하는 군인들은 30일의 전투 식량을 자비로 조달해서 함선에 올랐다. 로마의 시칠리아 원정대는 제2차 카르타고 전쟁 5년차(기원전 214년)에 공동 집정관으로 선출된 마르쿠스 클라우디우스 마르켈루스Marcus Claudius Marcellus(기원전 270~208년)가 직접 지휘했다. 히에로니무스는 암살당했지만, 아직 시라쿠사의 권력은 히에론 2세의 딸과 사위가 장악하고 있었다. 이들은 시라쿠사 항구와 다리로 연결되어 있는 오르티지아섬을 요새화하고, 로마 함대의 공격에 맞섰다.

그러나 시라쿠사 주민들은 로마의 막강한 전력과 임박한 전쟁의 두려움 때문에 반란을 일으켜 모든 왕족을 죽인 다음, 마르켈루스 사령관에게 항복했다. 시라쿠사 민회는 행정관 2명을 선출해 로마와의 추가 협상에 임하도록 했다. 100척 규모의 로마 함대는 시라쿠사 항구 외곽에 정박한 다음, 사태의 추이를 지켜보고 있었다. 그러나 시라쿠사의 신임 행정관들은 로마에 순순히 투항하는 것을 반대하면서 다시 카르타고에 지원군을 요청해 로마와 맞서자고 시민들을 선동했다. 신임 행정관들은 4,000명의 용병을 레온티니로 보내 주둔하고 있던 시라쿠사 정규군과 합류하도록 했다. 레온티니는 히에로니무스 왕이 암살당한 곳으로, 시라쿠사의 정규군이 주둔하고 있던 곳이었다. 첩보를 통해 이 사실을 알게 된 마르켈루스 사령관은 최후 통첩을 보내 투항을 권유했지만 신임 행정관들은 시라쿠사 군인들이 자신들의 통제권 밖에 있다고 둘러댔다. 결국 마르켈루스 사령관은 8,000명의 로마군을 이끌고 레온티니로 진군했다.

마침 레온티니에 주둔하고 있던 시라쿠사 정규군의 내부에서는 분열이 일어나고 있었다. 시라쿠사 정규군과 주로 크레타섬에서 모집한 용병들 사이에서 세력 다툼이 일어났고, 일부 정규군들은 레온티니를 탈출해 시라쿠사로 돌아가 로마군이 레온티니에서 학살을 자행하고 있다고 거짓 보고를 했다. 시라쿠사 원로원과 주민들은 로마에 대한 두려움 때문에 성문을 걸어 잠그고 결사 항쟁에 나섰다. 레온티니를 단숨에 점령한 로마군은 다시 시라쿠사로 돌아왔지만, 해안에 쌓아 올린 튼튼한 방어 성채는 난공불락처럼 보였다. 로마는 원래 공성전에 능숙했지만 시라쿠사는 그리 만만한 곳이 아니었다. 왜냐하면 시라쿠사에는 한 천재 공학자가 살고 있었고, 그가 만든 방어 무기는 천하의 로마군을 궁지로 몰아넣기에 충분했기 때문이다.

## 과학자 아르키메데스의 공헌과 그의 죽음

아르키메데스Archimedes(기원전 287~212년)은 이미 히에론 2세의 통치 시대부터 유명했던 과학자였다. 히에론 2세는 신전에 봉납할 황금 왕관의 제작 과정에서 부정이 있었다고 보았다. 왕관 제작을 위해 제공된 황금을 누군가가 제작 과정에서 착복했다는 의심이 들었다. 그래서 과학자 아르키메데스에게 이를 조사시키자, 욕조에 몸을 담그고 깊이 생각에 잠겨 있던 그가 "유레카Eureka!"를 외치며 알몸으로 시라쿠사 거리를 뛰어다녔다는 이야기가 널리 알려져 있다. 이 이야기는 로마의 건축가 비트루비우스Vitruvius(기원전 70~15년)가 언급하면서 유명해졌다.[9]

시라쿠사에서 활동했던 아르키메데스는 지중해 문화권 최고의 과학자, 수학자, 그리고 발명가였다. 원의 둘레 길이를 구할 때 원의 지름을 구해서 그것을 원주율과 곱하는 원리를 발견한 수학자로,[10] 알렉산드리아에서 활동했던 수학자 유클리드Euclid와 쌍벽을 이룬 인물이었다. 아르키메데스의 생애에 대한 정보는 그의 사후 70년이 지난 다음 기록된 폴리비오스Polybios의 《역사Historiai》에 나와 있는 것으로 한정된다. 그리고 그가 시라쿠사 방어를 위해 제작한 무기에 대한 기록은 폴리비오스의 자료를 참고했던 리비우스의 《로마사》 24권에 나오는 내용이다.

《로마사》에 따르면, 아르키메데스가 로마군의 공격을 막기 위해 사용한 무기는 투석기와 함선을 침몰시키는 쇠갈퀴였다. 투석기는 시라쿠사 성벽 곳곳에 설치되어 원거리에 정박 중이던 로마 함선을 향해 돌덩이

시칠리아는 눈물을 믿지 않는다

오르티지아섬 입구의 아르키메데스 동상.

를 발사할 수 있는 무기였다. 아르키메데스의 투석기가 특별했던 이유는 적의 공격에 노출되지 않고 은밀하게 돌덩이를 멀리 쏘아 보낼 수 있었기 때문이다.[11] 투석기가 멀리 떨어져 있는 함선을 공격하는 무기였다면 쇠갈퀴는 근거리에 정박 중인 함선을 공격하는 무기였다. 시라쿠사 항구에 큰 기둥을 세워두고, 육중한 쇠사슬이 붙어 있는 쇠갈퀴를 바다에 깐 다음 그것을 두 기둥과 연결시켰다. 지나가던 함선이 쇠갈퀴에 걸리면 기둥을 지렛대 삼아 쇠갈퀴를 잡아당기게 되는데, 이

때 걸려든 함선은 하늘로 솟구쳤다가 바다로 떨어지면서 침몰했다. 리비우스의 기록에는 생략되어 있지만 '청동 거울 반사기'를 사용해 로마 함선에 불을 질렀다는 전설 같은 이야기도 전해져 온다. 시칠리아의 강렬한 태양을 반사시키는 여러 개의 청동 거울을 로마 함선에 비춰 불이 붙도록 만드는 장치였다. 아르키메데스의 방어 무기 덕분인지, 로마군은 해상 공격을 포기하고 육상전에 집중했다. 시라쿠사군은 언덕에 진지를 구축하고 이를 기존 성벽과 연결해 방어선을 구축했다. 만만치 않은 저항에 직면한 마르켈루스 사령관은 일단 성벽을 포위하고 통행을 봉쇄하는 작전에 돌입했다.

기원전 214년, 포위되어 있던 시라쿠사 진영에 기쁜 소식이 전해졌다. 카르타고의 지원군이 아프리카에서 출발했다는 것이다. 하밀코<sup>Himilco</sup> 장군이 2만 명의 보병과 3,000명의 기병, 그리고 12마리의 전투용 코끼리를 함선에 태워 시칠리아 쪽으로 항해하고 있었다. 카르타고 지원군이 먼저 아그리젠토에 상륙했다. 로마군이 아그리젠토로 달려갔을 때는 이미 카르타고군이 도시를 점령한 후였다. 하밀코 장군은 시라쿠사로 돌아가던 로마군을 기습공격하면서 동시에 함선 55척을 시라쿠사 항구로 출전시키는 양면 작전을 구사했다. 제2차 카르타고 전쟁은 주로 이탈리아 반도 내에서 벌어진 전쟁이었지만, 이때만큼은 시라쿠사 주변이 격전지가 되었다.

이 와중에 엔나에서 돌발적인 사건이 발생했다. 엔나 주민들은 로마와 카르타고가 대치하고 있다는 소문을 듣고, 지긋지긋한 로마의 압제에서 벗어날 기회가 왔다고 믿었다. 이들은 자체 민회를 개최하고 로마의 지배에 대한 불만을 토로했는데, 이 광경을 지켜보던 로마 군인들이 지휘관의 명령에 따라 시민들을 학살하는 사태가 벌어졌다. 시칠리아 사람들에게 엔나는 데메테르와 페르세포네의 신화를 간직하고 있는 성스러운 땅으로 여겨지고 있었다. 무자비한 로마군에 의해서 엔나에서 실제로 '페르세포네의 납치'가 일어났다는 소문이 퍼져나갔다. 로마가 졸지에 '죽은 자들의 신'인 하데스가 된 것이다. 이 돌발적인 사건은 많은 시칠리아 주민들이 카르타고 편으로 돌아서게 만드는 계기가 되었다.

봉쇄가 장기간 이어지자 시라쿠사 군인들의 군기가 흐트러졌다. 봄이 오고 디아나 축제가 개최된 후 그동안 굶주림에 지쳐 있던 시라쿠사 군인들은 배급품으로 나누어준 포도주를 잔뜩 마시고 잠이 들었다. 이 틈을 노린 마르켈루스 사령관은 로마 군인들에게 사다리를 타고 성벽을 넘어가서 술에 취해 잠들어 있던 적을 모두 죽이라고 명령했다. 1,000명의 로마 선발대가 시라쿠사 성벽을 넘어 진입에 성공했고 굳게 닫혀 있던 성문이 활짝 열렸다. 미리 도착한 선발대는 일제히 나팔을 불어 거대한 군대가 침공한 것 같은 공포심을 조장했다. 허둥대던 시라쿠사군은 작은 다리로 연결되어 요새화된 오르티지아섬으로 후퇴한 후, 마지막 항전에 나섰다. 마르켈루스 사령관은 시라쿠사를 점령할 수 있는 절호의 기회를 잡았지만, 갑자기 생각을 바꾼다. 당시 상황을 리비우스는 이렇게 전한다.

> 당시에 시라쿠사는 이 세상에서 가장 아름다운 도시로 알려져 있었다. 전하는 말에 의하면, 마르켈루스 사령관은 자신이 이룬 훌륭한 업적에 기쁘기도 하고, 도시의 옛 영광을 생각하자니 슬프기도 하여 눈물을 흘렸다. (…) 그는 한 시간이면 자신이 보고 있는 모든 게 불타 잿더미가 될 것이라는 생각이 들자, 마지막으로 도시를 구해낼 것을 결심했다.[12]

시라쿠사 주민들은 대표단을 보내 도시를 파괴하지 않겠다고 약속한 마르켈루스 사령관에게 왕실의 재산을 모두 넘겨주는 대신 자신들의 재산에는 손대지 말 것을 요구했다. 그러나 로마 군인들은 마르켈루스 사령관에게 이 조건을 거부해야 한다고 주장했다. "세상에서 가장 아름다운 도시"에서 전리품을 두둑하게 챙기고 싶었기 때문이다. 결국 "자유민의 신체에는 피해를 입혀서는 안 되지만, 그 외에 모든 것은 로마군의 처분에 맡겨야 한다"는 사령관의 결정이 내려졌다.[13] 시라쿠사 주민들의 목숨은 살려주겠지만 로마 군인들에게 전리품 약탈을 허용한다는 뜻이었다. 사령관의 신호가 떨어지자 로마 군인들은 도시를 헤집고 다니면서 약탈을 시작했다. 시라쿠사 성안으로 진입한 한 로마 군인이 수학 연구에 몰두하고 있는 아르키메데스를 발견하고 밖으로 나와서 마르켈루스 사령관을 접견하라고 요구했다. 그러나 그는 "내 원주를 건드리지 마라! Noli turbare circulos meos!"라고 소리치며 연구에 몰두했고, 결국 그 자리에서 죽음을 맞이했다고 한다.

시라쿠사에서 수학 연구에 몰두하고 있던 아르키메데스를 로마 군인이 살해한다.
19세기 판화.

멀리 해안에서 이 광경을 지켜보던 카르타고 함선들은 북아프리카로 돌아가 100척의 함선으로 전력을 강화한 다음, 다시 시라쿠사로 돌아왔

시칠리아는 눈물을 믿지 않는다

다. 로마와 카르타고가 다시 전쟁을 시작하려고 할 때, 이번에는 전염병이 양 진영을 모두 공격했다. 평소 위생에 신경을 쓰던 로마군보다 카르타고군에 더 치명적인 피해가 발생했다. 카르타고의 하밀코 장군도 전염병에 걸려 사망했다(기원전 212년). 결국 시칠리아에서 펼쳐진 제2차 카르타고 전쟁은 전염병에 잘 대응했던 로마군의 승리로 끝이 났다. 시라쿠사 민회는 로마의 승리를 인정하고 계속 로마의 속주로 남겠다고 결의했다. 그들은 로마에 적대적인 태도를 취했던 히에로니무스의 미숙한 정책을 비난하며 히에론 2세의 시대로 돌아가겠다고 선언했다. 로마의 역사가 리비우스는 3년간 이어졌던 시라쿠사 공성전과 후속 피해는 로마의 잘못 때문이 아니라 시라쿠사의 내분에 그 원인이 있었다고 전한다.

> 시라쿠사인들은 자신들의 요청을 모두 들어주려는 로마인들을 두려워할 이유가 전혀 없었다. 폭력의 위험은 시칠리아인들 그 자신에게 있었던 것이다.[14]

이로써 시라쿠사 공성전(기원전 215~212년)는 로마의 승리로 끝났다. 한편 남부 이탈리아에서 장기전을 펼치던 한니발은 북아프리카의 카르타고 본토가 로마군의 공격을 받고 있다는 소식을 듣고 급히 귀국했다(기원전 202년). 이때 북아프리카를 직접 공격한 로마의 장군은 그 유명한 스키피오 아프리카누스Scipio Africanus(기원전 236~183년 추정)다. 카르타고로 상륙하기 전, 스키피오 장군은 시칠리아의 지원을 받아 전력이 뛰어난 기병을 대거 모집했다.[15] 그는 결국 자마Zama 전투에서 대승을 거두었고(기원전 202년), 이로써 제2차 카르타고 전쟁은 로마의 승리로 최종 마무리된다. 자마 전투는 지중해 역사의 분기점이었다. 이제 지중해의 패권은 카르타고에서 로마로 완전히 넘어갔고, 시칠리아의 운명 또한 시시각각으로 변하는 지중해의 풍랑에 휩쓸려 로마의 식량을 공급하는 일개 속주로 전락하게 된다.

## 시칠리아 노예들이 일으킨 2번의 반란

시칠리아는 동쪽에서 온 그리스인들의 지배를 끝내고, 북쪽에서 내려온 로마인들의 지배를 받게 되었다. 외부의 침입자들은 다른 언어와 문명의 모습으로 찾아왔고, 시칠리아는 수동적으로 시대의 변화에 적응해야만 했다. 시칠리아 사람들은 겨우 익힌 그리스어를 버리고 로마의 언어인 라틴어를 배워야만 했다. 제2차 카르타고 전쟁에서 로마가 승리를 거두고 카르타고가 패망했지만, 실질적인 피해자는 둘 사이에서 샌드위치 신세를 면치 못했던 시칠리아였다.

지중해의 패권을 장악한 로마의 실력자들은 시칠리아에서 마음 놓고 행패를 부렸다. 시칠리아의 지주들에게 카르타고와 내통했다는 혐의를 뒤집어씌운 다음, 그들 소유의 땅을 빼앗거나 협박을 동원해 헐값에 사들였다. 시칠리아 주민들은 졸지에 땅을 잃고 그들의 노예로 전락해갔다. 중세 시대의 농노보다 훨씬 열악한 노동 환경 속에 노출되었으니, 로마인들은 그들을 그야말로 '노예'로 대우했다. 시칠리아에 이주한 '외부 노예'도 있었다. 이들은 로마가 마케도니아를 점령하면서 포로로 잡았던 적국의 군인들이거나 아예 노예사냥에 나섰던 크레타 해적들이 시칠리아에 팔아넘긴 노예들이었다. 이들은 모두 '시칠리아 노예'로 불렸는데, 기본적인 식사도 하지 못한 채 혹독한 장기 노동과 채찍질에 시달리던 사람들이었다.

지나치면 문제가 생기게 되는 것이 당연한 세상의 이치다. 시칠리아 중부 지방에서 비참한 생활을 이어가던 시리아 출신의 유누스<sup>Eunus</sup>란 노예가 있었다. 한낮에는 들판에서 채찍을 맞으며 노동을 하다가 저녁이 되면 로마 귀족들의 잔칫상에 불려가 재주를 부리는 '광대 노예'였다. 그가 잘하는 것은 기름을 입에 물고 불을 내뿜는 묘기였다. 광대 유누스는 익살을 부리면서 원래 자신은 데메테르 여신의 예언자이며, 장차 왕이 될 인물이라고 말해 사람들을 웃겼다. 자신이 왕이 되면 로마인들이 죽임을 당할 것이지만, 지금 팁을 주면 목숨은 살려주겠다고 약속해서 사람들을 또다시 웃겼다. 잔칫상에서 유누스의 재담을 들었던 일부 로마인은 재미 삼아 유누스에게 팁을 던져주었다고 한다. 그들은 실제로 유누스가 주동이 된 반란이 일어난 후, 목숨을 건질 수 있었다.

엔나에 서 있는 유누스의 동상.

유누스가 400명의 노예와 함께 엔나를 점령함으로써 제1차 노예 전쟁이 시작되었다(기원전 135년). 일설에 의하면 유누스는 반란 노예들의 선두에 서서 입에서 불을 뿜는 묘기를 부렸다고 한다. 엔나 점령을 성공시킨 후 유누스는 점점 신화적인 인물로 변해갔다. 반란에 참여한 시칠리아 노예들은 그가 신탁을 받을 때 입에서 불을 뿜는다고 믿었다. 엔나를 차지한 유누스는 스스로 왕이 되었음을 선포하고 자신의 이름을 안티오쿠스 Antiochus로 바꾸었다. 조국 시리아 왕의 이름을 빌려왔고, 약속했던 대로 자신에게 팁을 준 로마인은 살려주었다. 그러나 유누스의 서커스는 오래 가지 못했다. 엔나에서 자신의 기념주화까지 만들면서 호기를 부렸지만, 3년 만에 로마군에게 체포되어 감옥에서 최후를 맞이했다(기원전 132년).

그러나 시칠리아 노예 전쟁은 유누스의 죽음으로 끝나지 않는다. 우리가 알고 있는 대표적인 노예 전쟁인 '스파르타쿠스 전쟁(기원전 73~71년)'은 로마 공화정에서 발생한 세 번째 노예 전쟁이었다. 첫 번째 와 두 번째 노예 전쟁은 모두 시칠리아에서 발발했다.[16] 유누스의 죽음 으로 제1차 노예 전쟁이 종결된 지 28년이 지났을 때, 시칠리아에서 제 2차 노예 전쟁(기원전 104~100년)이 일어났다.

제2차 노예 전쟁은 2가지 황당한 사건이 겹치면서 시작되었다. 사건 의 발단은 로마 집정관이 게르만족과의 전쟁을 앞두고 비티니아 Bithynia 왕국의 군사 지원을 요청한 것이었다. 흑해 주변의 작은 왕국 비티니아 는 로마의 지원 요청을 거절했다. 이전에 비티니아에서 세금을 징수하던 로마 관리들이 세금 미납자들을 모두 노예로 팔아버렸기 때문에, 군인으 로 보낼 인력이 없다고 주장했다. 이에 당황한 로마 원로원은 모든 속주 에서 노예 제도를 폐지하겠다고 발표했고, 이 사실이 시칠리아에 알려지 게 되었다.

당시 시칠리아의 지방 장관이었던 푸블리우스 리키니우스 네르바 Publius Licinius Nerva는 엉뚱한 조치를 발표했다. 로마 원로원이 노예 제도를 폐지했다는 소문을 심각하게 받아들인 네르바는 시칠리아에서 일하던 800명의 노예를 모두 풀어주는 파격적인 훈령을 발표했다. 그런데 네르 바는 시칠리아 노예 출신만 골라 해방시켰고, 그의 편향된 조치가 다른

시칠리아는 눈물을 믿지 않는다

국적을 가진 노예들의 불만을 사게 되었다. 결국 노예들이 폭동을 일으키자 미숙한 관리였던 네르바는 사태를 진정시킨다는 명분으로 이미 해방시켰던 시칠리아 노예 800명에 대한 사면령을 취소해버렸다. 이에 격분한 시칠리아 노예까지 반란에 참여하면서 시칠리아의 제2차 노예 전쟁이 시작되었다(기원전 104년).

어리석지만 성급하기도 했던 네르바는 600명의 진압대를 보냈지만 분노한 노예들의 공세를 감당할 수 없었다. 진압대의 무기를 탈취한 노예들은 기세를 올리며 반란의 지도자를 선출했다. 그들이 추대한 반란 왕의 본래 이름은 살비우스Salvius였다. 제1차 노예 전쟁을 일으켰던 유누스가 모국 왕의 이름을 따서 자기 이름을 안티오쿠스로 바꾼 것처럼, 살비우스도 자기 이름을 트리폰Tryphon으로 바꿨다. 유누스가 엔나를 점령한 것처럼 살비우스 트리폰은 모르간티나Morgantina를 점령하고, 노예 전쟁의 거점으로 활용했다. 역시 시칠리아 중부에 있는 도시다. 2만 명의 보병과 2,000명의 기병으로 세를 불린 반란 왕 살비우스 트리폰은 시칠리아 중부에 로마의 지배가 종식된 자치 해방구를 선포했다. 시칠리아 서쪽에서 반란을 일으킨 아테니온Athenion의 노예 군대도 모르간티나에 합류했다.

로마 원로원은 정규군으로 구성된 진압 부대를 다시 시칠리아로 보냈다(기원전 103년). 전투 경험이 많은 루키우스 루쿨루스Lucius Lucullus 사령관은 1만 7,000명의 정규군을 이끌고 시칠리아 서쪽 해안에 상륙했다. 오합지졸로 구성된 노예 군대는 로마 정규군의 상대가 되지 못했다. 파죽지세로 노예 군대를 몰아붙인 루쿨루스 사령관의 진압대는 트리오칼라Triocala 성채를 에워싸고 공성전을 펼쳤다. 루쿨루스 사령관이 바로 공격하지 않은 이유는 로마 원로원이 자신을 횡령 혐의로 해임시키려 하고 있었기 때문이다. 결국 해임과 로마 소환이 결정되자 화가 난 루쿨루스 사령관은 공성 무기를 불태우고, 로마 진압군을 해산시켜버렸다. 이 틈을 노린 아테니온의 노예 반란군이 성 밖으로 나와 공격을 감행했다. 이미 사기가 땅에 떨어진 로마군은 노예 군대의 기습 공격에 속수무책으로 무너졌다.

2년 후, 로마는 다시 진압 부대를 꾸려 시칠리아로 보냈다. 이번에는 집정관 만니우스 아퀼리우스Manius Aquillius가 직접 출동했다. 살비우스 트리폰에 이어 반란 노예들의 왕이 된 아테니온은 집정관 아퀼리우스에게 체포되어 죽임을 당했다. 아퀼리우스가 직접 그의 목을 잘랐다고 한다. 로마군에게 체포된 다른 노예들은 로마로 끌려가서 원형 극장에서 여흥거리로 사용되었다. 목숨을 건지기 위해 맹수와 싸워야 했던 그들은 구차한 생존을 위한 싸움을 거부하고, 모두 자결로 생애를 마쳤다.

## 로마의 곡물 창고가 된 시칠리아와 키케로

시칠리아는 기원전 241년에 로마의 첫 번째 속주로 편입된 후, 468년에 반달족이 침공할 때까지 약 700년간 로마의 지배를 받았다. 로마인들은 속주 세금을 내고 로마인의 식탁을 위한 밀 생산이 지속되는 한 시칠리아의 자율성을 인정하는 정책을 펼쳤다. 로마의 지배를 받았지만 시칠리아의 통용어는 라틴어가 아닌 그리스어였고, 일부 서부 지역에서는 카르타고 문명의 흔적이 여전히 남아 있었다. 그래서 로마의 한 작가는 시칠리아 사람들을 묘사할 때 "3개의 혀를 가진 시칠리아인Siculi trilingues"이라는 표현을 썼다.[17] 로마는 시칠리아 동쪽에 있는 시라쿠사와 서쪽에 있는 마르살라에 재무관 관청을 세우고 시칠리아를 느슨하게 통치했다. 로마의 관심권 밖에 밀려나 있던 시칠리아에 한 유명 인사가 재무관 Quaestor으로 부임했는데, 바로 키케로였다.

키케로는 시칠리아의 서쪽에 있던 마르살라 재무관 관청에서 1년간 근무했다(기원전 75년). 재임 초기에 곡물을 로마로 보내는 과정에서 시칠리아 주민들과 약간의 갈등을 일으켰지만, 그의 공평무사함이 널리 알려지면서 주민들로부터 칭송을 들었다. 시라쿠사를 방문하던 중 아르키메데스의 무덤을 발견했으며, 그의 비문에 쓰여 있는 수학 공식에 관심을 표하기도 했다.[18] 그러나 시칠리아 재무관 업무를 성공적으로 수행한 후 로마로 돌아가는 길에 그가 겪었던 작은 에피소드는 당시 로마인들이 시칠리아를 어떻게 보고 있는지를 잘 드러내고 있다. 시칠리아를 떠난 키케로는 로마로 가는 아피아 가도에서 옛 친구를 만났다. 자신이 시칠리아에서 공직을 잘 수행했다는 소문을 기대했지만, 정작 그 친구는 "자넨 도대체 그동안 어디에 처박혀 있었나?"라고 물어 키케로가 당황했다는 이야기다.[19] 정치 초년생이었던 키케로가 아직 유명 인사가 아니었기도 하지만, 당시 시칠리아가 로마 사람들의 관심권 밖의 속주였다는 것을 암시하고 있다.

키케로가 발견했다는 아르키메데스의 무덤(오른쪽). 시라쿠사 네아폴리스 유적지.

키케로는 시칠리아를 "로마 공화국의 곡물 창고이며, 로마인을 위한 유모와 같은 땅"이라고 묘사했다.[20] 키케로가 사용해서 유명해진 이 표현은 시칠리아에 대한 찬사처럼 들리지만, 로마의 수탈을 정당화하는 의미도 포함되어 있다. 곡물 창고에 곡식을 가득 채워 넣으려면 땅과 노동력이 필요하다. 로마 원로원과 귀족들은 연줄과 권력을 동원해서 시칠리아의 땅을 강제로 빼앗았고, 시칠리아 사람들을 노예로 부렸다. 이런 부당한 처사 때문에 시칠리아에서 노예들의 반란이 2번이나 발생한 것이다. 총독으로 부임했던 가이우스 베레스Gaius Verres(기원전 120~43년)의 착취는 상상을 초월했다. 그는 총독으로 재임할 동안(기원전 73~70년) 터무니없는 세금을 매겨 시칠리아 농민들의 땅을 빼앗았고, 치안을 명목으로 무수한 사람들을 노예로 팔아 개인적 이익을 챙겼으며, 아그리젠토의 신전에 보관되어 있던 봉헌물과 예술품을 강탈하기까지 했다. 베레스가 총독 임기를 마치고 로마로 귀환하자 시칠리아 주민들은 대표단을 로마로 파견해 그를 법정에 고소했다.

이때 시칠리아가 고용했던 법정 대리인이 바로 키케로였다. 키케로는 현장 실태 조사를 위해 바로 시칠리아로 돌아가 50일 동안 각 지역에서 피해자들의 증언을 청취하고 부정의 증거를 모았다. 한편 베레스는 차기 집정관으로 임명된 로마 최고의 원로 변호사 퀸투스 호르텐시우스Quintus Hortensius(기원전 114~50년)에게 변론을 맡겼다. 권력의 뒷배를 이용해 자신의 범행을 무마하려고 했던 베레스는 키케로의 용기 있는 행동과 뛰어난 변론 덕에 유죄로 밝혀진다.[21] 원래 2번의 기소 연설을 계획했지만, 첫 번째 연설(기원전 70년 8월)을 들은 호르텐시우스가 도저히 키케로의 법적 논리에 당할 수 없으니 차라리 유죄를 인정하고 망명을 떠나라고 권할 정도였다. 결국 베레스는 프랑스 남부의 마르세유로 망명을 떠났고, 로마 최고의 변호사였던 호르텐시우스를 굴복시킨 신인 키케로가 로마 최고의 법률가로 알려지게 된다. 키케로는 이미 재판에서 이겨 두 번째 기소 연설을 할 필요가 없었지만 이를 문서로 출간했고, 바로 이 연설문에서 시칠리아를 "로마 공화국의 곡물 창고이며, 로마인을 위한 유모와 같은 땅"이라고 표현했다.

키케로의 연설문에 등장하는 표현은 로마인들이 시칠리아를 수탈하기 위해 만든 라티푼디움Latifundium 제도를 멋진 문장으로 미화한 것이다. 로마인들은 시칠리아와 같은 속주의 땅을 '공공 토지Ager publicus'로 분류했다. 이 땅의 소유주를 모두 쫓아내고 로마의 땅으로 선포한 다음, 대지주에게 헐값으로 할당했고 이를 '라티푼디움'이라 불렀다. 시칠리아는 로마 시대부터 대장원大莊園으로 불릴 수 있는 소수 권력자의 땅으로 전락했고, 곡물 수출을 위한 대규모 농업 단지로 전환되었다. 라티푼디움은 노예들에 의해 경작되었는데, 이를 계기로 시칠리아가 노예의 땅으로 전락하고 말았다. 로마인들이 결정한 시칠리아의 운명은 스페인의 부르봉 왕조의 지배가 끝날 때(1861년)까지 계속 유지되었다.

## 베르길리우스의 《아이네이스》와 시칠리아

로마의 서사시인 베르길리우스는 그리스의 호메로스에 버금가는 문학적 업적을 성취했으니, 그가 쓴 《아이네이스》는 로마 정신의 기초를 규정하고 제국의 미래를 가늠하는 명작이었다. 아우구스투스 황제의 후원을 받아 집필된 이 책은 트로이의 유민 아이네이아스가 지중해 방랑을 거쳐 라티움에 정착하는 과정을 웅장한 필체로 묘사하고 있다. 베르길리우스는 호메로스를 철저히 모방했다. 문체도 그렇거니와 책의 구조도 호메로스의 책을 쏙 빼닮았다. 특별히 10년간 치러진 트로이 전쟁을 승리로 마친 후 다시 10년간 고향 이타케로 돌아가며 모험을 펼치던 《일리아스》와 《오디세이아》의 전체 구조를 자신의 책 《아이네이스》에서 완벽하게 재현했다. 그리스의 영웅 오디세우스가 먼저 10년 전쟁을 하고 그 후에 10년 항해를 했다면, 로마의 영웅 아이네이아스는 먼저 항해를 하고 그 후에 전쟁을 펼치는 구조로 순서가 바뀌었을 뿐이다. 항해의 시작이 아니라 여정이 거의 끝났을 시점에 주인공이 등장하는 것도 같은 패턴이다.

《아이네이스》의 주인공들이 파란만장한 모험과 항해를 시작하는 곳이 바로 시칠리아의 북쪽 해안에 흩어져 있는 에올리에제도다. 지금 리파리제도로 불리는 곳으로, 신석기 시대에 시칠리아 최초의 원주민이 살았던 곳이다. 여신 유노(헤라)는 그곳에서 바람의 신 아이올루스<sup>Aeolus</sup>와 대화를 나눈다. 아이올루스는 바람을 일으키는 '먹구름과 폭풍의 주인'이었다. 유노는 아이네이아스를 비롯한 트로이 유민들을 싫어했다. 그래서 바람의 신에게 그들을 바람으로 쓸어버리라고 부탁했다. 풍랑이 거침없이 휘몰아치자, 높은 파도와 싸우던 아이네이아스는 "하늘의 별을 향해 두 손을 들고" 절규한다. "오오, 3배나 4배나 행복하도다! 아버지들의 면전에서 트로이의 높은 성벽 아래 죽을 운명을 타고났던 자들은!"**22**

차라리 전쟁터에서 죽는 것이 더 행복하다 느껴질 정도로 파도는 높았고, 살길은 막막했다. 이때 바다의 신 포세이돈이 등장한다. 그는 아이올루스가 바람을 일으키는 것은 인정할 수 있지만, 자신의 영역인 바다에서 파도를 일으켜 배를 침몰시키는 것은 받아들일 수 없었다. 신들의 권한 다툼이 일어나고 결국 바다의 신 포세이돈은 아이네이아스와 그의 동료들을 멀리 북아프리카의 리비아 해안에 상륙시킨다. 바람과 파도는 잦

아들고. 로마의 건국 이야기는 계속 이어진다.

　로마의 건국자들이 다시 시칠리아를 찾는 이야기는《아이네이스》5권에서 확인할 수 있다. 카르타고에서 디도Dido 여왕의 간청을 뒤로하고 아이네이아스는 "낯익은 해안"에 다시 상륙했다.[23] 마침 아이네이아스의 아버지 안키세스Anchises가 죽은 후 첫 기일이 되는 날이었다. 아이네이아스는 아버지의 혼백을 기리기 위해 경기를 개최한다. 이것은 호메로스의 《일리아스》에서 헥토르가 전사한 후 아킬레우스가 헥토르의 추모 경기를 개최한 내용을 모방한 것이다.[24] 시칠리아에서 개최된 추모 경기는 함선 경주, 달리기, 창던지기, 활쏘기, 권투 등의 경기였다. 장차 이탈리아반도로 건너가 치러야 할 전쟁을 위해 체력을 단련하고 전투력을 증대시키는 훈련을 한 셈이다. 그렇다면 로마의 건국자들이 시칠리아에 상륙해서 추모 경기를 개최한 장소는 어디쯤일까?《아이네이스》에 나오는 아래 문장이 힌트를 제공해주고 있다.

　이곳은 우리 형제 에릭스의 나라이고, 아케스테스Acestes가 우리를
　환대해주고 있소.[25]

　에릭스는 시칠리아 서쪽 끝의 산악 도시 에리체이며 해안 도시인 트라파니와 지척에 있다. 아케스테스는 이미 세제스타에 정착해 있던 트로이 혈통의 유민을 말한다.[26] 그렇다면 아이네이아스 일행이 추모 경기를 개최한 곳은 서부 해안과 세제스타 사이에 있는 평원이 될 것이다. 그곳의 주민들이 트로이 혈통이었고, 후발대로 찾아온 아이네이아스 일행을 환대했다는 것은 초기 이주민들의 정착 과정이 순조로웠다는 것을 암시한다.

세제스타 평원에서 추모 경기가 한창 진행되고 있을 때, 트로이에서 온 여성들은 남성들의 운동 경기에 재미가 없었던지, 엉뚱한 행동을 한다. 이탈리아반도로 건너가 죽을 고생을 하지 말고 그냥 시칠리아에 정착하자는 당찬 주장을 펼쳤다. 카산드라의 광기에 익숙했던 트로이 여성들은 운동 경기에 몰두하고 있는 남성들 몰래 해안으로 가서 타고 온 배에 불을 질렀다. 화마火魔가 배를 집어삼키는 것을 보고 달려온 아이네이아스의 간절한 기도가 없었다면 하마터면 모든 배를 잃을 뻔했다. 일설에 의하면 트로이 여성들이 해안으로

아이네이아스가 추모 경기를 개최했을 세제스타 인근의 평원.

달려온 남성들의 화를 진정시키기 위해 입을 맞추었는데, 이것이 서양식 키스의 기원이 되었다고 한다. 일단 급한 불은 껐지만, 민심이 불안한 것은 여전했다. 아이네이아스의 번민은 베르길리우스의 아래 문장에 잘 묘사되어 있다.

아이네이아스는 심각한 타격에 어안이 벙벙하여 가슴속에서 큰 근심을 이쪽으로, 때로는 저쪽으로 굴리며, 운명을 잊고 시칠리아의 들판에 정착해야 할지, 아니면 다시 이탈리아 해안을 찾아 나서야 할지 망설였다.[27]

고뇌하고 있는 아이네이아스 앞에 나우테스Nautes란 이름을 가진 현자가 등장한다. 그는 신의 뜻을 헤아리는 데 특출한 재능을 가진 노인이었다. 그는 아이네이아스에게 이 문제를 아케스테스와 상의하라고 조언한다. 아케스테스는 '세제스타'란 이름의 트로이 여성이 시칠리아에서 낳은 아들이었으니, 같은 트로이 혈통을 가진 사람이었다. 현자 나우테스는 "위대한 사업과 운명에 싫증 난 사람들과 노인들, 그리고 항해에 지칠 대로 지쳐버린 어머니들"을 아케스테스에게 맡겨서 시칠리아에 정착하도록 하자고 제안했다. 모험과 항해에 "지친 자들"에게 안식을 주는 곳을 '아케스타'라고 부르자는 제안까지 했다. 시칠리아 서쪽 끝 도시인 트라파니에서 팔레르모로 가는 길 중간 길목에 있던 아케스타는 지금 세제스타란 이름으로 불리고 있다.

트로이 여성들이 이탈리아 원정을 반대하면서 배에 불을 질렀다. 클로드 로랭Claude Lorrain의 작품으로 메트로폴리탄 미술관에 소장되어 있다(1643년 작품).

아이네이아스는 현자 나우테스의 조언을 받아들인다. 아케스테스를 불러 자신들의 입장을 설명하고 항해에 지친 여성들이 시칠리아에 정착할 수 있도록 도와달라고 부탁한다. 이에 트로이 동족이기도 한 아케스테스는 트로이의 여성들을 "새로운 도시"에 살 수 있도록 해주었다. 결국 트로이에서 건너온 "어머니들"은 시칠리아에 남고, 싸우기를 원하는 아들들은 이탈리아 본토를 향해 바다를 건너가게 된다. 아이네이아스와 트로이의 아들들이 시칠리아를 떠나기 전 마지막 날의 풍경을 베르길리우스는 이렇게 전한다.

> 모든 백성이 아흐레 동안 잔치를 벌이며 제단에 제물을 바쳤다. (…) 굽은 해안을 따라 울음소리가 크게 울려 퍼졌으니, 그들은 서로 부둥켜안고 하룻밤 하루 낮을 머뭇거렸던 것이다. 어머니들조차도, 그리고 전에는 바다의 모습이 사나워 보이고 그 힘을 감당할 수 없을 것 같아 보이던 남자들조차도 이제는 망명길의 온갖 노고를 무엇이든 참고 견디기를 원했다. 그러나 선량한 아이네이아스는 이들을 다정한 말로 위로했고, 눈물을 흘리며 그들의 종족인 아케스테스에게 맡겼다.**28**

## 로마 황제 아우구스투스와 시칠리아 전쟁 (기원전 42~36년)

시칠리아 주민들이 당했던 억울한 수탈을 성공적으로 변호해 명성을 얻게 된 키케로는 2번이나 집정관을 역임할 정도로 정치적인 성공을 거두었다. 그러나 율리우스 카이사르Julius Caesar가 암살을 당하고(기원전

44년) 시작된 제2차 삼두정치triumvirate(기원전 43~36년)의 정치적 파고에 휩쓸려, 키케로 역시 마르쿠스 안토니우스Marcus Antonius(기원전 83~30년)에게 암살을 당했다. 소문에 의하면 베레스 역시 안토니우스에게 죽임을 당했다. 새로운 권력자가 된 안토니우스가 시칠리아에서 강탈해 온 가이우스 베레스의 예술품을 차지하기 위해 그를 참혹하게 죽였다고 한다. 한편 시칠리아는 긴박하게 돌아가는 로마의 정세와 맞물리면서 또 다른 군사적 대결과 씨름해야 했다. 제1차 삼두정치의 주역이자 카이사르의 경쟁자였던 폼페이우스(기원전 48년 사망)의 아들 섹스투스 폼페이우스Sextus Pompeius(기원전 67~35년)가 시칠리아 해안에 모습을 드러낸 것이다(기원전 45년). 그는 카이사르가 암살당하고 제2차 삼두정치의 주역인 옥타비아누스(장차 아우구스투스 황제), 안토니우스, 레피두스Marcus Lepidus가 자기 이름을 숙청자 명단에 포함시킨 것을 보고 시칠리아에서 내전을 일으켰다. 이를 로마의 역사가들은 시칠리아 전쟁Bellum Siculum(기원전 42~36년)이라 불렀다.

섹스투스 폼페이우스는 아버지 폼페이우스를 추종하던 일부 군인과 시칠리아 노예를 동원해서 메시나와 시라쿠사의 로마 관청을 점령했다. 로마 공화정의 붕괴를 아쉬워하던 로마의 귀족 다수가 그를 지원해 강력한 해군이 창설되었다. 반란군은 막강한 해군력을 이용해 로마로 식량을 싣고 가던 선박의 통행을 금지시켰다. 식량난에 직면한 옥타비아누스와 안토니우스는 섹스투스 폼페이우스에게 시칠리아, 사르데냐, 코르시카의 통치권을 인정해주는 조건으로 식량 운송을 재개한다(기원전 39년). 그러나 옥타비아누스와 그의 부관인 마르쿠스 아그리파Marcus Agrippa(기원전 63~12년)는 섹스투스 폼페이우스의 손에 "로마의 곡물 창고"를 맡길 수 없다고 판단하고, 시칠리아 침공을 강행한다(기원전 38년). 시칠리아 전쟁이 본격적인 무력 충돌로 전환된 시점이었다.

로마군은 시칠리아의 여러 항구에 동시 상륙하면서 반란군을 궁지에 몰아넣었다(기원전 36년). 옥타비아누스는 타오르미나에, 아그리파는 메시나 북쪽 해안에, 그리고 레피두스는 마르살라에 각각 상륙했다. 20만 명의 전사자가 발생하고 1,000척이 넘는 함선이 침몰한 큰 전쟁이었고, 겨우 목숨을 건진 섹스투스 폼페이우스는 그리스로 도주했다. 북아프리카에서 로마군을 이끌고 시칠리아 서해안에 상륙했던 레피두스는 시칠리아를 거점으로 옥타비아누스의 세력과 경쟁을 펼쳤다. 시칠리아는 다시 레피두스 지지자와 옥타비아누스 지지자로 분열되었다. 옥타비아누스가 시칠리아의 레피두스 진영에 찾아왔을 때 예상치 못한 일이 발생했다. 옥타비아누스가 군사들의 열렬한 환영을 받자 레피두스가 그를 진영 밖으로 추방해버렸기 때문이다. 군사들은 이 광경을 보고 격분하여 옥타비아누스의 군대로 대거 이동했고, 레피두스는 시칠리아를 반란의 기반으로 삼았다는 혐의로 체포되고 만다.

시칠리아 반란을 평정한 옥타비아누스는 섹스투스 폼페이우스와 레피두스의 반란에 동조했던 시칠리아 주민을 혹독하게 다스렸다. 시칠리아에서 농사를 짓던 6,000명의 노예를 다른 곳으로 팔아버렸고, 시칠리아 원주민의 숫자가 줄어들도록 유도했다. 로마 전역 군인들을 6개의 주요 도시에 대거 이주시켜 로마 문화를 적극적으로 확산시키는 본격적인 속주 정책을 펼쳤다.[29] 팍스 로마나 Pax Romana(로마의 확고한 지배를 통해 평화가 정착된 시기)가 시칠리아에서 구현되었고, 이 시기에 타오르미나의 그리스 극장이 지금의 로마 극장 형태로 재건되었다.[30] 무대 뒤쪽으로 지금도 화산 연기가 피어오르는 에트나 화산이 보이는 타오르미나 극장은 괴테가 "어떤 극장의 관객도 이런 장관을 본 적이 없다"고 탄성을 질렀던

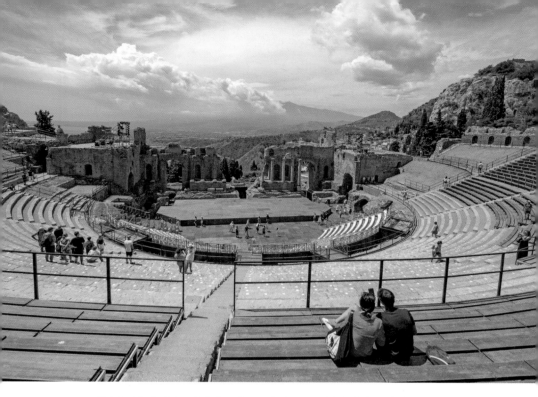

2세기에 건축된 타오르미나의 그리스 극장. 총 5,000명을 수용할 수 있었고, 무대 뒤편으로 낙소스의 해변과 에트나 화산이 동시에 보인다.

곳이다(1787년).³¹ 그러나 시칠리아 주민들은 그리스 극장을 로마 극장으로 바꾸는 공사를 하는 동안, 가끔 에트나산을 바라보며 한숨을 쉬었을 것이다.

　로마와 인근 속주에서 이주민(노예)이 유입되면서 시칠리아는 새로운 문명의 자극을 받게 된다. 로마 제국이 이집트를 차지하면서 밀 수입원이 추가로 확보되었지만, 여전히 시칠리아는 로마의 '곡물 창고' 역할을 하고 있었다. 아우구스투스 황제의 아내 리비아 드루실라Livia Drusilla (기원전 59~기원후 29년)는 풍요와 곡물의 여신 데메테르로 조각되곤 했는데, 특별히 시칠리아에서 이런 모습의 황후 조각상이 유행했다. 그리스 신화의 땅이었던 시절 데메테르를 숭배하던 시칠리아 주민들은 이제 새로운 주인이 된 아우구스투스 황제의 아내를 여신 데메테르로 모셨다. 밀을 제외한 각종 농작물도 시칠리아에서 생산되어 로마 제국 전역으로 보급되었다. 특별히 시칠리아 포도주는 달고 부드러우면서도 동시에 묵직한 맛으로 유명했고, 카이사르가 생전에 무척 좋아했던 포도주로 알려져 인기를 끌었다. 이 포도주는 로마에서 '마메르티니 포도주'로 불렸다. 그러나 로마 제국 시대의 기록에서 시칠리아는 한동안 자취를 감추게 된다. 시칠리아는 식량을 보급하는 평범한 속주로 전락했고, 달콤한 포도주의 산지 정도로만 기억되는 문명의 변두리로 추락했다.

콘스탄티누스 황제가 로마 제국의 수도를 콘스탄티노플로 천도(330년)한 다음에야 로마 사람들의 입에 시칠리아가 다시 오르내리게 되었다. 그동안 로마 식량의 많은 부분을 조달했던 이집트의 농산물이 모두 지리적으로 가까운 제국의 새 수도 콘스탄티노플로 옮겨졌고, 자연스럽게 '로마의 곡물 창고'였던 시칠리아의 중요성이 다시 대두되었기 때문이다. 로마 제국은 시칠리아를 철저하게 농업 기지로 인식했다. 그 흔한 왕궁이나 개선문 하나 건설하지 않았다. 남아 있는 로마 시대의 유적지는 빌라 로마나 델 카살레가 유일하다.

## 로마 모자이크의 진수, 빌라 로마나 델 카살레

아우구스투스 황제는 시칠리아를 방문할 때마다 기분 좋은 느낌을 받았던 모양이다. 그가 건축했던 로마의 궁전 하나를 '시라쿠사 궁전'이라고 명명했기 때문이다. 그 이후에도 로마의 황제들은 에트나 화산의 솟아오르는 용암을 보며 즐거운 시간을 갖기 위해 자주 시칠리아를 찾았

시칠리아는 눈물을 믿지 않는다

다. 또한 시칠리아는 원로원이 황실의 정식 허락을 받지 않아도 방문할 수 있는 유일한 속주였다. 따라서 많은 원로원이 시칠리아에 별장을 건축했고, 겨울철에 추위를 피해 방문하곤 했다. 시칠리아의 따뜻한 지중해성 기후와 풍성한 식탁은 로마 귀족에게 큰 인기를 끌었다. 피아차 아르메리나 인근 숲에 있는 빌라 로마나 델 카살레는 이런 로마 유력자들의 별장이었던 것으로 추정되는 건물이다. 보존 상태가 매우 양호한 로마 시대의 모자이크로 유명하다.

3세기의 끝 무렵, 막시미아누스 헤라클레우스Maximianus Herculeus(250~310년 추정) 황제는 이른바 '사두정치tetrarchy' 체제에서 서로마 지역을 통치하고 있었다.[32] 빌라 로마나 델 카살레를 발굴했던 고고학자 비니치오 젠틸레Vinicio Gentile 교수는 발굴한 모자이크 문양에서 막시미아누스 황제의 휘장을 발견했고, 그의 가족을 묘사한 모자이크 장식을 확인한 후 이 건물을 황제의 별장이라고 추정했다. 실제로 입구에 막시미아누스의 황제 메달이 모자이크로 장식되어 있고, 헤라클레스의 12가지 과업이 상세하게 모자이크로 장식되어 있는 것을 볼 때, 젠틸레 교수의 해석에 무게가 실리고 있다. 건물 중앙을 차지하고 있는 대회랑 모퉁이에 황제 가문을 상징하는 담쟁이 잎이 장식되어 있고, 욕장으로 입장하는 아내 유트로피아Eutropia와 두 자녀 마센치오Massenzio, 파우스타Fausta의 모자이크도 황제의 가족을 정확하게 빼닮았다. 주변에 무덤이나 묘비가 발견되지 않았기 때문에, 한 가문의 영지가 아니라 황제를 위한 공공시설이었다는 젠틸레 교수의 학설이 학계의 지지를 받고 있다.

'막시미아누스 황제 여름 별장설'을 반대하는 학자들은 역사적 배경과 지리적 위치를 근거로 이 건물이 '이름을 알 수 없는 로마 귀족의 별장'이라고 주장하고 있다. 모자이크에 등장하는 인물들의 옷차림이 4세기

복장이기 때문에, 빌라 로마나 델 카살레는 콘스탄티누스 황제의 콘스탄티노플 천도 이후에 건축되었다고 주장한다. 앞에서 언급한 대로 콘스탄티누스 황제의 천도 결정은 시칠리아를 로마의 '곡물 창고'로 다시 전환시켰다. 빌라 로마나 델 카살레는 카타니아와 아그리젠토를 연결하는 간선 도로인 '안토니 가도Itinerarium Antonini'의 중간 지점에 있고, 전령이 말을 갈아탈 수 있는 역참이 있던 곳이기도 하다. 바로 이 지점에 이름을 알 수 없는 어느 로마 귀족이 큰 영지를 가지고 있었고, 그 가문의 가족이 머물던 곳이 바로 빌라 로마나 델 카살레란 해석이다.

빌라 로마나 델 카살레는 486년 반달족의 침공 때 약탈을 당해 파괴되었다가, 비잔틴 시대에 일부 건물이 복원되는 우여곡절을 겪었다. 그 후 사라센 시대가 펼쳐지면서 그 일대가 '사라센의 빌라'로 불릴 정도로 많은 사람이 거주하는 작은 마을로 확장되기도 했다. 노르만 시대에 이 빌라는 부흥기를 거쳤지만, 인접해 있는 만고네Mangone산에서 산사태가 나면서 약 700년간 진흙에 묻혀 있게 된다. 덕분에 모자이크는 원래 상태를 보존한 채 사람들의 기억에서 잊혔다가, 20세기 초반에 발굴되어 1997년 유네스코 세계문화유산으로 등재되었다.

빌라 로마나 델 카살레의 60여 개의 방바닥에 장식된 화려한 모자이크는 그 규모가 약 1,000평(3,500제곱미터)에 달한다. 욕장과 방을 연결하는 길쭉한 공간인 서커스 홀Circus Hall의 모자이크는 로마의 대전차장에서 개최되는 마차 경기를 묘사하고 있다. 로마의 4개 구역을 대표하는 기수와 말이 색깔별로 구분되어 있고, 마차가 경기장을 돈 횟수를 세는 특수 장치의 모습도 이채롭다. '작은 사냥의 방'과 '사냥 장면의 대회랑'은 아프리카 튀니지에서 맹수를 잡아 로마 인근의 오스티아 항구로 실어 나르는 장면을 60미터에 달하는 바닥 모자이크에 화려하게 재현하

빌라 로마나 델 카살레의 유명한 '비키니의 방'

고 있다. 당시 로마 원로원은 사냥 축제를 후원하는 것을 반드시 실천해야 할 귀족의 덕목으로 간주하고 있었다. 따라서 이 대형 모자이크는 로마의 사냥 축제를 후원했던 빌라 로마나 델 카살레의 주인을 찬양하기 위한 것으로 추정된다. 빌라 주인의 딸들이 운동하는 장소였을 '비키니의 방'은 9명의 젊은 여성들이 운동을 하거나 우승 왕관을 쓰고 있는 장면으로 장식되어 있다. 빌라 주인의 침실이었을 '에로스의 방' 옆에는 호메로스의 《오디세이아》 중 키클롭스에게 포도주를 바치는 오디세우스의 모습이 모자이크로 장식되어 있다. 모자이크에 사용된 돌이나 유리 조각은 시칠리아의 산이 아니라 북아프리카 튀니지에서 가져온 것이다. 돌의 색깔은 모두 37종류로, 이 중 21종류는 원석으로 표현했고 16종류는 유리 조각으로 표현했다. 튀니지에서 발견되는 모자이크 표현 방식과 같기 때문에 튀니지에서 온 모자이크 장인들이 작업을 했을 것으로 추정된다.

모자이크로 표현된 〈키클롭스에게 포도주를 바치는 오디세우스〉.

로마인들은 어디서나 목욕을 즐겼다. 거대한 규모를 자랑하는 로마의 디오클레티아누스Diocletianus 황제의 대욕장(306년 건축, 3,000명 동시 수용)과 카라칼라Caracalla 황제의 대욕장(216년 건축, 1,500명 동시 수용)이 유명하고, 영국에서는 아예 바스Bath라는 이름의 온천욕을 위한 도시를 만들기도 했다. 로마인들은 빌라 로마나 델 카살레에서도 온천욕을 즐겼다. 그들은 먼저 탈의실로 들어가 옷을 벗어 보관하고, 몸에 오일을 발랐다. 노예나 하인이 오일을 발라주는 이곳을 '엘라에오테시움Elaeothesium'이라고 부른다. 온천 시설 내부에 있는 간이 운동장에서 간단한 체조를 마친 로마인들은 열탕으로 이동해서 땀을 뺐다. 이 단계에서 사용하던 습식 사우나 건물의 천장은 잔주름이 있는 타원형으로 설계해, 습기 때문에 천장에 맺힌 물방울이 몸에 직접 떨어지지 않도록 했다. 사우나를 마친 후 오일을 제거하고 온탕으로 이동한다. 로마 시대의 온천 시설은 가

시칠리아는 눈물을 믿지 않는다

장 중요한 사교 및 회합 장소로, 이곳에서 로마인들은 일상의 대화를 나누거나 각종 여흥에 참여했다. 가장 화려한 장식과 조각품 들이 전시되어 있는 곳이기도 하다. 로마 온천의 마지막 코스는 냉탕이었다. 밖에서 기다리고 있던 노예나 하인이 옷을 입혀주기 전에 몸에 오일을 발라주면 온천욕이 마무리된다. 빌라 로마나 델 카살레에도 아름다운 모자이크 장식과 더불어 열탕, 온탕, 냉탕 시설이 완비되어 있었다.

## 사도 바울의 시칠리아 방문

영국의 역사학자 에드워드 기번Edward Gibbon이 주장한 바에 따르면, 로마 제국은 그리스도교를 국교로 받아들이면서 쇠망의 길로 들어서게 된다. 지중해 동쪽의 팔레스타인 지역에서 태동했던 유대인의 종교가 제국의 수도 로마로 전해지는 과정에서 시칠리아는 다시 중간 교두보 역할을 했다. 이 역사적 과정은 〈사도행전〉의 마지막 28장에 간략하게 기록되어 있다. 예루살렘에서 체포되어 로마로 압송되어 가던 사도 바울의 행적이다.

석 달 후에 우리는 몰타에서 출항했다. 겨울철이었기 때문에 몰타에 정박해 있던 알렉산드리아호를 타고 출발했다. 그 배의 뱃머리는 카스토르Castor와 폴룩스Pollux 형제의 조각으로 장식되어 있었다. 그 배는 시칠리아의 시라쿠사 항구에 정박해서 3일간 머물렀다. 우리는 그곳에서 다시 항해에 나서 이탈리아 본토의 레기움Rhegium에 도착했다. 다음 날 남풍이 불어왔고, 우리는 그다음 날 푸테올리Puteoli에 도착했다. 그곳에 어떤 형제들의 초청을 받고 한 주 동안 함께 머물렀다. 그렇게 해서 우리는 로마에 도착하게 되었다.**33**

바울이 시라쿠사의 유대인 지역에서 설교했다면 성 세례자 요한 성당 주변이었을 것이다. 지붕이 없는 성당 앞마당에서 아이들이 공을 차며 놀고 있다.

〈사도행전〉의 기록대로라면, 사도 바울은 69년에 시라쿠사를 3일 동안 방문했다. 만약 그 기간에 사도 바울이 선교 활동을 펼쳤다면, 시라쿠사의 유대인 공동체가 있는 시나고그를 방문했을 것이다.[34] 시라쿠사의

시칠리아는 눈물을 믿지 않는다

오르티지아섬 도심에 있는 성 세례자 요한 성당Chiesa di San Giovanni Battista
인근에 당시의 시나고그가 있었기 때문에, 바울이 설교한 곳은 아마 그
부근이었을 것이다.

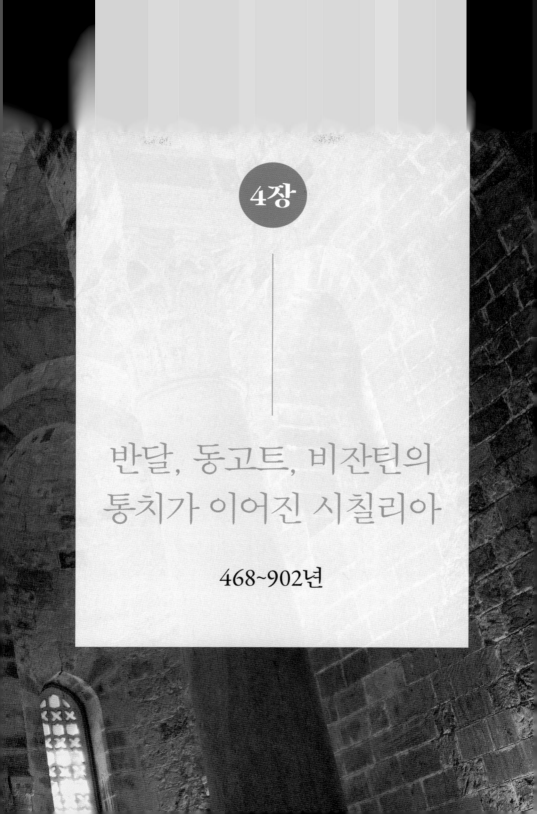

# 4장

## 반달, 동고트, 비잔틴의 통치가 이어진 시칠리아

### 468~902년

# 로마 제국의 붕괴와 반달족의 침공(468~476년)

콘스탄티누스 황제가 제국의 수도를 로마에서 콘스탄티노플로 옮긴 것은 330년의 일이었지만, 로마 제국은 65년 후에 동과 서로 완전히 분리되었다(395년). 서로마 제국의 수도는 여전히 로마였고, 동로마 제국의 수도는 콘스탄티노플이었다. 서로마 제국이 게르만족에 의해 무너졌을 때(476년), 시칠리아를 포함한 지중해 서쪽 지역에서는 권력의 공백이 생겼고 게르만족의 빈번한 도발에 노출되었다. 반달, 동고트, 비잔틴, 사라센의 세력 다툼이 차례로 이어졌고, 시칠리아는 또다시 외지인들의 침략과 수탈에 시달리게 된다.

게르만의 지파인 반달족은 이베리아반도(스페인)를 거쳐 북아프리카에 상륙했다(429년). 호전적인 반달족을 파죽지세로 이끈 왕은 가이세리쿠스Gaisericus(428~477년 재위)였다. 중남부 유럽에서 다른 게르만족으로부터 견제를 받던 반달족은 가이세리쿠스의 영도 아래 스페인에 정착했지만, 그 지역 원주민인 수에비Suebi족과의 분쟁 끝에 다시 북아프리카로 이주하게 된 것이다. 로마의 약체 부대가 진주하고 있던 북아프리카에서

시칠리아는 눈물을 믿지 않는다

반달 군대는 쉽게 승리를 거두었다. 중앙 정부의 붕괴와 함께 군기가 흐트러진 로마 군대는 반달족의 상대가 되지 못했다. 지금의 모로코 지역을 공략한 반달족은 로마 총독이 통치하고 있던 카르타고(튀니지)까지 점령했다(439년).

로마를 최종 목적지로 삼고 있던 반달족은 중간 교두보인 시칠리아에 황금 들판이 펼쳐져 있다는 소문을 듣고, 먼저 이곳에 상륙을 시도했다(440년). 로마 원로원은 시칠리아 주민들에게 세금을 감면해줄 테니 반달족과 맞서 싸우라고 독려했다. 그러나 시칠리아 주민들은 반달족의 호전성 앞에 이내 무릎을 꿇었고, 이로써 명맥만 이어오던 로마의 시칠리아 통치가 완전히 끝나게 된다(468년). 기원전 241년, 아이가테스 해전에서 카르타고를 몰아내고 시칠리아를 로마의 첫 속주로 선포한 이래, 약 700년에 걸쳐 펼쳐졌던 로마의 지배가 마침내 종결된 것이다.

불한당들이 기물을 훼손하는 행위를 '반달리즘vandalism'이라고 한다. 그러나 반달족은 시칠리아에서 훼손할 만한 로마의 건물이나 기념비를 찾지 못했다. 시칠리아에는 유럽의 후미진 나라에서도 발견할 수 있는 로마의 개선문 하나 존재하지 않았다. 반달족들이 겨우 발견한 것은 모자이크가 깔린 빌라 로마나 델 카살레였다. 반달족 역시 시칠리아를 중요한 거점으로 생각하지 않았다. 시칠리아는 언제나 이탈리아반도로 진입하기 위해 지나가는 다리와 같은 곳이었다. 그 다리를 차지했으니 이제 반달족의 시선은 이탈리아 본토의 로마로 향했다. 로마 황제는 가이세리쿠스에게 북아프리카의 총독 직책을 주면서 회유를 시도했지만 반달족의 공격을 막을 수 없었고, 결국 455년 반달족이 로마를 함락시킨다. 게르만에 속한 반달족이 서로마 제국에서 행한 '반달리즘'은 동로마 제국이 지중해의 패권을 장악하는 계기가 되었다.

로마 제국이 반달족의 침공으로 휘청거리고 있을 때, 고트족 출신의 플라비우스 오도아케르Flavius Odoacer(476~493년 재위)가 실력자로 부상하고 있었다. 그는 서로마 제국의 게르만 용병대를 지휘하는 장군으로 승진했다가, 정치적 혼란을 틈타 스스로를 '이탈리아의 총독'이라 선포했다(476년). 노쇠해진 가이세리쿠스는 임종을 1년 앞두고, 시칠리아를 오도아케르에게 매각해버렸다(476년). 이로써 서로마 제국은 완전히 붕괴했고 시칠리아는 다시 동로마 제국의 비잔틴 문명권으로 복귀하게 되었다.

동로마 제국이 그리스어를 사용하고 있었으니 시칠리아는 그리스어, 라틴어, 게르만어를 거쳐 다시 그리스어 문화권으로 복귀하게 되었다. 반달족은 시칠리아에서 10년도 채 머물지 않았다. 그러나 그리스와 로마가 꽃피웠던 시칠리아의 문화를 파괴함으로써 이름의 의미와 부합하는 행동을 했다. 로마 원로원의 유명 휴양지 빌라 로마나 델 카살레가 파괴된 것도 반달족의 짧은 통치기(468~476년)에 일어난 사건이다.

빌라 로마나 델 카살레는 시칠리아에 남은 거의 유일한 로마 시대의 유적이었다. 반달족은 이곳을 약탈했다. 빌라 로마나 델 카살레의 모자이크화.

# 이탈리아를 차지한 동고트족
## 테오도리크의 간접 통치(491~536년)

서로마 제국의 마지막 황제를 축출시키고 시칠리아까지 매입한 오도 아케르 총독은 세력 확장을 멈추지 않았다. 로마 원로원과 협력 관계를 구축했고, 집정관의 칭호를 받으며 승승장구했다. 이에 자극을 받은 동로마 제국은 오도아케르 총독의 패권 확장을 견제하기 위해 동고트족의 족장 테오도리크Theoderic the Great(454~526년)를 이탈리아로 파견했다(488년). 약 10만 명의 동고트족 전사를 이끌고 이탈리아 침공을 감행한 테오도리크는 3번의 전투에서 오도아케르에게 승리를 거두고 시칠리아를 제외한 이탈리아 전 지역을 차지했다. 테오도리크는 시칠리아를 통치했던 옛 반달족 영주와 자신의 여동생을 결혼시켜(491년) 시칠리아로의 세력 확장을 꾀한다. 테오도리크는 33년간 이탈리아 본토를 통치했지만, 시칠리아는 딸과 사위에게 맡겼다. 동고트족은 기존의 반달족 세력과 공존하면서 비교적 평화롭게 시칠리아에 머물렀다.

테오도리크의 세력 확장에 다시 동로마 제국이 견제에 나섰다. 이탈리아와 서西지중해의 패권을 장악하기 위해 전쟁이 일어났는데, 이를 '반달 전쟁(533~534년)'이라고 부른다. 동로마 제국의 야심만만했던 황제 유스티니아누스Justinianus(527~565년 재위)는 비잔틴 정교회와 로마 가톨릭교회를 통합시키겠다는 명분을 앞세우며 대규모 종교 전쟁을 일으켰다. 반달족은 이미 60년 전에 이탈리아반도에서 유명무실해진 존재였지만, 동로마 제국은 서로마 제국의 영토를 장악한 게르만족의 야만성을 강조하기 위해 '반달 전쟁'이라는 혐오스러운 이름을 사용했다.

533년 7월, 동로마 제국의 유스티니아누스 황제는 플라비우스 벨리사리우스Flavius Belisarius(500~565년 추정) 장군을 사령관으로 임명하고, 한때 카르타고의 수도였지만 이제는 북아프리카에 잔류하던 반달족의 거점이 된 튀니지를 먼저 정복하기 위해 대규모 함대를 출항시킨다. 비잔틴 함대는 보스포루스Bosporus해협과 에게해를 지나, 시칠리아의 카타니아와 시라쿠사에서 식량과 보급품을 선적한 다음,[1] 북아프리카의 반달족 정벌에 나섰다(533년 6~9월). 이때 일부 동고트족이 시칠리아 서쪽의 마르살라에 잔류하고 있던 반달족의 거점을 점령해버렸다. 동로마 제국과 반달족이 싸우는 사이에 동고트족이 지중해의 곡물 창고를 완전히 집어삼킨 것이다. 이로써 시칠리아 전역은 동고트족의 완전한 지배를 받게 되었다 (533~536년).

명장 벨리사리우스 장군은 유스티니아누스 황제의 암살을 시도했다는 혐의로 체포되어(562년) 눈을 뽑히는 형벌을 받았다는 전설이 있다. 장 밥티스트 스투프Jean-Baptiste Stouf의 〈장님이 된 벨리사리우스 장군〉(1791년 작품). 폴 게티 박물관 소장.

한편 북아프리카의 반달족을 복속시킨 벨리사리우스 장군은 함대의 방향을 북쪽으로 돌렸다. 혼란을 틈타 로마와 시칠리아를 차지해버린 동고트족을 겨냥한 것이다. 벨리사리우스는 튀니지에서 대규모 함대를 출정시켜 팔레르모에 상륙한다(535년). 그리고 시라쿠사에 직접 군대를 이끌고 입성해(535년) 동고트족과의 전쟁을 마무리한다. 벨리사리우스의

시칠리아는 눈물을 믿지 않는다

군대는 약 1년 동안 치러진 전투를 통해 시칠리아에서 동고트족을 완전히 몰아낸 후, 메시나해협을 건너 이탈리아반도로 진격했다(536년). 이탈리아의 패권을 놓고 동로마 제국 군대와 동고트족이 맞붙은 이 전쟁을 '고트 전쟁(535~554년)'이라고 부르는데, 연달아 발발했던 반달 전쟁과 고트 전쟁의 와중에 시칠리아는 언제나 두 세력이 충돌하는 격전의 장소였다. 전승의 명예는 승리자에게 주어졌지만, 전쟁의 상처는 오롯이 시칠리아 주민들의 몫으로 남았다.

## 비잔틴 제국의 시칠리아 통치(536~902년)

벨리사리우스 장군이 동고트족을 완전히 몰아내면서, 시칠리아는 이제 비잔틴 문명의 지배를 받게 되었다. 그리스인들이 돌아온 것이다. 그동안 가톨릭 전통을 따르던 예배가 철폐되었고, 시칠리아의 가톨릭 성당들은 모두 비잔틴 정교회 건물로 전환되었다. 벨리사리우스 장군은 시칠리아에 비잔틴 주교를 파견해 통치하도록 했다. 이로써 시칠리아는 비잔틴 정교 문화를 통해서 그리스 문명과 다시 만나게 된다. 시칠리아는 로마의 통치기를 거치면서 당시 유행했던 로마네스크와 바실리카 양식의 성당을 다수 소유하고 있었다. 그러나 그리스-비잔틴 문명의 지배를 받게 되면서 성당 건축 양식에 변화가 일어났다. 천상을 상징하는 돔과 성상icon, 그리고 비잔틴 양식의 모자이크화가 유행했다. 북아프리카의 영향을 받았던 로마 시대의 모자이크는 색깔이 다른 돌을 재료로 사용했지만, 비잔틴 모자이크는 대리석이나 석회석을 작은 사각형 타일tessera로 잘라 사용하거나, 아예 사각형 유리를 사용한다는 차이점이 있다.

비잔틴 황제 콘스탄스 2세Constans II(641~668년 재위)는 로마 교황청의 존재와 권위를 인정하지 않았다. 로마 교황을 체포해서 콘스탄티노플로 압송하는 일도 있었다(653년). 그는 직접 이탈리아를 통치하기 위해 콘스탄티노플을 떠나 시칠리아의 시라쿠사를 제국의 수도로 삼겠다는 파격적인 결정을 내렸다(663년). 그가 이런 결정을 내린 이유는 지중해 동쪽에서 점차 세력을 키워가던 이슬람의 발흥 때문이었다. 콘스탄스 2세가 폭정을 일삼은 탓에 콘스탄티노플의 주민들 사이에서 인기가 없었다는 것도 그의 시라쿠사 천도 결정에 영향을 미친 이유였다.

콘스탄스 2세의 시칠리아 통치는 옛날 가혹했던 그리스 참주의 시대를 연상케 했다. 콘스탄스 2세는 이탈리아 본토를 차지하기 위해 로마에 직접 입성하는 등 파상적인 공세를 퍼부었지만, 북쪽에서 밀고 내려오던 롬바르디아 군대에 막혀 번번이 패배를 당했다. 황제의 암살을 시도한 것은 수탈당하던 시칠리아 주민들이 아니라 황제보다 먼저 와서 부귀를 누리고 있던 동로마 제국의 귀족들이었다. 콘스탄스 2세가 시라쿠사 궁전의 화려한 목욕탕에서 시간을 보내고 있을 때, 한 신하가 비누 상자로 황제의 머리를 가격했다(668년). 5년 동안 동로마 제국의 수도가 되었던 시라쿠사는 다시 '참주'로부터의 해방을 맞이했다. 이듬해인 687년부터 시칠리아는 동로마 제국의 군사 속주로 전환되었다. 이를 '테메Theme'라 부르는데, '시칠리아 테메'는 행정 구역상 시칠리아 전역과 이탈리아 남단 칼라브리아를 포괄하는 지역이었다.

751년, 동로마 제국의 비잔틴 정교회가 시칠리아와 칼라브리아를 하나의 교구로 지정하고 총대주교를 통치자로 임명했다. 이 조치는 시칠리아의 방어를 맡고 있던 동로마 제국 군대 간부들의 분노를 촉발했다. 일반 군인들도 종교 지도자인 총대주교의 통치를 받아들일 수 없다고 주장했다. 이들의 불만이 시칠리아와 지척에 있는 북아프리카의 사라센에 알

시칠리아는 눈물을 믿지 않는다

려지게 되었다. 중동의 아랍인과 북아프리카의 베르베르인을 모두 통칭하여 '사라센'이라 부르는데, 이들이 장차 170년에 걸쳐 시칠리아의 새로운 주인이 된다.

시칠리아가 이탈리아 남부와 더불어 하나의 테메로 분류되고 비잔틴 총대주교의 통치가 본격화되면서(751년), 군사 총독과 총대주교가 모두 거주하던 시라쿠사가 시칠리아의 수도 역할을 했다. 그러나 동로마 제국의 관심은 이탈리아 본토에 집중되어 있었다. 비잔틴 정교회와 로마 가톨릭교회의 주도권 싸움 때문에, 시칠리아는 동로마 제국 황제들의 관심권 밖으로 밀려나게 되었다. 이런 권력의 공백을 틈타 826년부터 사라센들의 간헐적인 침략이 시작되었다. 다음 장에서 소개할 827년부터 902년까지의 사라센 침략 전쟁으로 인해, 시칠리아는 또다시 외국 군대의 전쟁터로 전락하게 된다.

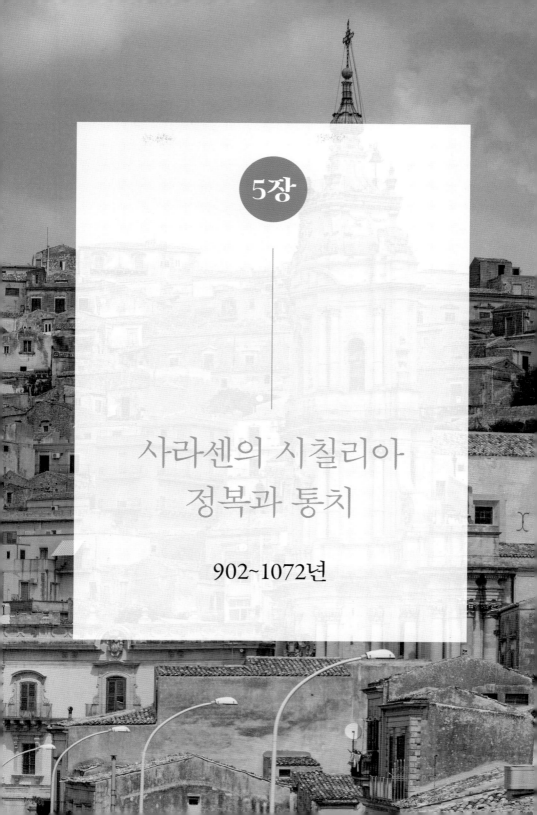

5장

사라센의 시칠리아
정복과 통치

902~1072년

## 사라센의 시칠리아 점령 과정(827~902년)

중세 유럽과 이슬람의 관계는 북아프리카와 스페인에 정착했던 (711~1492년) 무어족Moor의 역사를 통해 알려져왔다. 그러나 중세 시칠리아에서 펼쳐졌던 사라센 문명에 대해서는 거의 알려진 것이 없다. 시칠리아가 중세 유럽의 관심권 밖으로 밀려났기 때문이다. 그러나 170년 동안 펼쳐진 사라센의 시칠리아 통치(902~1072년)는 기존의 그리스, 로마, 비잔틴 문명의 진수를 수용하고 발전시킨 사라센의 특별한 감수성으로 인해, 다른 어떤 곳에서도 찾아볼 수 없는 독특한 이슬람 문명을 탄생시켰다.

시라쿠사를 동로마 제국의 수도로 삼았던 콘스탄스 2세가 암살을 당한 후(668년), 시칠리아는 군사 속주(테메)로 독립적인 지위를 유지하고 있었다. 그러나 동로마 제국의 세력 약화로 인해 시칠리아는 지중해의 변방으로 밀려나게 되었고, 자연스레 그 존재감이 약화되었다. 당시 동로마 제국은 사산조 페르시아(224년부터 651년까지 지속된 이란 지역의 이슬람 왕조)와 마지막 대결을 펼치고 있었으니, 삼각형으로 생긴 남부 이탈

시칠리아는 눈물을 믿지 않는다

리아의 작은 섬에 관여할 여력이 없었다. 이 와중에 사라센의 시칠리아 공략이 시작되지만, 그 출발점은 동로마 제국 군대의 내부 반란이었다.

826년, 시칠리아의 비잔틴 함대를 지휘하던 유페미우스Euphemius 사령 관이 시라쿠사에서 반란을 일으켰다. 수녀와 결혼하겠다며 행패를 부리던 그에게 비잔틴 정교회가 징계를 가하자, 이에 반발한 것이다. 궁지에 몰린 그는 튀니지의 사라센 진영으로 투항해, 시칠리아 점령의 앞잡이가 되겠다고 자원했다. 이에 튀니지의 총독 지야다트 알라Ziyadat Allah는 유페미우스에게 원정군의 지휘권을 주며 시칠리아를 공격하게 만든다. 그가 지휘했던 부대는 북아프리카의 베르베르족과 중동의 아랍족으로 구성되어 있었다. 827년, 시칠리아 서부의 마르살라에 상륙한 사라센 군대는 아그리젠토(828년), 팔레르모(831년), 트라파니(841년), 메시나(842년)를 차례로 정복해나갔다. 이슬람 군대는 시칠리아 내륙의 곡창 지대를 차지하기 위해 튼튼한 성채를 가진 엔나를 에워싼 후, 장기간의 공성전을 펼쳤다. 이슬람 군대가 엔나를 완전히 점령한 것은 859년의 일이었으니, 처음 시칠리아 상륙 후 약 32년이 지난 시점이었다.

엔나를 복속시킨 이슬람 군대는 동진을 계속해 동로마 제국의 시칠리아 수도인 시라쿠사를 포위했다. 877년에 시작된 '시라쿠사 공성전'은 동로마 제국 해군의 지원을 받지 못한 시라쿠사의 패배로 종결되었다. 약 9개월간 지속된 공성전으로 인해 시라쿠사 주민들은 극심한 기근에 시달렸지만, 동로마 제국의 함대는 콘스탄티노플에 사용할 아프리카의 건축 자재를 실은 채 시라쿠사를 스쳐 지나가버렸다. 사라센은 투석기를 밤낮으로 가동해 시라쿠사 항구에 세워진 성벽을 무너뜨렸지만, 시라쿠사군은 전우들의 시신으로 파괴된 성벽을 메꾸면서 항전을 계속했다. 결국 성벽은 완전히 무너졌고, 성당 안으로 피신했던 시라쿠사인들은 모두

그 자리에서 학살당했다. 주민 대부분이 살해당했고, 귀족만 4,000명이 죽었다는 기록이 남아 있다.[1]

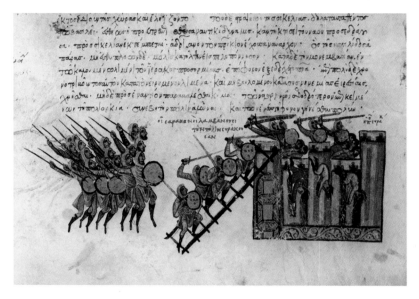

877년에서 878년까지 펼쳐진 시라쿠사 공성전에서 사라센 군대가 승리하면서 동로마 제국의 시칠리아 동부 지배가 끝나게 된다. 요안네스 스킬리체스Joannes Skylitzes가 편찬한《역사의 전개》마드리드 판본의 〈시라쿠사 공성전〉 삽화.

그러나 사라센 군대의 승리는 오래가지 못했다. 사라센 지휘관들이 군 내부의 노예들에게 암살당하는 사태가 벌어졌는데, 이는 아랍족과 베르베르족 간의 해묵은 갈등이 원인이었다. 중동 출신인 소수의 아랍족은 지휘관 자리를 독차지하고 있었고, 아프리카 출신인 베르베르족은 하급 군인이나 노예로 차별적인 대우를 받았다. 결국 사라센 군대는 2개의 파벌로 나뉘었고, 팔레르모에서는 내전까지 벌어졌다(898년). 사라센 군대

시칠리아는 눈물을 믿지 않는다

가 시칠리아를 점령하는 데 많은 시간이 필요했던 이유도 여기에 있다. 두 진영으로 분열되어 있던 사라센 군대가 시칠리아의 마지막 도시를 점령한 것은 902년의 일이었다. 동로마 제국의 군대는 천연의 방어 요새인 타오르미나에서 마지막 항쟁을 벌였지만 902년 8월 1일, 마지막 성채였던 카스텔몰라가 정복당하면서 366년에 걸친 비잔틴의 시칠리아 지배가 끝나게 된다. 그리스와 로마의 문명이 뿌리를 내렸던 시칠리아는 차례로 반달, 동고트, 비잔틴의 지배를 받았고, 이제 생소한 사라센 문명의 점령자를 새 주인으로 섬기게 되었다.

## 사라센의 시칠리아 통치(902~1072년)

75년이나 걸린 사라센의 점령(827~902년)이 타오르미나 함락으로 최종 종결된 후 시칠리아는 본격적인 이슬람 문명의 영향을 받게 된다. 시칠리아 주민들은 비잔틴 문명의 끝자락을 잡고 찾아온 '무함마드의 종교'에 대해 부정적인 반응을 보이지 않았다. 일부 주민들은 오히려 사라센의 새 종교를 환영했고, 개종자도 나왔다. 동로마 제국 통치 시절에 부과되었던 가혹한 세금을 경감시킨 것이 큰 효과를 발휘했다. 흔히 알려진 "한 손에는 칼, 한 손에는 코란"이라는 이슬람의 강경한 정복지 정책은 시칠리아에서 시행되지 않았다. 이슬람 교리에서 시칠리아는 '딤미Dhimmis의 땅'이었다. '딤미'란 '보호받는 사람들'이란 뜻으로, 이슬람의 통치권 안에서 자치권을 인정받는 이교도, 즉 그리스도교도와 유대교도를 지칭한다. 이미 시칠리아 주민들은 로마 가톨릭 신앙과 비잔틴 정교회 신앙을 통해서 유일신의 존재를 믿고 있었고, 인구의 7퍼센트 정도였던 유대인들도 절대적인 유일신 신앙을 가지고 있었다. 선지자 무함마드를 인정하지 않더라도 유일신을 믿고 있는 이웃 종교의 사람들은 보호와 존중을 받았다.

사라센의 통치 기간 중 성당의 타종, 공공장소 음주, 새 성당 건축 등은 규제되었다. 이슬람 신앙을 가진 여행객에게는 무조건 3일간 자기 집에 머물게 하면서 환대를 베풀어야 했고, 모스크 옆에서 소음을 일으키거나, 기도할 때를 제외하고 큰 소리로 말하는 것이 금지되었다. 이슬람 신앙을 가진 사람을 개종시키려 해서도 안 되고, 이슬람 신앙으로 개종하려고 할 때 반대할 수 없었다. 그리스도교 교인이 코란을 배우거나 가르치는 것은 엄격히 금지되었다. 그리스도교 교인에게 무슬림 복장은 금지되었고, 우연히 무슬림을 만났을 때는 반드시 일어서서 경의를 표해야 했다. 또한 마을이나 도시에서 사라센의 집보다 더 높게 건물을 짓는 것은 허용되지 않았다.

이런 엄격한 통제는 시간이 지나면서 점차 완화되어갔다. 시칠리아의 여러 도시가 다수의 사라센 총독에 의해 분할 통치되면서, 시칠리아 주민들의 환심을 사기 위해 유화책을 속속 발표했기 때문이다. 무엇보다 경쟁적으로 세금을 줄여주었다. 경감된 세금 덕분에 시칠리아 주민들의 삶은 한결 개선되었고, 일부 개종자가 나오는 결과로 이어졌다. 경제 성장과 더불어 인구 유입 또한 계속되었다. 북아프리카의 베르베르족이 시칠리아로 대거 이주해 와, 중부와 남부의 곡창 지대에서 농업에 종사하게 된다. 사라센 문명이 최전성기였을 때, 시칠리아 인구는 약 160만 명으로 추정된다. 약 50만 명이 북아프리카에서 이주해 온 것으로 보면, 시칠리아 인구의 약 3분의 1이 사라센이었던 것이다.[2] 그러나 인구가 늘어나면서 사라센 내부의 갈등도 점차 격해졌다.

사라센 공동체 내부에서 상층부를 차지하고 있던 순수 아랍인 혈통과

시칠리아는 눈물을 믿지 않는다

말단 군인 및 하층민을 형성했던 북아프리카 베르베르인들 사이의 갈등이 비등점을 넘어서게 된다.[3] 베르베르인들이 주동한 내부 반란이 자주 발생했고, 이 갈등 때문에 애꿏은 시칠리아 주민도 덩달아 분란과 내전에 휩싸이곤 했다. 시칠리아에 정착했던 초기 아랍 이민자들은 수니파Sunnis였다. 그러나 902년 이후 시칠리아로 건너온 아랍 이민자들은 대부분 파티마 칼리파국Fatimid Caliphate (909~1171년) 출신의 시아파Shiite였다. 파티마 왕조라고도 불리는 파티마 칼리파국은 이집트 카이로를 수도로 삼았고, 이 왕조의 군주들은 이슬람의 시조인 무함마드의 딸 파티마의 후손이라고 주장했다. 수니파가 아랍인의 지지를 받고 있었다면, 시아파는 점차 시간이 지나면서 북아프리카 베르베르족의 지지를 받게 되었다. 후기 이민자들인 시아파는 이미 시칠리아의 큰 도시를 장악하고 있던 수니파의 기득권에 밀려 후미진 농촌 지역에 자리를 잡았다. 결국 두 집단은 충돌하게 되었고, 격렬한 내부 투쟁 끝에 아랍족(수니파)이 승리를 거두게 된다. 초기 이민자들이 베르베르족의 도전을 누르고 권력 유지에 성공한 것이다.

수니파의 주도권에 밀린 베르베르족은 북아프리카로 집단 귀향길에 오른다(1015년). 170년간 이어지게 될 사라센의 시칠리아 지배는 이런 내부의 분열과 갈등 때문에 빠른 속도로 해체되어갔다. 내부에서 심각한 갈등이 불거지고 있었지만, 중동의 이슬람 왕조는 시칠리아에 신경을 쓸 여력이 없었다. 정통 이슬람의 우마이야Umayya 왕조(661~750년)와 아바스Abbās 왕조(750~1517년)는 시칠리아를 유럽과 가까운 변방, 즉 '타그르Thaghr'로 간주하고 있었다. 한마디로 중요하지 않은 곳이란 뜻이다. 이슬람 지도 제작자들은 시칠리아를 언제나 "지중해의 끝"으로 묘사하면서, 관심권 밖의 영토라고 규정하곤 했다.[4]

11세기로 접어들면서 시칠리아는 북이탈리아 해상 국가들의 간헐적인 공격을 받게 된다. 지중해 무역의 새로운 강자로 떠오르기 시작하던 베네치아(1004년)와 피사(1005년)가 시칠리아의 일부 해안 도시를 차례로 공격하자, 그렇지 않아도 분열되어 있던 시칠리아의 사라센 총독들은 비효율적인 대응을 한다. 함께 힘을 모아 적을 물리치는 것이 아니라 자기 도시만을 보호하기 위해서 개별적으로 방어선을 구축하고, 도시 간의 상호 협력을 거부했다. 시칠리아 동남쪽의 카타니아와 시라쿠사 지역을 통치하고 있던 이븐 알-툼나Ibn al-Thumna 총독의 실책이 사라센의 몰락을 부추겼다. 그는 시칠리아의 다른 사라센 총독과 경쟁하면서 자신의 권력을 확장하려는 야심을 품고 있었다. 이븐 알-툼나 총독은 결국 프랑스 서부의 노르만 기사들을 사라센 권력 투쟁에 개입시키면서, 시칠리아의 사라센 통치를 종결시키는 결정적인 역할을 맡게 된다.

## 시칠리아에 남은 사라센의 문화

사라센은 시칠리아에 독립 건물이나 예술 작품을 남기지 않았다. 사라센 시대 이후에 찾아온 북유럽의 이주민들이 이슬람 문화의 흔적을 대부분 파괴했기 때문이다. 중세 반反이슬람 운동의 절정이었던 십자군 정서의 유행과 함께 시칠리아에서 170년간 꽃 피웠던 이슬람 문명은 종적을 감추게 되었다. 그러나 사라센 문명은 시칠리아 문화의 한 지층을 이루면서 고유의 DNA로 정착되었다. 시칠리아에서 사라센 문화는 사라진 것이 아니라 잠복했을 뿐이다.

사라센이 물러간 후 시칠리아의 주인이 된 프랑스의 노르만과 독일의 호엔슈타우펜 왕가는 사라센 문명의 흔적을 모두 지우기 위해 파괴를 일

시칠리아는 눈물을 믿지 않는다

삼았다. 이들은 이슬람 모스크(이전에는 비잔틴 성당이었지만)를 가톨릭 성당으로 개조하기 위해 사라센이 지어 올렸던 벽과 기둥을 허물었다. 그러나 이들이 새 성당을 건축하기 위해 동원했던 장인과 인부 중에 사라센 기술자가 많았다. 팔레르모 대성당 입구 기둥에 코란의 구절이 새겨져 있는 것이나, 노르만 왕궁의 왕실 성당 천장에 모스크에서 볼 수 있는 벌집 모양의 장식이 남아 있는 이유가 여기에 있다. 개방적인 성격을 가졌던 이들 북유럽의 정복자들은 사라센 총독의 별장을 자신의 여름 별궁으로 사용했고,[5] 심지어 자신의 참모를 사라센 관리 중에서 발탁하기도 했다. 앞으로 더 자세히 소개하겠지만, 프리드리히 2세 Friedrich II (1198~1250년 시칠리아 왕 재위)는 자신의 개인 경호를 사라센 군인들에게 맡겼고, 이들과 아무런 어려움 없이 아랍어로 소통할 수 있을 정도였다.

팔레르모 왕궁 성당의 천장은 사라센의 영향을 극명하게 드러낸다. 스페인 알람브라 궁전에서 볼 수 있는 벌집 모양 구조와 각종 이슬람 문양이 성당 천장을 가득 메우고 있다.

사라센 시칠리아의 수도였던 팔레르모는 중동의 수크Souks (시장)를 연상시키는 사라센의 옛 모습을 지금도 보존하고 있다. 옛 남대문 시장의 호객 행위를 연상시키는 상인들의 고함과 온갖 종류의 식품, 과일, 생선, 잡화를 길거리에 쌓아놓은 모습은 팔레르모의 문화적 다양성을 보여주기에 충분하다. 지금도 상인들의 호객 소리가 요란하고, 짙은 연기 속에서 곱창 구이 노점으로 유명한 부치리아Vucciria 구역은 흡사 중동의 거리에 와 있는 것 같은 착각을 불러일으킨다.

부치리아의 풍경. 부치리아의 어원은 상인들이 호객하면서 지르는 '고함voce'에서 왔다는 설과 정육점을 뜻하는 프랑스어 'boucherie'에서 왔다는 설이 있다.

시칠리아는 눈물을 믿지 않는다

사라센 통치가 시칠리아에 남긴 문화적 흔적은 식문화에 고스란히 보존되었다. 우선 파스타가 처음 소개되어 시칠리아를 대표하는 음식으로 자리를 잡게 되었다. 지금도 시칠리아는 전 세계에서 인구당 파스타의 연 소비량이 가장 높은 곳이다. 또한 쌀, 멜론, 가지, 사프란, 설탕(사탕수수), 바나나, 귤, 아몬드, 건포도, 피스타치오, 야자열매, 수박, 면화 등이 사라센에 의해 처음 소개되어 시칠리아의 식문화를 바꾸어놓았다. 중세 시대에 향신료 무역을 주도했던 아랍인들이 시칠리아 식탁에 일대 혁명을 불러일으킨 것이다. 오렌지는 로마 시대부터 전래되었지만 사라센의 시칠리아 이주와 더불어 본격적으로 대량 재배되기 시작했고, 지금도 시칠리아 농업에 큰 부분을 차지하고 있다.[6] 사라센이 사탕수수를 처음 들여왔기 때문에 시칠리아의 대표 후식인 칸놀리Cannoli (튜브 모양의 빵을 튀겨 설탕 크림과 리코타 치즈 등을 채운 디저트)가 만들어졌다. 칸놀리에 고명처럼 올려 먹는 아몬드나 피스타치오를 처음 소개한 것도 사라센이었다. 처음으로 쌀을 들여왔던 사라센 덕분에 시칠리아를 대표하는 요리 아란치니Arancini (고기 등을 넣고 튀긴 주먹밥)도 만들어졌다.[7]

사라센 이민자들은 대부분 북아프리카 튀니지에서 왔고, 따라서 가장 가까이 있는 시칠리아의 서쪽 지방에 주로 정착했다. 시라쿠사가 비잔틴 동로마 제국 통치 시대의 수도였다면, 팔레르모는 사라센의 새 수도가 되었다. 마르살라와 트라파니 등 서부의 해안 도시에도 사라센의 집단 거주지가 형성되었다. 특히 마르살라는 북아프리카와 바로 연결되는 항구라는 지리적 특징 때문에 사라센의 거점 도시로 성장했다. 마르살라란 이름 자체가 '마르-알-알라Mars-al-Allah' 즉 '알라의 항구'란 뜻이다. 마르살라는 인근 트라파니와 함께 사라센이 운영하는 염전 사업과 참치잡이 산업의 메카로 알려지게 된다.

# 무어인의 머리

    시칠리아 특산품인 '무어인의 머리 Teste di Moro'는 아직 남아 있는 잔인한 사라센 문명의 흔적이다. 시칠리아 저택에서 흔히 볼 수 있는 형형색색의 남녀 머리 조각을 말한다. 왕관을 쓰고 있는 남녀의 머리 화분에 바질 같은 식물을 재배하기도 하지만, 주로 장식용으로 사용된다. 세라믹으로 제작하는데, 시라쿠사와 가까운 칼타지로네 Caltagirone에서 만들어진 것을 최고로 친다. '무어인의 머리'라 부르는 이 장식품에는 전설처럼 전해져 오는 애틋하면서 동시에 기괴한 사연이 있다.

사라센의 염전이 운영되었던 마르살라는 지금도 소금 생산지로 유명하다.

팔레르모에서 한 무어(아랍인) 청년이 베란다에서 정성껏 화초를 돌보고 있던 아름다운 시칠리아 여성을 보고 깊은 사랑에 빠졌다. 검은 피부를 가진 무어 청년과 시칠리아 백인 여성은 사랑을 나누는 사이로 발전한다. 그러나 그 무어 청년은 고향 북아프리카에 아내와 자식을 두고 온 유부남이었다. 배신감과 사랑의 감정 사이를 오가던 시칠리아 여성은 청년이 고향으로 돌아가지 못하도록 밤에 그의 목을 잘라, 베란다에 놓아두었다. 그러고도 분을 참지 못한 그녀는 청년 머리의 윗부분을 파내고, 그곳에 바질과 화초를 심었다. 사랑하는 사람을 죽인 죄책감과 옛사랑의 추억에 빠져 그녀는 자주 눈물을 흘렸고, 그 눈물을 먹고 자란 바질이 아름다운 향기를 내뿜었다고 한다. 이것을 본 이웃 사람들도 세라믹으로 무어인의 머리를 만들고 그 안에 화초를 가꾸면서 이것이 시칠리아의 특산물이 되었다고 한다. 이후 잔혹하게 사람을 죽인 시칠리아 여성은 살인죄로 처형당했고, 그녀의 머리도 같은 형벌을 받아 윗부분이 잘려나간다. 그 후로 항상 '무어인의 머리'는 '시칠리아 여성의 머리'와 함께 쌍으로 전시되었다.

이 잔혹한 시칠리아의 사랑 이야기는 조반니 보카치오 Giovanni Boccaccio 의 《데카메론 Decameron》에도 나온다.[8] 보카치오는 이 치명적인 사랑 이야기의 현장을 팔레르모에서 메시나로 옮겨 놓는다. 리사베타는 3명의 오빠를 둔, 메시나의 귀족 여성이었다. 그런데 피사에서 온 낮은 신분의 청년과 사랑에 빠졌고, 이를 알게 된 오빠들이 그 청년을 죽이고 시신을 암매장했다. 리사베타는 꿈에서 청년이 묻혀 있는 곳을 알게 되었고, 그 청년과 맺었던 사랑을 기억하기 위해 머리를 잘라 화분을 만들어 그 안에 바질을 키웠다고 한다. 잃어버린 사랑의 아픔 때문에 눈물로 바질을 키웠다는 것은 원래 이야기와 같다. 오빠들은 동생 리사베타가 소중히 간직하고 있던 청년의 머리를 보고 양심의 가책을 느껴 시칠리아를 떠나기로 한다. 리사베타는 나폴리에서 잃어버린 사랑을 기억하며 죽었다는 것으로 《데카메론》의 이야기가 끝난다. 어떻게 들으면 아름다운 사랑 이야기 같지만 시칠리아 여성이나 남성들의 잔인한 복수극이 펼쳐지고 있고, 외부에서 온 무어인과 피사인에 대한 시칠리아의 배타적인 정서가 극단적인 방식으로 반영되어 있다. 그리스, 로마, 반달, 동고트, 비잔틴, 사라센의 통치가 이어진 시칠리아에서 외부인에 대한 반감이 어느 정도였는지를 가늠할 수 있게 해주는 전설 같은 이야기다.

시칠리아는 눈물을 믿지 않는다

6장

프랑스 노르만의
시칠리아 통치

1072~1191년

# 이탈리아 남부와 시칠리아에 나타난 노르만 기사들

　지중해의 섬 시칠리아는 지금까지 그리스와 로마, 그리고 사라센이 펼친 힘의 각축장이었다. 삼각형처럼 생긴 섬의 생김새처럼 그리스, 로마, 사라센이 삼각 편대를 이루며 시칠리아를 순차적으로 지배했다. 그러나 마지막 점령자였던 사라센의 내부 분열로 인해 시칠리아에 힘의 공백이 발생하자, 제4의 세력이 등장하게 된다. 멀리 프랑스 서쪽 해안가 노르망디에 정착했던 덴마크 바이킹의 후손, 노르만족이었다. 바이킹은 기골이 장대한 신체와 뛰어난 전투력, 그리고 특유의 문화적 순발력을 발휘하면서 유럽 각국의 용병으로 명성을 떨치고 있었다. 분쟁이 발생하는 곳에는 언제나 노르만의 전사들이 나타났다. 그들은 빠른 속도로 프랑스 문화를 습득한 후, 십자군 운동의 전위 부대가 되어 지중해 유역으로 진출했다. 비교적 늦게 습득한 종교에 열성을 보이는 사람들이 많은데, 노르만족도 그랬다. 유럽의 다른 지역보다 늦게 그리스도교로 개종했던 바이킹의 후예들은 예루살렘 성지 순례에 남다른 열정을 보였다. 남부 이

　　　　　　　　　　시칠리아는 눈물을 믿지 않는다

탈리아에 노르만 기사들이 처음 나타난 것도 성지를 순례하고자 했던 그들의 깊은 신앙심 때문이었다. 장화처럼 생긴 이 탈리아반도의 동남쪽, 그러니까 장화의 뒤꿈치에 있는 몬테 가르가노Monte Gargano에 492년 대천사 미카엘이 출현했다는 전설이 퍼졌고, 십자군의 일원으로 예루살렘으로 향하던(혹은 예루살렘에서 돌아오던) 노르만 기사 40명이 이 성지를 참배하기 위해 처음 이탈리아를 방문하게 된다.

당시 이탈리아 남부에서는 패권 장악을 위한 각국의 군사 충돌이 자주 일어나고 있었다. 로마 제국을 무너뜨렸던 게르만족의 후예들(이들을 '롬바르드 Lombard족'이라고 부르며, 여기서

대천사 미카엘이 나타났다는 몬테 가르가노의 동굴은 이탈리아에서 가장 오래된 순례 성지였다. 루카 조르다노Luca Giordano가 17세기에 그린 〈대천사 미카엘〉. 빈 예술사 박물관 소장.

롬바르디아Lombardia라는 지명이 나왔다)과 동로마 제국의 비잔틴 세력이 치열한 각축전을 벌이고 있었다. 롬바르드족과 비잔틴의 무력 충돌을 지켜본 노르만 기사들은 이곳에 기회가 있다고 판단했다. 양쪽 진영에서 모두 노르만 기사를 용병으로 고용하고자 했고, 이 소문은 멀리 프랑스 서

부의 노르망디 본국에까지 전해졌다. 수백 명의 노르만 기사들이 기회의 땅 남부 이탈리아로 몰려들었다. 그중 일부가 실제로 이탈리아 남부를 점령하고, 아풀리아와 칼라브리아의 백작령을 차지하게 된다(1035년).

프랑스의 노르망디 공작령에서 별다른 주목을 받지 못했던 오트빌 Hautville 가문에 탕크레드Tancred (980~1041년)란 인물이 있었다. 탕크레드 는 노르망디에서 기회를 잡는 것이 거의 불가능하다고 보고 해외로 눈을 돌렸다. 파리를 중심으로 한 프랑스 조정의 간섭이 심했고, 북쪽 네덜란 드 공작령과의 경쟁도 치열했기 때문이다. 탕크레드는 멀리 지중해를 노 려보며, 12명의 아들에게 혹독한 군사 훈련을 시켰다. 그는 2번 결혼했 는데, 첫째 부인에게서 장남 윌리엄William (1010~1046년 추정)과 차남 드 로고Drogo (1010~1051년)가 태어났고, 둘째 부인에게서 로버트 기스카르 Robert Giscard 와 로저 1세Roger I (1031~1101년 추정)가 태어났다. 12명의 아 들 중에 8명이 이탈리아 남부와 시칠리아로 원정을 떠나게 되고, 이들을 '오트빌의 12기사'라 부른다. 시칠리아의 새로운 주인이 될 인물들이다.

## 남부 이탈리아를 차지한 로버트 기스카르

시칠리아를 차지하고 있던 사라센 내부에서 수니파와 시아파의 갈등 이 격화되면서 이슬람의 통치가 서서히 마감되고 있었다. 사라센 세력의 약화를 틈타 동로마 제국이 시칠리아로 군대를 보냈다. 사라센에게 빼앗 긴 시칠리아를 되찾기 위한 동로마 제국의 원정은 게오르기오스 마니아 케스Georgios Maniakes (998~1043년 추정) 장군이 지휘했다. 그는 콘스탄티노 플에서 차출해 온 군사와 더불어 300명의 노르만 기사들을 용병으로 고 용해, 메시나 항구를 기습 공격했다. 동로마 제국에서는 용병으로 고용된 바이킹을 '바랑기아인Varangian'으로 불렀다. 바이킹들의 전투력이 뛰어났기 때문에 동로마 제국의 황제나 사령관의 호위병으로, 또는 공격의 선두에 서는 돌격대로 고용될 때가 많았다.

1038년 여름, 비잔틴과 노르만 용병 부대 '바랑기아인'은 메시나 항구를 점령하고 해안선을 따라 남쪽으로 내려가 시라쿠사까지 굴복시켰지만(1040년), 마니아케스 장군은 동로마 제국의 내부 문제를 수습하기 위해 주력 부대를 이끌고 콘스탄티노플로 귀환해야 했다. 이렇게 무주공산無主空山이 된 시칠리아에 노르만 용병들이 남겨져 있었다. 이 용병 부대는 노르만 출신의 하랄드 하르드라다Harald Hardrada(1015~1066년 추정)가 지휘하고 있었지만, 오트빌 가문 출신의 젊은 기사 형제 윌리엄과 드로고의 부대가 특히 뛰어난 전투력을 발휘하고 있었다. 동로마 제국 군대와 노르만 용병 부대가 시라쿠사를 점령할 때(1040년), 윌리엄이 맨손으로 적장을 때려죽여 '철권의 윌리엄William the Iron Arm'으로 불릴 정도였다. 1066년, 영국에 상륙해서 영국의 새 왕조를 열었던 '정복왕' 윌리엄William the Conqueror(1028~1087년)과는 다른 인물이다. 철권의 윌리엄은 장차 시칠리아의 '정복왕'이 된다.

오트빌 가문의 장남과 차남이었던 윌리엄과 드로고는 동로마 제국의 장군 마니아케스가 이탈리아를 떠나자 그 땅을 차지할 야심을 품었다. 이 소식을 들은 마니아케스 장군은 급히 이탈리아로 귀환해 노르만 용병들과 일전을 벌였지만 도리어 패배를 당하고 사망한다(1042년). 결국 이듬해인 1043년 오트빌 가문의 장남 윌리엄이 '아풀리아의 백작Count of Apulia'으로 임명되면서, 남이탈리아에서 노르만의 통치가 시작되었다. 아풀리아는 장화처럼 생긴 이탈리아반도의 뒤꿈치에 해당하는 지역이다. 윌리엄은 남부 이탈리아에서 세력을 장악하고 있던 롬바르디아 가문의 딸과 결혼하면서 오트빌 가문의 지배력을 서서히 확대해갔다. 1045년, 장남 '철권의 윌리엄'이 사망했지만, 그의 동생 드로고가 권력을 승계했다.

남이탈리아와 시칠리아에서 노르만의 오트빌 가문이 정식 통치 가문으로 승격된 것은 윌리엄이나 드로고 덕분이 아니라, 그들의 이복동생 로버트 덕분이었다. 주도면밀하고 책략에 뛰어나 로버트 기스카르로 불리는 인물이다. 기스카르는 노르만 사투리로 '교활한 사람'이란 뜻이지만, 잘생긴 외모와 뛰어난 언변 그리고 군사 전략을 능수능란하게 구사하는 진정한 노르만의 기사로 알려졌다.

12명의 형제 기사를 배출한 오트빌 가문의 로버트 기스카르는 이복형들의 뒤를 잇기 위해 남이탈리아로 이주했다(1045년). 같은 해 사망한 장남 윌리엄이 아풀리아의 백작으로 임명되기는 했지만, 여전히 남이탈리아의 서쪽(카푸아와 칼라브리아)은 롬바르드족 세력이 차지하고 있었고, 동쪽(아풀리아)은 동로마 제국이 기득권을 유지하고 있었다. 당시 교황청이 프랑스에서 온 노르만의 '야만인'을 남부 이탈리아의 백작으로 임명한 이유는 십자군의 기운이 이탈리아 남부에서 무르익고 있었기 때문이었다. 교황청은 노르만 기사들이 시칠리아에 잔류하고 있던 사라센을 완전히 몰아내줄 것을 기대하고 있었다. 교황청의 입장에서는 아풀리아와 칼라브리아가 여전히 동로마 제국의 종교적 지배를 받고 있었기 때문에, 이들을 몰아낼 군사력도 필요했다. 이런 목적 때문에 로마 교황청은 노르만 기사를 '백작'으로 임명한 것이다. 교황청은 오트빌 기사 형제들에게 십자군 성전聖戰을 상징하는 휘장과 바티칸의 권위를 상징하는 성 베드로의 깃발을 보내주면서, 이 지역을 교황의 땅으로 회복시킬 것을 촉구했다.

시칠리아는 눈물을 믿지 않는다

로버트 기스카르는 이복형들의 뒤를 이어 이 지역을 차지하기 위해 사라센과 동로마 제국 잔류병 토벌 작전에 나선다. 노르만의 전투 방식은 성 안으로 적군을 몰아넣고 봉쇄 작전을 펼치는 공성전이었고, 식량이 떨어지거나 전염병이 돌면서 적의 내부가 혼란에 빠졌을 때 일시에 공격을 퍼붓는 전법을 선호했다. 그러나 이런 전투 방식은 적의 군대뿐만 아니라 성안의 민간인들에게도 큰 피해를 주었다. 일부 이탈리아 주민들은 노르만 군대에 항복하느니 차라리 사라센 군대의 지배를 받아들이겠다고 할 정도로 그들의 전투 방식이 불러오는 피해가 컸다. 이런 파괴적인 노르만 기사들의 전투 방식에 대한 불만이 교황청에 접수되었다. 교황청은 남부 이탈리아의 민심을 수습하기 위해 드로고의 암살을 사주했다. 1051년, 드로고는 미사를 드리기 위해 성당 안으로 들어가다가 한 자객의 습격을 당했다. 교황청, 롬바르디아(신성 로마 제국), 그리고 동로마 제국 세력이 모두 노르만을 견제하게 되었다는 말이다. 그러나 호락호락 영토와 권력을 포기할 오트빌의 기사들이 아니었다. 오트빌의 열두 아들 중에서, 이번에는 험프리Humfrey(1010~1057년 추정)가 형 드로고의 권력을 승계했다(1051년).

결국 교황청은 남부 이탈리아에서 세력을 넓히고 있는 노르만을 정벌하기 위해 군대를 남쪽으로 이동시켰다. 교황청 군대에 맞서 로버트 기스카르가 이끄는 3,000명의 노르만 기사들이 방어진을 펼쳤다. 1053년에 펼쳐진 '치비타테Civitate 전투'는 남부 이탈리아와 시칠리아에서 노르만의 존재를 각인시키고, 로버트 기스카르가 남부 이탈리아의 맹주로 이름을 알리는 계기가 되었다. 노르만 기사 군단이 치비타테 전투에서 큰 승리를 거두었고, 전투를 직접 지휘하던 교황 레오 9세Leo IX는 현장에서 체포되어 큰 수모를 겪었다.

노르만의 초기 정복이 진행되던
시기의 시칠리아와 남부
이탈리아.

　오트빌 가문의 12기사 중 막내였던 로저 1세가 형들의 뒤를 잇기 위해
남부 이탈리아에 도착했다(1057년). 수려한 외모와 화려한 언변이 형들
과 빼닮았지만, 로저 1세는 전투에 능한 기사라기보다는 행정가에 더 어
울리는 성격을 가지고 있었다. 마침내 아풀리아와 칼라브리아의 공작으
로 책봉된(1059년) 로버트 기스카르는 시칠리아의 사라센 세력을 척결하
라는 교황청의 요청을 받고, 자신보다 16살 어렸던 막내 로저 1세와 함
께 이탈리아 남부 전역과 시칠리아 전역의 이교도들을 물리치기 위한 십
자군 전쟁을 시작한다. 로버트 기스카르와 로저 1세는 먼저 아풀리아와
칼라브리아에서 동로마 제국의 비잔틴 세력을 완전히 몰아냈다(1060년).
이제 그들의 시선은 바다 건너 시칠리아로 향했다. 로버트 기스카르는
시칠리아에 남아 있던 사라센 군대의 전력을 시험해보기 위해 시라쿠사
의 남쪽 내륙의 도시 노토Noto를 먼저 기습 공격했다. 이에 카타니아와

시라쿠사를 차지하고 있던 이븐 알-툼나는 로버트 기스카르와 비밀리에 협정을 맺고, 공격의 방향을 다른 곳으로 돌리게 만들었다. 결국 이듬해인 1061년, 두 형제는 메시나를 최종 점령함으로써 170년 동안 이어졌던 사라센 통치의 종결을 눈앞에 두게 되었다.

## 30년간 펼쳐진 로저 1세의 시칠리아 정복 과정

형 로버트 기스카르가 남부 이탈리아의 정복을 위해 동분서주하는 동안, 막내 로저 1세는 시칠리아를 완전히 점령하기 위해 장기간의 정복 전쟁(1061~1091년)에 나선다. 1061년의 메시나 점령이 그 출발점이었다. 로저 1세가 시칠리아 중부까지 사라센을 모두 몰아내자, 팔레르모의 사라센 총독 이븐 알-하와스Ibn al-Hawas(1053~1065년 통치)는 튀니지의 타민 이븐 알-무이즈Tamin ibn al-Mu'iz(1062~1108년)에게 군사 원조를 요청했다. 밀 곡창 지대였던 시칠리아에서 막대한 식량을 조달해오던 튀니지의 왕은 노르만 침략자들이 시칠리아를 차지하는 것을 용납할 수 없었다. 그는 아들 2명을 각각 다른 부대의 지휘관으로 임명하고 시칠리아 서해안에 상륙시켰다. 수적으로는 열세였지만 로저 1세의 노르만 군대는 전투 경험이 많은 용병과 기사로 구성되어 있었고 그의 개인적인 매력 또한 노르만군의 사기를 진작시켰다. 130명의 기사와 약 400명의 보병으로 구성된 노르만의 소수 정예 부대는 체라미Cerami 전투에서 먼저 승기를 잡았다(1063년). 산과 언덕에 진지를 구축한 노르만 군대는 지리적 이점을 십분 활용하면서 지구전을 펼치다가, 장기전에 지쳐 후퇴하는 사라센군을 야밤에 공격해 큰 승리를 거두었다.

체라미 전투는 시칠리아의 패권이 사라센에서 노르만으로 옮겨가는

프로스페르 라파예Prosper Lafaye가 그린 〈체라미 전투에서 승리한 로저 1세〉. 1860년경에 제작되었으며 개인 소장품이다.

분기점이 되었다. 아직 팔레르모의 사라센 통치는 건재했지만, 이 승리는 장차 십자군 운동의 중요한 자극제가 된다. 프랑스에서 온 노르만 기사들이 시칠리아에서 이슬람교도들의 군대를 크게 무찔렀다는 소식은 당시 교황 알렉산드르 2세(1061~1073년 재위)에게 큰 희망을 품게 했다. 체라미 전투 당일, 창을 든 성 게오르기우스Saint Georgius가 나타나 사라센을 무찌르는 것을 보았다는 로저 1세의 전설 같은 무용담이 전 유럽으로 퍼져나갔다. 로저 1세는 능수능란한 정치인이기도 했다. 전리품으로 노획한 4마리의 낙타를 로마 교황청으로 보내 사람들의 관심을 끌게 한 것

시칠리아는 눈물을 믿지 않는다

도 로저 1세가 보여준 노련한 정치적 감각이었다. 교황 알렉산드르 2세는 동방 비잔틴과 이슬람을 동시에 물리친 로저 1세의 공헌과 신기한 동물의 진상進上에 크게 기뻐하며 직접 교황청의 깃발을 로저 1세에게 하사했다. 십자군이 본격적으로 추진되기 전에 시칠리아가 십자군의 예비 무대가 되었고, 이로써 로저 1세는 로마 교황청의 강력한 지지를 받게 된다.

1071년 여름, 사라센 총독이 지난 170년간 통치해오던 시칠리아의 수도 팔레르모에서 대규모 전투가 벌어졌다. 로버트 기스카르는 동생 로저 1세와 맺은 약속에 따라 50척의 함대를 팔레르모 외곽으로 보내, 1만 8,000명의 군대를 거느린 로저 1세의 군대를 지원했다. 팔레르모 점령을 위해 로버트 기스카르는 바다에서 함선으로 도시를 포위했고, 로저 1세는 기사와 보병을 이끌고 내륙에서 공격을 감행했다. 마침 북아프리카에서 파견된 사라센 함대가 팔레르모 앞바다에서 로버트 기스카르의 함대와 대치하면서 위기감이 고조되고 있었다. 그 와중에 로버트 기스카르는 이탈리아 본토에서 들려온 다급한 소식을 전해 듣는다. 자신이 통치하던 아풀리아 공작령에서 반란이 일어났다는 소식이었다. 로버트 기스카르는 이탈리아로 돌아갈 것인지를 고민했지만, 차라리 아풀리아 공작령을 포기하는 한이 있더라도 동생 로저 1세를 지원하겠다는 결정을 내렸다.

1072년 1월 5일 새벽, 로버트 기스카르의 군대가 새벽 기습 공격을 감행했다. 방어를 위해 마지막 전력을 다했던 사라센 군사들은 성벽 안으로 몰려든 노르만 기사들에 의해 좁은 거리에 갇힌 채 도륙을 당했다. 1072년의 '팔레르모 공성전'은 노르만의 승리로 이틀 만에 끝이 났다. 로버트 기스카르는 동생 로저 1세를 시칠리아의 백작으로 임명하고 시칠리아의 통치를 맡긴 후, 이탈리아로 돌아갔다.

로저 1세는 팔레르모에 노르만 양식의 왕궁을 건축하고, 팔레르모 항구의 입구를 재정비했다. 남부 시칠리아의 정벌은 서서히 진행되었다. 형 로버트 기스카르의 도움이 필요할 때마다 남부 이탈리아 원정을 다녀와야만 했기 때문이다. 로버트 기스카르가 통치하던 아풀리아와 캄브리아 공작령에서 원주민의 반란이 그치지 않았기 때문에 로저 1세는 군대를 이끌고 자주 남부 이탈리아와 시칠리아를 오가야만 했다. 시칠리아 서쪽에 있는 트라파니와 에리체를 연달아 점령했고(1077년), 타오르미나의 사라센 성채를 무너뜨렸지만(1079년), 로저 1세는 형의 호출을 받고 다시 이탈리아로 건너갔다(1081년). 시칠리아 정국도 완전히 정리되지 않은 상태에서 형을 돕는 것에 부담을 느꼈지만, 형 로버트 기스카르의 존재가 시칠리아 통치의 근간이 됨을 잘 알고 있던 로저 1세는 기꺼이 형의 부탁을 들어주었다.

로저 1세가 형의 빈자리를 채우기 위해 이탈리아로 건너가 있는 동안 불미스러운 사건이 발생했다. 로저 1세의 아들 조던(1055~1092년 추정)이 아버지의 부재를 틈타 반란을 일으켰기 때문이다. 조던이 국고를 보관하고 있던 타오르미나의 성채를 점령하자 로저 1세는 이탈리아에 급히 귀환해 아들의 반란을 단숨에 진압했다. 아들을 도와 반란을 일으켰던 기사들은 모두 눈이 뽑히는 형벌을 받았지만, 장기간 투옥되었던 아들 조던에게는 사면을 내렸다.

이런 노르만의 내분을 틈타 시라쿠사의 사라센 총독 이븐 알-와르디 Ibn al-Wardi가 해군을 동원해 이탈리아 남부 칼라브리아 해안을 공격했다 (1084년).[1] 그는 레지오Reggio에 있는 성당 2곳을 파괴하고, 그곳 수녀들을 납치해 할렘의 궁녀로 삼는 만행을 저질렀다. 이 사건은 노르만과 사라센의 군사적 대립을 넘어서는 문제로 확대되었다. 수녀를 겁탈한 사건은 로마 교황청을 분노에 떨게 했고, 시라쿠사의 사라센 정벌은 장차 팔레스타인에서 전개된 십자군 운동의 예비 시험장으로 인식되기에 이른다. 이븐 알-와르디는 의도적으로 이런 종교적 분쟁을 일으켰다. 사라센 군인들이 성전에 나서도록 독려하기 위해, 의도적으로 수녀들을 집단 강간한 것이다.

로저 1세는 이븐 알-와르디의 사라센 거점이었던 시라쿠사를 정벌하기 위해 생애 가장 큰 규모의 전투 부대를 꾸렸다. 1085년 5월, 로저 1세는 함대를 이끌고 메시나 항구를 떠나 남쪽으로 항해했다. 타오르미나의 우뚝 솟은 성채와 흰색 연기를 뿜고 있는 에트나 화산, 그리고 카타니아 항구를 스쳐 지나간 로저 1세의 함대는 5월 22일, 시라쿠사 항구의 외곽에 닻을 내렸다. 로저 1세는 아랍어에 능통한 12명의 첩자를 먼저 시라쿠사에 잠입시켰다. 시라쿠사 방어군의 규모와 작전을 알아내기 위해서였다. 이븐 알-와르디는 군사들을 격려하기 위해 직접 배를 타고 사라센 함대의 선두에 섰다. 그는 로저 1세의 지휘 깃발이 휘날리고 있는 함선을 향해 공격을 감행했지만, 혼란 중에 발을 헛디뎌 바닷물에 빠져 결국 익사하고 말았다. 사라센 군대는 빠르게 와해되어갔다. 급히 육지로 도피하던 사라센 군인들은 항구에서 그들을 기다리고 있던 조던의 군대로부터 무차별 공격을 받았다. 결국 1085년 10월, 시라쿠사 성채 안에 숨어 있던 사라센 군대는 항복을 선언했다. 그러나 로저 1세는 시라쿠사 승리를 자축할 여유와 시간이 없었다. 형 로버트 기스카르가 같은 해 (1085년) 임종했다는 소식이 이탈리아로부터 전해졌기 때문이다. 그는 이탈리아로 건너가 형의 죽음이 남긴 정치적 현안을 해결해야만 했다. 로버트 기스카르는 이탈리아의 역사에 중요한 족적을 남겼고, 단테의 《신곡》 중 '천국' 편에서 위대한 정치가 마카베오Giuda Maccabeo, 카롤루스 대제<sup>Carolus Magnus</sup>, 오를란도<sup>Orlando</sup>, 고프레디<sup>Goffredi</sup> (십자군 시대의 예루살렘 왕) 등의 반열에 그의 이름을 올려놓게 된다.[2]

로저 1세는 이듬해 다시 시칠리아로 돌아와, 이번에는 남부로 향했다. 신전들의 계곡이 있는 아그리젠토에 아직 사라센의 잔류 부대가 머물고 있었기 때문이었다. 그는 아그리젠토를 점령(1086년)한 다음, 엔나(1087년), 부테라<sup>Butera</sup>(1088년), 그리고 노토를 차례로 복속시키고 시칠리아 점령을 최종 마무리했다(1091년).

마침내 노르만의 시칠리아 정복이 완전히 종결되었다. 사라센에 넘어갔던 지중해의 곡물 창고가 그리스도교 왕국의 품으로 다시 돌아온 것이다. 사라센 해적들의 출몰로 중단되었던 이탈리아 무역이 활기를 되찾게 되었고, 제노아와 베네치아 무역선들이 지중해를 누비는 새로운 교역의 시대가 펼쳐진다. 바이킹 출신인 프랑스 노르만 기사들이 영국 땅을 점령했고(1066년), 이어서 지중해에서 가장 큰 섬 시칠리아까지 차지했다. 시칠리아에서 사라센을 몰아내는 전 과정에서 로마 교황청은 노르만 기사들에게 열렬한 지지와 성원을 보냈다. 시칠리아에서의 승리는 장차 예루살렘에서 전개될 십자군의 승리를 보장하는 것처럼 보였다. 당시 시라쿠사에서 시인으로 명성을 떨치던 이븐 함디스<sup>Ibn Hamdis</sup> (1056~1133년 추정) 역시 노르만에 쫓겨, 정든 땅을 떠나야만 했다. 그가 남긴 작별의 시는 시칠리아를 떠나는 사라센인의 감정을 잘 표현하고 있다.

난 기억하노라, 시칠리아는 고통이었다고!
생각할 때마다 마음이 저려오니
내 젊은 시절, 기쁨의 장소였으나 이제는 쫓겨난 지 오래
한때는 존귀한 인간들의 거처였는데

시칠리아는 눈물을 믿지 않는다

정녕코 나는 낙원에서 추방되었네

진심으로 나는 이 노래를 들려주길 원하지

뺨에 흐르는 눈물의 소금기 정도가 아니라네

내 눈물은 시칠리아를 적시던 강처럼 흘러가지

내 젊은 20대엔 시칠리아에서 늘 미소를 지었다네

60이 되고 보니, 날 버린 그곳이 서러워 눈물을 흘린다네**3**

이로써 902년부터 1072년까지, 총 170년간 시칠리아를 통치했던 사라센은 역사의 무대에서 사라지게 되었다.

# 시칠리아 인형극

시칠리아에서 사라센을 몰아냈던 노르만의 정복 과정은 특유의 인형극으로 발전되어 지금까지 전해진다. 시칠리아에서 상연되는 인형극은 당나귀가 끌고 다니는 화려하게 채색된 마차 위에서 펼쳐진다. 시칠리아 인형극의 주제는 노르만 기사와 사라센 군인과의 1:1 대결일 때가 많다. 문학적 상상력을 자극하기 위해 때로 호메로스의 《일리아스》에 나오는 아킬레우스와 헥토르의 대결 장면을 차용하거나, 성경에 나오는 다윗과 골리앗의 대결 장면을 변형시켜 공연하기도 한다. 우리 신파극처럼 전체 줄거리를 재미있게 설명해주는 변사辯士가 등장해, 리듬이 있는 시를 읊거나 노래를 부르며 장면을 설명하는 형식이다. 시칠리아의 동부 도시인 카타니아에서 상연되는 인형극 주인공에는 평균 140센티미터의 큰 인형이 사용되고, 반대편 서부 도시인 팔레르모의 인형들은 크기가 작은 편이다. 노르만 통치 이후 이탈리아 전역에 유행했던 중세 무훈시《롤랑의

노래La Chanson de Roland》 혹은 서사시 《광란의 오를란도Orlando furioso》의 영
향을 받았고, 스페인의 영향으로 '용과 싸우는 기사' 등의 이야기도 주제
로 등장하면서 시칠리아 인형극은 점차 확장되었다.

로저 1세가 팔레르모에 입성하는 장면. 시칠리아 인형극 무대 마차 장식 그림이다.

## 10년간 펼쳐진 백작 로저 1세의 시칠리아 통치

사라센은 75년에 걸쳐 시칠리아를 점령했지만(827~902년), 노르만의
로저 1세는 정확하게 30년 만에 시칠리아를 점령했다(1061~1091년). 그
는 60살이 되어서야 시칠리아 정복을 완결 짓고 본격적인 통치를 시작
했다. 시칠리아의 백작으로 임명된 로저 1세는 사라센 우대 정책을 펼쳤

시칠리아는 눈물을 믿지 않는다

다. 정해진 세금을 내고 반란을 일으키지 않는 이상, 사라센도 시칠리아 노르만 왕국의 동등한 시민으로 대우를 받았다. 북아프리카로 떠났던 많은 사라센 상인들이 시칠리아로 속속 돌아왔고, 로저 1세의 통치기에 시칠리아에서 큰 부를 축적한 사라센 상인도 많이 배출되었다. 또 그는 가톨릭 신앙을 가진 이탈리아계 주민들과 비잔틴 정교회 신앙을 유지하던 동로마 제국의 유민들, 그리고 비단 산업 등에 종사하던 소수의 유대인에게도 종교 관용 정책을 펼쳤다. 아랍어의 공식 사용을 장려했고, 이에 호응한 사라센 관리들과 부유층도 노르만의 통치를 긍정적으로 받아들였다. 시칠리아에서는 라틴어, 그리스어, 아랍어가 공용어로 사용되었다. 남부 이탈리아에서 발생한 반란을 진압하러 갈 때 사라센 군대를 동원하기도 했다. 심지어 이들 사라센 군인들이 가톨릭으로 개종하는 것을 금지해, 한때 교황청과 갈등을 겪기도 했다. 로저 1세의 종교 관용 정책은 로마 교황청으로서는 골칫거리였다. 십자군 운동이 본격화되기 직전에 시칠리아에서 사라센의 군대를 거느리고 있는 로저 1세는 눈엣가시와 같은 존재였다. 결국 교황청은 일종의 타협안으로 로저 1세를 '교황특사Apostolic Legate 백작'으로 임명해(1098년), 그를 교황청의 품 안으로 들어오게 하는 정책을 펼친다.

물론 로저 1세의 통치에 반발하는 집단도 있었다. 노르만 통치에 대한 반감은 그리스계 주민, 즉 동로마 제국 출신 주민들이 주도했다. 로저 1세가 팔레르모를 수도로 삼고 사라센 관리들을 대거 고용하자, 시칠리아의 중부와 동부에서 농업에 종사하던 그리스계 주민들이 크게 반발했다. 노르만은 중세 유럽의 봉건제를 시칠리아에 그대로 이식시켰다. 중세 유럽 봉건제의 핵심은 모든 영토가 왕(영주)에게 귀속된다는 것이다. 영토는 왕의 독자적인 결정에 따라 봉건 영주들에게 분할되었지만, 상속은 불가능했다. 영토를 분배받은 봉건 영주의 결혼은 왕의 동의를 구했을 때만 가능했다. 심지어 왕이 초야권初夜權(영주가 결혼할 때 왕이 신랑보다 먼저 신부와 잠자리를 할 권리)을 행사하기도 했다. 왕은 봉건 영주의 결혼에 개입해 포기하도록 만들거나 최대한 결혼을 미루어 후손이 태어나지 못하도록 조종했다. 이 제도는 영주에게 나누어진 영토가 다시 왕에게 귀속되게 만들기 위해 시행된 것이다. 로저 1세의 통치는 농업에 종사하던 그리스계 주민들에게 불리하게 작용했다. 이들은 점차 로저 1세가 소유하고 있는 대규모 농지의 소작농으로 전락해갔다.

주세페 팔라티나Giuseppe Patania가 그린 〈팔레르모 정문의 열쇠를 받는 로저 1세〉.
1830년 작품으로 팔레르모의 노르만 왕궁 소장.

시칠리아는 눈물을 믿지 않는다

백작이 된 로저 1세는 첫 아내 쥐디트 데브뢰Judith d'Évreux에 이어(1076년 사망), 두 번째 아내 에랑부르주Éremburge와 재혼했다가, 롬바르디아 출신의 아델라이데Adelaide(1075~1118년 추정)와 세 번째 결혼식을 올렸다. 무려 40살의 차이가 났지만, 롬바르디아 출신 귀족 세력들을 견제하기 위해 정략결혼을 강행했다. 그는 교황 특사 백작으로 시칠리아를 통치하면서 로마 가톨릭교회, 비잔틴 정교회, 그리고 사라센의 이슬람 신앙을 모두 인정하는 종교 관용을 시행하는 공헌을 남겼다. 그의 유해는 칼라브리아의 작은 도시 밀레토의 산타 트리니타 성당에 안치되었다(1101년).

## 49년간 펼쳐진 시칠리아의 왕 로저 2세의 통치

로저 2세(1095~1154년)는 로저 1세의 세 번째 아내였던 아델라이데가 낳은 둘째 아들이었다. 아버지 로저 1세가 사망했을 때, 불과 6살 소년이었다. 형의 예상치 못한 죽음(1105년)으로 권력을 이양받았을 때는 겨우 10살이었다. 어린 아들의 섭정을 맡았던 아델라이데는 권력의 찬탈을 노리던 귀족들의 음모에서 벗어나기 위해 우선 칼라브리아에 있던 수도를 메시나로 옮겼다가, 다시 팔레르모로 옮겼다.

오트빌 가문의 시칠리아 통치는 노르만과 롬바르디아의 혼혈로 태어난 로저 2세의 통치와 더불어 새로운 국면을 맞이하게 된다. 노르만과 롬바르디아의 피가 섞여 있을 뿐만 아니라, 어린 시절의 보모와 가정교사가 모두 사라센이었기 때문에, 로저 2세의 개방성은 어릴 때부터 체득된 것이었다. 노르만 출신답게 프랑스어를 일상어로 사용했지만 아랍어, 라틴어, 그리스어로 자유롭게 소통할 수 있었다. 그의 개방적인 성격은 시칠리아가 새로운 문화의 중심지로 부상하도록 이끌었다.

로버트 기스카르의 손자였던 윌리엄 공작이 사망(1127년)하자, 로저 2세는 시칠리아뿐만 아니라 남부 이탈리아의 전체 통치권자로 부상하게 된다. 시칠리아와 남부 이탈리아에서 전개되던 권력의 변동에 로마 교황청은 예민하게 반응했다. 이슬람 신앙과 비잔틴 동방 정교에 우호적인 로저 2세가 시칠리아와 남부 이탈리아를 모두 차지한다면, 이교도를 지지하는 시칠리아의 왕에게 교황청의 앞마당을 내주는 것이 된다. 교황청은 로버트 기스카르의 직계 후손들의 통치권을 인정해주면서, 그들이 로저 2세의 독주를 견제하게 만들었다.

그리스도로부터 왕관을 받고 있는 로저 2세. 제독의 성모 성당Chiesa di Santa Maria dell'Ammiraglio 혹은 라 마르토라나La Martorana로 불리는 성당의 모자이크화다.

결국 교황청의 사주로 인해 오트빌 기사 가문의 사촌들끼리 전쟁을 일으키게 된다. 당연히 로저 2세의 군대가 압도적인 전력으로 초기에 승기를 잡자, 당황한 교황청은 로저 2세가 교황 앞에서 무릎을 꿇고 충성을 맹세한다면 공작으로 임명해주겠다는 제안을 했다. 시칠리아와 남부 이탈리아의 통치권을 모두 인정해주겠다는 교황청의 제안을 로저 2세는 흔쾌히 받아들였다. 용의주도

시칠리아는 눈물을 믿지 않는다

하기로 유명했던 로저 2세는 교황청으로부터 공작 작위를 받을 수 있다면 백번이라도 무릎을 꿇을 수 있는 인물이었다. 결국 1128년, 로저 2세는 교황의 축복을 받으며 '시칠리아와 아풀리아의 공작'으로 임명되었다. 그러나 로저 2세가 바라는 것은 공작이 아니라 왕관을 쓴 '왕Rex'의 자리였다.

당시 유럽은 교황의 권위에 도전하는 신성 로마 제국의 황제권이 급격하게 신장되던 시기에 접어들고 있었다. 제1차 십자군 원정(1096~1099년)의 성공 이후, 교황청과 세속 군주들 간의 긴장이 고조되고 있었다. 1130년, 선출된 신임 교황과 전임 교황 세력 간의 갈등도 유럽과 이탈리아를 분열시켰다. 신임 교황으로 선출된 인노켄티우스 2세Innocentius II (1130~1143년 재위)는 로저 2세와 손을 잡기 위해 그를 왕으로 서임했다 (1130년). 로저 2세는 이제 시칠리아, 칼라브리아, 그리고 아풀리아를 모두 통치하는 '메조조르노Mezzogiorno의 왕'으로 공식 인정을 받았다. 메조조르노의 문자적 의미는 '정오'이지만 이탈리아 남부를 뜻하며, 나폴리와 시칠리아 전역을 포함한다.

시칠리아 역사에서 교황청으로부터 공인받은 '왕'이 통치하게 된 것은 로저 2세가 처음이었다. '왕'으로서 시칠리아와 이탈리아 남부 전역을 통치하게 된 로저 2세는 당시 유럽 역사가 분기점에 서 있다는 것을 깨닫고 있었다. 12세기부터 중세 봉건 제도가 서서히 막을 내리면서, 국가 권력을 장악한 '정권regime'이 탄생하고 있었던 것이다. 영국의 헨리 1세 Henry I(1100~1135년 재위)와 프랑스의 필리프 아우구스트Philippe II Auguste (1180~1223년 재위)가 각각 처음으로 '왕'이란 호칭을 사용했는데, 유럽의 두 왕 사이에 로저 2세가 시칠리아와 남부 이탈리아의 '왕'으로 등극한 것이다(1130년).

그동안 종교 관용 정책을 펼쳐왔던 로저 2세는 왕이 된 후부터 롬바르디아 문화를 시칠리아에 정착시키려 노력했다. 어머니가 롬바르디아 출신이었기 때문에 그 영향을 받았다. 경제 제도는 아버지 로저 1세가 채택했던 북유럽의 봉건 제도가 그대로 유지되었고, 국가 행정은 사라센 관리가 맡았다. 비록 대관식 당일 착용하지는 않았지만, 로저 2세가 공식 행사에서 착용했던 왕의 가운은 시칠리아의 문화적 개방성과 이를 통제하는 노르만 정복자의 의도가 동시에 드러나 있다. 동로마 제국에서 수입된 붉은 비단에 아라비아 걸프만에서 채집한 최고급 진주로 장식된 가운의 하단에는 아라비아어로 된 문장이 새겨져 있었다. 낙타를 제압하는 2마리의 사자 문양은 시칠리아의 다양한 문화를 힘으로 장악한 로저 2세의 위상을 잘 보여주고 있다.[4]

12세기에 나타난 경제적 변화는 북부 이탈리아의 해상무역 도시들인 살레르노Salerno와 아말피Amalfi가 장악하고 있던 기존 상업 패권에 신흥 해상 세력이 도전하던 시기였다는 것이다. 제노아와 피사, 그리고 베네치아의 신흥 해상 세력은 사라센 문화와 비잔틴 정교회에 우호적인 로저 2세에 대한 교황청의 반감을 십분 활용했다. 그들은 이교도 신앙을 보호하고 있는 노르만 왕 로저 2세에 대항하기 위한 연합 전선을 펼쳤다.[5] 1135년, 북부 이탈리아 해상 도시들은 교황청의 사주를 받고 나폴리를 공격했다. 당시 아내를 잃고 두문불출하던 로저 2세는 슬픔을 떨어내고 북이탈리아 연합군의 공격과 주민 반란에 맞섰다. 나폴리를 점령한 북부 이탈리아의 피사군은 경쟁 해상 도시였던 아말피를 추가로 공격했다. 그러나 로저 2세의 군대는 해안에 접해 있는 아말피를 산 위에서 공격해 피사 군대를 괴멸시키는 작전을 펼쳤다. 1만 5,000명의 피사 군인들이 전사했다고 전해진다.[6]

남부 이탈리아의 반란이 조금 진정 기미를 보일 때, 이번에는 신성 로마 제국이 침공해 왔다. 1130년 선거를 통해 합법적인 교황으로 선출되었지만 로마의 반대파에게 밀려 프랑스로 망명을 떠나야만 했던 인노켄티우스 2세의 요청으로, 신성 로마 제국의 독일군이 이탈리아로 진격한 것이다. 당시 로저 2세는 대립 교황 아나클레투스 2세<sup>Anacletus II</sup>(1130~1138년 재위)를 지지하고 있었다. 1136년에 남진을 시작한 독일 군대는 1년 만에 이탈리아반도의 남쪽 끝인 바리<sup>Bari</sup>를 점령하고 로저 2세의 통치권 박탈을 선언한 다음, 독일로 돌아갔다. 신성 로마 제국의 황제가 귀국했다는 소식을 듣고 그동안 시칠리아로 후퇴해 있던 로저 2세는 400명의 기사와 사라센 군대를 이끌고 다시 이탈리아반도 남단에 상륙했다. 그는 살레르노를 탈환하고 몬테카시노까지 진출해, 반란을 일으킨 주민들을 엄벌에 처했다. 반란에 가담한 혐의가 드러난 몬테카시노의 수도사들에게도 관용을 베풀지 않았다. 로저 2세의 군대는 여세를 몰아 리냐노<sup>Rignano</sup>에서 일전을 벌였으나, 굴욕적인 패배를 당한다(1137년 10월).

심기일전한 로저 2세는 다음 해 카푸아를 탈환하면서 전세를 역전시켰지만, 교황청은 그를 파문에 처하면서 궁지로 몰아넣었다(1139년).[7] 교황청은 카푸아를 로저 2세에게 양도할 의도가 전혀 없었다. 카푸아를 교황청과 로저 2세의 영토 사이에 설치된 일종의 완충 지역으로 간주하고 있었기 때문이다. 결국 진퇴를 거듭하던 양국 진영의 대결은 교황 인노켄티우스 2세와 로저 2세가 최종 타협을 봄으로써 끝나게 된다(1139년). 긴 협상 끝에 로저 2세와 그의 아들들이 교황 앞에서 무릎을 꿇고 충성 맹세를 하는 대신, 교황은 로저 2세의 시칠리아와 남부 이탈리아의 통치권을 다시 인정해주기로 합의했다. 이렇게 체결된 '미냐노 협약<sup>Treaty of Mignano</sup>(1139년 7월 25일)'은 노르만의 남부 이탈리아 지배를 최종적으로 승인한 기념비적인 사건이었다. 인근 베네벤토를 비롯한 대부분의 남부 이탈리아 도시들이 로저 2세에게 투항하고, 수십 년에 걸친 반란과 내전을 모두 끝냈다. 끝까지 투항을 거부한 바리를 공격하기 위해 로저 2세가 직접 대군을 이끌고 성을 포위했다. 겁에 질린 시민들은 반란 주모자의 무덤 장식을 파괴하고 이를 성문 밖으로 던져 항복하겠다는 의사를 전했다. 그러나 로저 2세는 반란에 참여했던 기사들에게 무덤 안에 있던 반란자의 시신을 포승줄로 묶어 성문 밖으로 끌고 나올 것을 명령했다. 결국 반란자의 가족들은 모두 교수형을 당했고, 기사들은 모두 눈알이 뽑히는 형벌을 받았다(1139년).

1154년, 로저 2세가 사망했을 당시 노르만 시칠리아 왕국의 영토와 주요 도시.

시칠리아는 눈물을 믿지 않는다

# 로저 2세가 남긴 외교 업적

로저 2세가 통치했던 시칠리아 노르만 왕국의 수도 팔레르모는 유럽의 최고 도시 중의 하나로 성장해갔다. 유럽의 중세가 펼쳐지는 동안 다른 어떤 곳에서도 찾을 수 없는 문화적 다양성이 로저 2세의 궁정에서 구현되었다. 시칠리아는 지중해 무역의 중심에 서게 되었고, 곡창 지대에서 수확된 밀이 전 유럽으로 팔려나가면서 시칠리아 경제를 크게 발전시켰다.

로저 2세는 예루살렘 왕국의 통치권을 주장하면서 12세기 유럽사에서 특출한 인물로 부각된다. 어머니가 제1차 십자군 원정 성공 후 예루살렘의 첫 번째 왕으로 선출된 보두앵 1세Baudouin(1100~1118년 재위)와 재혼하면서(1112년), 그 가능성이 점점 구체화되어갔다. 어머니는 결혼을 받아들이면서, 만약 보두앵 1세가 후손을 보지 못하고 죽으면 자기 아들 로저 2세가 예루살렘의 왕위를 계승한다는 조건을 붙였다. 그러나 어머니가 5년 만에 이혼을 당하고 시칠리아로 귀국함으로써 로저 2세의 꿈이 무산되고 말았다. 로저 2세는 중년의 나이에 접어든 어머니를 내쫓은 보두앵 1세의 처사에 원한을 품게 되었다. 그가 십자군 운동에 소극적으로 대처하거나 아예 원정을 반대한 것은 이런 가족사로 얽힌 감정 때문이었다. 사라센 군대를 휘하에 거느리고 있던 로저 2세는 십자군을 경제적인 관점으로 바라보았다. 제2차 십자군부터 선박을 이용한 성지 이동을 선호하게 되면서 메시나해협은 십자군 함대가 거쳐 가야 하는 중간 지점이 되었다. 로저 2세는 십자군에 필요한 보급 물자를 판매하고, 메시나 항구 정박료나 통행세를 부과하는 것에 더 많은 관심을 보였다.

로저 2세가 후대에 남긴 또 다른 외교 업적은 북아프리카 해안과 그리스 일부 지역을 점령하고 통치한 것이었다. 로저 2세는 그리스 출신으로 용맹하면서도 적에게 잔인하기로 유명했던 안티오크의 게오르기오스 Georgios of Antioch 제독을 사령관으로 임명한 다음, 아말피(1131년), 트리폴리(1146년), 아테네(1147년), 튀니지(1148년)를 차례로 정복하게 했다. 게오르기오스 제독의 맹활약 덕분에 노르만 시칠리아 왕국의 영토는 북아프리카 해안까지 확장되었다. 로저 2세는 게오르기오스 제독에게 '제독 중의 제독Ammiratus Ammiratorum'이라는 명예로운 직책을 주어 그의 무공을 기렸다.

## 로저 2세의 죽음(1154년)

로저 2세가 50대 초반에 접어들었을 때(1140년대), 노르만의 오트빌 가문과 교황청의 갈등이 더욱 고조되었다. 남부 이탈리아와 시칠리아를 차지한 노르만 왕조가 북아프리카 해안과 그리스의 여러 도시 국가를 복속시키고 로마 남쪽까지 밀고 들어오자, 교황청은 불안감에 휩싸였다. 더 세력이 커지기 전에 로저 2세를 굴복시킬 필요가 있었다. 그러나 군사력으로 통제하는 것은 불가능했기 때문에 교황청은 교권敎權을 문제 삼아 그를 견제했다. 그동안 로저 2세가 팔레르모의 주교를 직접 임명해왔는데, 교황청이 갑자기 제청을 거부한 것이다. 교황청은 로저 2세가 비잔틴 정교회의 보호자를 자처한 것과 사라센 군대를 거느리고 지중해의 패권을 유지해나가는 것을 인정할 수 없다고 발표했다. 로저 2세가 이에 반발하자 결국 교황청 군대가 출전하면서 전쟁이 선포되었다(1144년). 물론 체면치레를 위한 전쟁이었기 때문에 곧바로 평화 협정이 선언되었지만, 로저 2세와 교황청의 갈등은 물밑에서 계속 진행되었다.

시칠리아는 눈물을 믿지 않는다

로저 2세는 1154년 2월 26일, 팔레르모에서 갑작스레 임종했다. 유럽인의 기록에서는 열병이 원인이었으나 사라센의 기록에서는 심장병으로 죽었다고 한다. 그의 시신은 유언에 따라 자신이 건축했던 체팔루 대성당Duomo di Cefalú에 안치되었다가, 훗날 프리드리히 2세에 의해 팔레르모 대성당으로 옮겨졌다. 로저 2세의 영묘 옆에는 그의 딸 콘스탄체Constance와 사위 헨리 6세의 영묘가 안치되어 있다.

로저 2세의 영묘. 체팔루 대성당에 안치되었다가 팔레르모 대성당으로 옮겨졌다.

로저 2세의 이름은 비잔틴 문화에 대한 개방성, 그리고 평생 우호적인 관계를 유지했던 사라센 거주민에 대한 관용 정책과 함께 기억되고 있다. 이탈리아의 역사가나 시칠리아 원주민들에게는 냉혹하고 잔인한 통치자로 평가되었지만, 신성 로마 제국이나 교황청과의 대결 국면에서 언제나 생존을 위한 분투를 해야 했던 시대적 제약이 그를 냉정한 통치자로 만들었을 것이다. 로저 2세는 자신의 49년에 걸친 통치 기간(1105~1154년)이 시칠리아라는 낯선 땅에 완벽한 노르만 왕국을 건설하기에는 턱없이 부족한 세월임을 절감했을 것이고, 그로 인해 자신의 거친 행동과 과격한 결정을 정당화하며 통치를 이어갔을 가능성이 높다.[8]

# 로저 2세의 대표 건축, 노르만 왕궁과 왕궁 성당

로저 2세 시대의 문화를 대표하는 것은 건축이다. 비잔틴 문명과 사라센 문명이 혼재해 있던 시칠리아에 북유럽의 노르만과 롬바르디아의 문화까지 뒤섞였으니, 독특한 건축물이 세워지는 것은 당연한 일이었다. 로저 2세 시대에 건축된 노르만 성Palazzo dei Normani은 그 시대의 특징이었던 문화 융합 현상을 잘 설명해주는 곳이다. 지금도 팔레르모 의회 건물로 사용 중인 이 성은 카르타고, 로마, 그리고 사라센이 방어용 진지를 구축했거나 왕궁으로 활용했던 곳이다. 이곳을 로저 2세가 노르만 양식의 왕궁으로 증축했고, 호엔슈타우펜 왕가의 프리드리히 2세 시기까지 왕궁으로 사용되었다.

1132년에 착공되어 1140년에 준공되었던 팔레르모 왕궁 성당Cappella Palatina은 로저 2세 시대의 문화 융합 현상을 압축적으로 설명해주는 공간이다. 현존하는 중세 이슬람 양식의 건물 중 가장 섬세한 것으로 정평이 나 있는 천장 장식은 '밤하늘의 별처럼 빛나는' 무카르나스Muqarnas로 덮여 있어 장관을 이룬다.[9] 밑에서 보면 마치 벌집처럼 보이는 이 목재 장식에 음악 연주자, 음식을 먹는 사람, 체스를 두는 사람, 말과 낙타 같은 동물, 공작과 다른 종류의 새들이 촘촘히 그려져 있다. 스페인 그라나다의 알람브라Alhambra 궁전에서 잘 볼 수 있는 무카르나스 장식은 이슬람 문화가 시칠리아까지 깊게 파고들었음을 보여주는 증거다.

8개의 꼭짓점을 가진 이슬람의 별 문양이 성당 벽면을 아름답게 장식하고 있는 것도 이채롭다. 벽면에 새겨져 있는 모자이크에서는 제단 정면을 압도하고 있는 예수 상을 중심으로 신구약의 주요 인물들의 생애가 펼쳐지는데, 구약 성서의 여러 장면과 2명의 사도(성 베드로와 성 바울)들

시칠리아는 눈물을 믿지 않는다

의 생애가 핵심을 이룬다. 예루살렘 공의회에서 성 베드로와 성 바울이 서로 화해하는 장면이 특히 인상적으로 묘사되어 있다.

왕궁 성당의 내부가 로저 2세 시대의 다양한 종교의 융합을 보여준다면 '로저의 방Roger's Hall'은 이후 윌리엄 2세의 시대(1166~1189년 통치)와 그 이후에 유행했던 이슬람 양식을 볼 수 있는 공간이다. 내부의 모자이크는 황금색을 많이 사용해 화려함을 더했고, 장식된 문양은 페르시아의 아라베스크 양식을 따르고 있다. 아랍의 야자수 숲에서 사슴을 사냥하는 장면이 내부 장식의 상단부를 차지하고 있다. 벽면에 새겨진 공작새 모자이크는 영원한 삶을 상징하고, 사자獅子 문양은 왕권의 준엄함과 법의 통치를 상징한다. 화려한 표범 장식은 진귀한 동물의 상징인데, 이는 왕권의 고귀함을 의미한다. 천장 모자이크는 프리드리히 2세 시대의 장식으로, 신성 로마 제국의 권위를 상징하는 독수리를 중앙에서 볼 수 있다.

## 은둔자 성 요한 성당

노르만 왕궁의 지척에 있는 은둔자 성 요한 성당San Giovanni degli Eremiti 은 외관에서부터 사라센, 비잔틴, 노르만, 라틴 문명의 융합을 보여주는 독특한 건물이다. 사라센이 원래 있던 수도원을 허물고 모스크를 지었고, 로저 2세가 다시 그곳에 가톨릭 성당을 지어 올렸다(1150년). 비잔틴 양식의 영향을 받아 5개의 붉은색 돔이 외관을 장식하고 있는 이 성당은 이슬람 모스크를 연상시키고, 특별히 라틴 로마네스크 양식의 종탑 위에 건축한 이슬람 양식의 돔은 두 종교의 예외적인 결합을 보여준다. 돔의 방수를 위해 석회암과 모래를 섞은 타일을 구워 제작했는데,

외관의 돔이 이슬람 모스크를 연상시킨다.

이때 화학 작용이 일어나 돔이 붉은색으로 보이게 되었다.

## 산 카탈도 성당과 제독의 성모 성당

팔레르모 도심의 정중앙을 '콰트로 칸티Quattro Canti'라고 부른다. 스페인 총독에 의해 설계된 바둑판 모양의 팔레르모 도심을 차지하고 있는 사각형 교차로다. 3층으로 구성된 장식에서 1층은 사계절을 상징하는 분수, 2층은 스페인의 황제 카를로스 3세Carlos III와 후대 왕들의 동상, 3층은 팔레르모의 네 구역에서 각각 모시고 있는 수호성인의 동상이 서 있

시칠리아는 눈물을 믿지 않는다

다. 팔레르모의 네 행정구역이 만나는 교차점인 콰트로 칸티는 '태양의 무대'라는 별명으로도 불린다. 정오가 되면 콰트로 칸티의 건물 중 하나에 태양이 비치기 때문이다. 콰트로 칸티와 연결되어 있는 프레토리아 분수Fontana Pretoria를 지나면, 또 다른 사라센-노르만 건물을 만나게 된다.[10] 산 카탈도 성당Chiesa Di San Cataldo과 제독의 성모 성당인데, 두 성당은 어깨를 맞대고 붙어 있다.

산 카탈도 성당은 1154년에 건축되었다. 윌리엄 1세 시대(1154~1166년 재위)에 활약했던 바리 출신의 마이오네Maione da Bari 제독이 후원해서 지어졌다. 왕의 절대적 신임을 받았던 그는 시칠리아에 거주하는 노르만 이주민의 수호 성인인 산 카탈도의 이름을 빌려 단순하고 절제된 성당 건물을 봉헌했다.

산 카탈도 성당의 내부.

제독의 성모 성당과 붙어 있는 산 카탈도 성당의 외관.

　제독의 성모 성당은 로저 2세의 해군 제독이었던 안티오크의 게오르기오스가 "왕이 세운 왕궁 성당과 경쟁하기 위해" 건축했다(1143년).⁋ 팔레르모 시민들은 이 건물을 '라 마르토라나'라고 부른다. 이 성당이 '마르토라나'라는 인물이 세운 수도원에 소속되어 있었기 때문이다. 이 성당은 비잔틴 양식의 건물로, 그리스 모자이크의 정통 도안에 따라 사라센 예술가들이 제작한 아름다운 모자이크가 장식되어 있다. 완벽한 아랍어를 구사하며 사라센 군인들을 능수능란하게 지휘했던 게오르기오스 제독의 개방적인 성격이 잘 드러나는 작품이다. 12세기 후반부터 베네딕트 수도회가 이 성당을 사용하면서 로마 가톨릭교회에 소속되었지만,

지금도 예배는 비잔틴 정교회의 예식을 따르고 있다. 1945년부터 시칠리아에 거주하는 알바니아계 이주민을 위한 성당으로 사용되고 있기 때문이다. 성당 내부에는 로저 2세가 화려한 사라센-비잔틴 양식의 관복을 입고 예수 그리스도로부터 왕관을 하사받고 있는 모습과 이 건물의 건축주인 안티오크의 게오르기오스가 성모 앞에 엎드려 경배하는 모자이크가 장식되어 있다. 현존하는 유일한 초상화인 이 모자이크 작품에서 로저 2세는 검은 수염을 가진, 키가 큰 인물로 묘사되어 있다.

## 〈시네마 천국〉과 체팔루 대성당

이탈리아 본토 사람들이 가장 선호하는 여름 휴가지 중 하나인 체팔루는 영화 〈시네마 천국〉의 무대로 소개되면서 유명해진 시칠리아 북쪽의 해안 도시다. 주인공 어린 소년 토토와 파라다이스 영화관 영사실 기사인 알프레도가 야외에서 영화를 상영하다가 소나기를 만나는 유명한 장면이 체팔루 해변에서 촬영되었다. 거대한 바위산이 작은 해안 도시 체팔루를 에워싸고 있는 자연 풍광이 이 바닷가 마을을 찾아온 사람들의 마음을 사로잡는다. 그리스 이주민들이 처음 그 바위산을 보고 거대한 '머리kefaloidon'를 연상했는데, 여기서 '체팔루'란 이름이 나왔다.

좁은 골목길을 따라 체팔루 도심으로 걸어 들어가면 한 단어로 설명할 수 없을 만큼 독특한 성당 건물이 햇살을 받으며 우뚝 솟아 있다. 1131년에 공사가 시작되어 1240년에 최종 완공된 체팔루 대성당이다. 로저 2세가 살레르노 항구에서 출발하여 팔레르모로 귀향하다가 바다에서 거친 풍랑을 만났고(1129년), 겨우 함선을 정박시켜 목숨을 구한 그 장소에 지금의 체팔루 대성당을 건축했다. 성당 정면의 양쪽 탑은 전형적인 노르만 양식을 채택하고 있는데, 이 건물이 성당인지 군사 방어용 성채인지 구별하기 어렵게 만드는 독특한 모습을 간직하고 있다. 성당 입구에는 3개의 아치가 상단을 장식하고 있고, 그 아래에 있는 흰색 대리석 입구는 '왕의 문'으로 로저 2세가 출입할 때 사용했던 문이다. 중앙 제단 돔 상단에 비잔틴 양식으로 표현된 모자이크 〈장엄한 예수상Pantocrator〉은 팔레르모와 몬레알레 대성당Cattedrale di Monreale의 성당 장식을 압도하는 웅장한 아름다움을 과시하고 있다. 원래 왕실 성당으로 건축되었기 때문에 성당 내부에는 로저 2세와 그의 아내의 영묘가 안치되어 있었다. 그러나 노르만의 시칠리아 통치가 종결된 후 호엔슈타우펜 왕가의 프리드리히 2세가 두 영묘를 팔레르모 대성당으로 이전시켰다(1215년).

노르만 형식으로 건축된 체팔루 대성당.

# 신라의 수도 경주를 소개한 《로저의 책》

로저 2세가 남긴 문화적 공헌 중의 하나는 유럽 역사상 최초로 종이를 사용해서 문서 기록을 남겼다는 것이다. 아랍인들이 전래했던 '파피루스'가 시칠리아에서 '페이퍼papier'가 되었다. 로저 2세는 생애 마지막 14년 동안 과학과 수학, 지리학에 대한 관심을 확장했고 많은 종이책을 발간해서 연구 결과를 보존했다. 그의 통치기에 제작된 문헌 중에서 가장 유명한 것은 아랍의 지리학자 이드리시Abu Abdullah Muhammad al-Idrisi(1100~1165년)가 1154년 팔레르모에서 제작한 《로저의 책Tabula Rogeriana》이다.

지브롤터해협의 작은 섬 세우타Ceuta에서 태어난 이드리시는 스페인 코르도바에서 수학하고 유럽, 아시아, 아프리카를 여행한 다음, 로저 2세가 통치하던 팔레르모에 정착했다. 남쪽으로는 사하라 사막, 서쪽으로는 "영국에서 하루 거리에 있는" 아이슬란드, 북쪽으로는 북해와 스칸디나비아까지 직접 도보로 여행했던 이드리시는 로저 2세의 지원을 받으며 세계 지도를 제작했고, 그것을 《로저의 책》이라 불렀다. 팔레르모에 정착한 지 18년 만에 완성된 이 책은 로저 2세가 임종한 해에 헌정되었다. 이드리시가 시칠리아뿐만 아니라 북아프리카, 중동 지방(이슬람의 발원지), 그리고 스칸디나비아(노르만의 고향)까지 상세히 그린 이유는 로저 2세의 지리적 관심을 반영했기 때문이다. 중동의 동쪽 지역과 나머지 아시아 대륙의 지도는 그 지역을 여행한 경험이 있던 아랍 상인들의 도움을 받아 제작했다. 로저 2세가 통치하던 팔레르모가 다양성을 존중하는 도시였기 때문에 가능한 일이었다.

《로저의 책》은 은銀으로 된 1개의 세계 지도 원판과 7개의 인종 권역climata을 10개의 지역으로 세분한 총 70장의 세부 지도로 구성되어 있다.

《로저의 책》 세계지도. 메카Mecca의 위치 때문에 위아래를 뒤집어 놓았다.
오른쪽 하단에 신라가 섬으로 묘사되어 있다.

시칠리아는 눈물을 믿지 않는다

이드리시는 지구가 "달걀의 노른자처럼 창공의 구름 속에 떠 있는 구형球形"이라고 규정했다.[12] 지구 반대편은 태양열에 의해 파괴되어 인간이 살수 없는 땅일 것이라고 추정하고 있다. 이집트 나일강의 시원始原을 아프리카 내륙에 있는 수단의 호수로 그린 것은 시대를 뛰어넘는 탐험과 연구 조사의 결과였다. 항저우의 유리그릇과 광저우의 비단뿐만 아니라 섬으로 그려진 신라의 모습도 묘사해, 한반도를 방문했던 아랍 상인들의 기록이 처음으로 보존되어 있다. 《로저의 책》에 등장하는 신라에 대한 설명은 아래와 같다.

> 이 섬Sanji으로부터 신라al-Sila라는 섬으로 간다. 그 섬은 서로 밀접해 있는 여러 섬으로 이루어져 있다. 그곳에는 카이와Kaiwa라는 도시가 있다. 그곳을 방문한 여행자는 누구나 정착하여 다시 나오고 싶어 하지 않는다. 그 이유는 그곳이 매우 풍족하고 살기 좋기 때문이다. 그 가운데서도 금이 너무 흔해서, 심지어 그곳 주민들은 개의 쇠사슬이나 원숭이의 목줄을 금으로 만든다. 그들은 스스로 옷을 짜서 내다 판다.[13]

신라가 반도국이 아니라 섬이라는 설명이 특이하고, 경주의 옛 이름인 계림鷄林의 아랍식 표현인 '카이와'가 사용된 것도 이채롭다. 신라와 접촉한 아랍 상인들의 관심이 살기 좋은 날씨와 풍족한 물산物産에 있었다는 것을 알 수 있는 설명이다.

《로저의 책》은 세계 지리를 설명하고 있지만, 당시 로저 2세가 통치하던 시칠리아와 팔레르모의 모습도 상세히 묘사되어 있다. 노르만 왕궁을 건축한 로저 2세의 업적과 그 건물의 특징에 대한 설명은 다음과 같다.

가장 먼저 강조할 것은 발람Balarm(팔레르모)이 아름답고 그곳에 많은 사람이 살고 있다는 것이다. 세상에서 가장 크고 아름다운 도시일 것이다. 이 도시의 장점은 이루 셀 수 없다. 예로부터 지금까지 왕을 모신 도시였으며 막강한 군대가 주둔하고 있고, 그들은 원정을 떠났다가 돌아오곤 한다. 바다를 끼고 있으며 서쪽으로 큰 산맥이 도시 전체를 둘러싸고 있다. 아름다운 건물이 많아서 여행자들은 뛰어난 공예와 장식에 마음을 빼앗긴다. 도시는 두 부분으로 나누어져 있다. 카사로Cassaro는 왕궁이 있는 곳이고, 나머지는 주민들이 거주하는 곳이다. 카사로는 예로부터 유명한 성벽이 세 지역을 둘러싸고 있다. 가운데 부분에 탑이 높게 서 있는 왕궁과 귀족들의 저택, 모스크, 목욕탕, 그리고 상업 시설이 그곳에 있다. 카사로에 있는 가미Gami 모스크는 원래 성당이었지만 지금은 이슬람 신도들이 함께 기도하는 곳으로 바뀌었다. 내부가 얼마나 아름다운지 상상하기 어렵다. 귀한 보석, 보기 드문 형태의 물건, 새로운 형상, 아름다운 색깔과 성스러운 문자로 장식되어 있다. 주민들이 거주하는 곳도 세계에서 두 번째로 오래된 곳이다. '선택된 곳Kalsa'이란 별명으로 불린다. 이슬람 술탄이 살았던 곳으로 바다와 접해 있고, 해안에 있는 무기고로 이어진다.

시칠리아의 수도 전역은 곳곳에서 샘이 솟아오른다. 다양한 과일도 재배되고 있다. 도시 외곽의 빌라들은 너무 아름다워, 보는 사람들의 숨을 멎게 한다. 한마디로 모든 사람에게 감동을 주는 곳이다. 아까 설명한 카사로는 세상에서 가장 높고 튼튼한 성채를 가지고 있어, 어떤 군대로도 이 도시를 공략할 수 없다. 로저 왕은 이 도시의 가장 높은 지역에 새로운 성채를 건축했는데, 화려한 모자이크가 장식되어 있다. 뛰어난 건축 기술, 아름다운 장식, 독창적이고 성스러운 문자, 모든 종류의 우아함을 전부 동원했다. 얼마나 이 건물이 아름다웠는지 여행자들은 팔레르모보다 아름

시칠리아는 눈물을 믿지 않는다

다운 곳은 이 세상에 없다고 한목소리로 말하고 있다.[14]

《로저의 책》에 나오는 세계 지도는 지금 우리가 사용하는 지도를 위아래로 뒤집어 놓은 모양이다. 이슬람의 성지 메카를 지도의 중심에 배치하기 위해 의도적으로 그렇게 그렸다. 편의상《로저의 책》이라고 부르지만, 원래 책 제목은《먼 나라로의 종횡을 꿈꾸는 자의 산책Kitāb nuzhat al-mushtāq fī ikhtirāq al-āfāq》이다.

## 후계자 윌리엄 1세와 윌리엄 2세의 통치

로저 2세는 59세의 나이로 임종했다. 그는 10살 때 왕위에 올라 약 50년간 시칠리아를 강력한 중앙 집권 국가로 만들기 위해 노력했던 왕이다. 북아프리카를 정벌하고 그곳에 노르만 식민지를 건설하기도 했다. 유럽의 봉건제를 시칠리아에 정착시켰으며, 중세 유럽에서 유래를 찾아볼 수 없었던 문화 융합 정책은 팔레르모를 지중해 문명의 중심 도시로 만들었다. 로저 2세는 3번 결혼했고, 첫 번째 아내 엘비라Elvira를 통해 5명의 아들을 낳았다. 두 번째 아내는 후손을 보지 못했고, 세 번째 아내가 딸 콘스탄체를 낳았다. 로저 2세의 아들들은 모두 단명했고, 엘비라의 네 번째 아들이었던 윌리엄 1세가 왕위 계승자로 지명되었다.

손위 형들 3명이 차례로 죽고, 34살의 나이에 왕위에 오른 윌리엄 1세는 게으르고 무능한 왕이었다. 집권 초기에 북아프리카 식민지를 아랍인들에게 빼앗겼고(1156년), 아버지 시대에 지중해 교역을 주름잡았던 사라센 상인들이 북아프리카로 속속 귀국하면서 경제적 손실도 컸다. 윌리엄 1세가 왕위에 오른 지 채 5년도 지나지 않아 시칠리아 곳곳에서 노르만의 지배에 대한 반란이 일어났다. 할아버지 로저 1세와 아버지 로저 2세가 사라센을 행정 관리로 중용했기 때문에, 윌리엄 1세에 대항하는 반란은 롬바르디아계가 주도했다. 신성 로마 제국(독일)과 이탈리아에서 내려와 시칠리아에 정착한 주민들이었다. 이들 롬바르디아계 주민들이 팔레르모의 궁전에 난입해 윌리엄 1세를 포로로 잡고 반란을 일으켰다(1161년). 이드리시를 포함한 많은 사라센 지식인들이 이때 시칠리아를 탈출해 북아프리카로 돌아갔다. 석방된 후에도 윌리엄 1세는 특유의 나태와 향락적인 삶으로 시칠리아 주민들의 원성을 샀다. 1166년에 병으로 임종한 윌리엄 1세에게 별명이 붙었으니, '악한 왕 윌리엄 William the Bad'이라는 오명이었다.

시칠리아의 왕위는 13살의 윌리엄 2세(1166~1189년 재위)에게로 넘어

붉은 포피리로 장식한 윌리엄 1세의 영묘와 흰색 대리석으로 장식한 윌리엄 2세의 영묘. 몬레알레 대성당.

갔다. 노르만의 문화 융합 정책은 윌리엄 2세에 이르러 다시 개화<sup>開花</sup>한다. 그는 사라센 건축가들에게 가톨릭 성당 건축을 맡기고, 내부는 동로마 제국에서 온 비잔틴 모자이크 장인에게 장식을 맡겼다. 그가 즐겨 입었던 복장은 아랍풍이었고, 경호원은 북아프리카에서 온 흑인이었으며, 궁정 신하는 영국의 사제들이 맡았고, 영국 왕 헨리 2세의 딸 조앤<sup>Joan</sup>과 결혼했다(1177년).

그러나 시칠리아를 통치했던 노르만의 마지막 왕 윌리엄 2세의 문화 융합 정책은 새로운 왕조의 개입을 불러들이는 계기가 되었다. 영국의 공주 조앤을 아내로 받아들였으나 후손을 보지 못했다. 왕위 계승이 임박해지자 윌리엄 2세는 미혼이었던 숙모 콘스탄체(로저 2세의 딸)를 후계자로 지명한다. 숙모 콘스탄체의 결혼 상대는 독일의 호엔슈타우펜 왕가의 아들 하인리히로 결정되었다. 노르만 왕조가 신성 로마 제국의 일원인 독일의 명문가와 사돈을 맺으면서, 가문의 미래를 도모한 것이다.

윌리엄 2세는 1189년에 임종했고, 그의 별명은 '선한 왕 윌리엄<sup>William the Good</sup>'이었다. 모든 인종과 종교를 존중하고 가문의 문화 융합 정책을 계승했던 그의 통치는 시칠리아 주민들에게 깊은 인상을 남겼다. 그의 죽음과 더불어 노르만 오트빌 가문의 시칠리아 통치가 종결되었다. 1040년 시라쿠사를 점령했던 '철권의 윌리엄'을 필두로, 로저 2세가 교황청으로부터 왕위를 인정받았던 1130년을 거쳐, 2명의 로저와 2명의 윌리엄이 통치했던 시대가 마감된 것이다. 시라쿠사를 점령한 지 약 150년 만에, 그리고 시칠리아의 왕위에 오른 지 약 60년 만에 노르만은 시칠리아의 역사에서 사라졌다. 그들 이전에 로마인들이 그리스 문명을 몰아냈고 사라센인들이 비잔틴 문명을 몰아냈듯이, 노르만인들은 사라센 문명을 몰아냈다. 그리스, 로마, 비잔틴, 그리고 사라센이 시칠리아의 농촌을 지금의 모습으로 만들었다면, 노르만인들은 시칠리아의 도시들을 지금의 모습으로 만들었다. 라틴 그리스도교와 비잔틴 정교회, 그리고 이슬람 신앙을 융합했던 노르만의 개방성 덕분에 시칠리아는 지중해의 곡물 창고에서 유럽 문화의 중심지로 도약할 수 있었다.

## 노르만의 마지막 건축, 몬레알레 대성당

1182년에 건축된 몬레알레 대성당은 윌리엄 2세의 문화 융합 정책을 여실히 보여주는 노르만 시대의 마지막 건축물이다. 1174년에 공사가 시작된 이 대성당은 팔레르모에서 그리 멀지 않은 산 중턱의 마을 안에 있다. 팔레르모 인근 산에서 사냥을 하던 윌리엄 2세는 나무 그늘 밑에서 잠시 쉬다가 꿈을 꾸게 된다. 성모 마리아가 꿈에 나타나, 윌리엄 2세가 잠든 그 장소에 성당을 건축하라는 계시를 내렸다고 한다. 잠에서 깨어난 윌리엄 2세는 그늘을 드리웠던 나무 밑을 팠고, 많은 금은보화를 발견했다고 전해진다. 몬레알레 대성당 건축을 위해 필요했던 상당한 양의 건축비가 모두 여기서 충당되었다고 한다. 당연히 이것은 왕실의 위용을 드러내기 위해 만들어진 이야기일 뿐이다. 몬레알레 대성당은 노르만 왕조가 로마 교황청으로부터 계속해서 압박을 받았기 때문에 세워진 건물이다.

윌리엄 2세는 아버지 윌리엄 1세의 영묘를 팔레르모 대성당에 안치하고 싶었다. 그러나 교황청의 사주를 받은 팔레르모 대주교가 이를 반대했다. '악한 왕 윌리엄'으로 불린다는 핑계를 댔지만, 사실은 노르만 왕조를 견제하기 위한 교황청의 압박이었다. 이에 격분한 윌리엄 2세는 팔레르모 대성당의 규모를 능가하는 건물을 짓기 위해 몬레알레 대성당을 건축한 것이다. 아버지의 오명을 씻겨드리겠다는 동기에서 출발한 것이니, 과연 '선한 왕 윌리엄'으로 불릴 만한 행동이었다. 그는 당대와 후대의 역사가들로부터 부정적인 평가를 받았던 아버지 윌리엄 1세를 전통적으로 로마 황제의 영묘에 사용되던 맥반석 종류인 붉은 포프리로 만든 관에 모시고, 아름다운 모자이크로 장식된 몬레알레 대성당에 안치했다.

몬레알레 대성당은 시칠리아의 숨겨진 보물이다. 전형적인 노르만 양식의 성당 외곽은 투박한 성채처럼 보이지만, 성당 내부로 들어가면 아름다운 별천지가 펼쳐진다. 이탈리아 건축의 전통 바실리카 양식을 차용한 코린트 양식의 기둥이 일렬로 서 있고, 중앙 제단은 비잔틴 양식을 적용하고 있다. 약 6,500제곱미터에 달하는 엄청난 규모의 모자이크화가 보는 사람들의 탄성을 자아내게 만든다. 천지창조부터 시작되는 구약성서의 이야기가 섬세한 모자이크로 표현되어 있는데, 성부 하느님의 얼굴이 성자 예수와 같은 얼굴로 묘사된 것은 삼위일체 교리를 반영한 것이다. 다만 성부에는 둥근 광배가 그려져 있지만 성자 예수에는 둥근 광배에 십자가가 더해서 그려져 있다. 이는 예수의 고난을 상징한다. 팔레르모에 있는 제독의 성모 성당에 로저 2세가 예수로부터 왕관을 하사받는 장면이 조각되어 있다면, 몬레알레 대성당에는 윌리엄 2세가 동일한 영광을 누리고 있는 모습으로 장식되어 있다.

중앙 제단 오른쪽 채플에는 붉은 포프리로 제작된 '악한 왕' 윌리엄 1세의 영묘가 안치되어 있고, 그 뒤에 이 대성당의 건축자인 '선한 왕' 윌리엄 2세의 영묘가 일렬로 안치되어 있다. 제단 왼쪽에 있는 채플 벽면에 프랑스 국왕 루이 9세 Louis IX (1226~1270년 재위)의 기념비도 기억해야 할 유적이다. 제8차 십자군 원정에 나섰다가 이질에 걸려 죽은 루이 9세는 성지 회복에 대한 믿음을 끝까지 지켜 성자로 추대되었다. 전염병에 걸려 사망한 사람의 유해는 내장을 분리해 장례를 치른다. 루이 9세의 유해는 파리로 옮겨져 생드니 대성당Basilique de Saint-Denis에 안치되었지만, 그의 심장을 포함한 내장은 프랑스 앙주 가문에 속한 샤를(루이 9세의 동생)의 요구로, 몬레알레 대성당에 안장되었다.

루이 9세의 영묘를 지나면 시칠리아 바로크 양식의 정수인 십자가 채플, 일명 '로아노 채플'이 화려한 모습을 간직하고 있다. 몬레알레의 대주교였던 조반니 로아노Giovanni Roano(1615~1703년)가 예수회 출신 조각가 안젤로 이탈리아Angelo Italia에게 제작을 의뢰한 이 채플은 예수의 십자가와 예수의 족보를 그린 가계도 나무로 유명하다. 입구 채플에 세워진 구약성서의 선지자 동상은 모두 성경 두루마리를 펼치고 있는데, 전부 예수 그리스도의 고난을 예언한 구약성서의 구절을 펼치고 있다. 바닥 장식은 선지자 요나가 바다로 떨어져 '큰 고기'에 잡아먹히는 장면이다. 요나가 3일간 '큰 고기'의 배 안에 있었던 것은 예수 그리스도가 십자가에서 죽임을 당한 후 3일간 음부의 세계에 있었던 것을 상징한다.

몬레알레 대성당 건물과 붙어 있는 베네딕트 수도회의 회랑은 "이탈리아에서 손꼽히게 아름다운 정원"으로 평가받고 있는데, 아랍 정원 양식을 도입하고 있다. 한 면의 길이가 47미터에 이르는 수도원 회랑의 복도에는 총 228개의 화려한 이중 기둥이 서 있고, 모든 기둥 상단에는 다양한 주제의 조각이 장식되어 있다.

시칠리아는 눈물을 믿지 않는다

몬레알레 대성당의 화려한 모자이크 아래에서 결혼식이 진행 중이다.

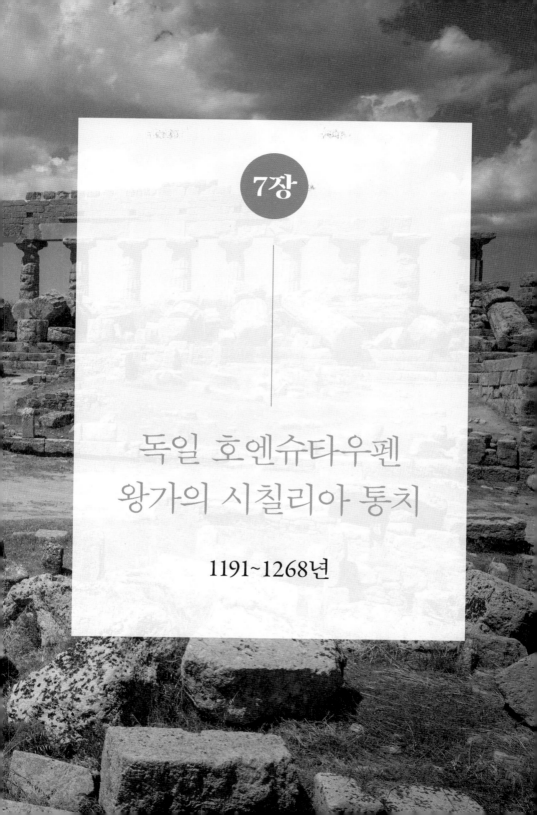

**7장**

# 독일 호엔슈타우펜 왕가의 시칠리아 통치

## 1191~1268년

# 영국 사자심왕 리처드의 메시나 점령 (1190~1191년)

시칠리아는 세계를 보는 창이었다. 페니키아, 그리스, 카르타고, 로마, 비잔틴, 사라센, 노르만이 시칠리아에 긴 문명의 족적을 남기고 사라졌지만, 아직 우리는 12세기의 끝 무렵에 와 있을 뿐이다. 유럽은 이른바 '중세의 암흑'에 깊이 빠져 있었고, 시칠리아는 아직 독일, 프랑스, 스페인, 이탈리아, 그리고 마피아의 도래를 기다리고 있다. 탱크와 전투기를 앞세웠던 미·영 연합군의 상륙도 먼 미래로 앞두고 있다. 지금 우리의 목적은 12세기 후반, 노르만의 오트빌 왕조에서 독일의 호엔슈타우펜 왕조로의 교체가 일어난 시기의 시칠리아를 살펴보는 것이다. 모든 지역 역사local history가 그렇듯이, 세계사의 거대한 흐름 속에서 시칠리아 지배 왕조의 변화가 일어났다. 그 전개 과정이 시칠리아에서 유독 복잡하게 펼쳐진 이유는 그 땅을 노리는 수많은 나라와 왕조의 욕심이 그치지 않았기 때문이었다. 이런 복잡다단한 권력 투쟁의 역사 속에서 수탈의 세월을 견뎌야 하는 고통은 오롯이 시칠리아 주민에게 남겨진 몫이었다.

시칠리아 노르만 왕조의 마지막 왕 윌리엄 2세는 영국 왕 헨리 2세의

시칠리아는 눈물을 믿지 않는다

딸 조앤과 결혼했지만, 후손을 보지 못했다. 임종을 앞둔 윌리엄 2세는 결혼하지 않고 있던 숙모 콘스탄체를 정략 결혼시켜 시칠리아 노르만 왕국의 미래를 도모한다. 당시 유럽의 정세는 교황권과 황제권의 대립으로 혼란이 시작되고 있었다. 기득권을 유지하려던 교황청의 종교 권력에 맞서, 신성 로마 제국의 황제들이 세속 권력의 우위를 주장하면서 문제가 복잡하게 얽혀가고 있었다. 일명 '붉은 수염(바르바로사)'으로 불렸던 프리드리히 1세 Friedrich I(1122~1190년)가 신성 로마 제국의 황제 자격으로 교황청의 종교 권력에 대항했다. 윌리엄 2세는 이 '붉은 수염' 황제의 둘째 아들 하인리히와 숙모 콘스탄체를 정략적으로 결혼시킨 것이다 (1186년). 결혼식은 밀라노 대성당에서 열렸다. 그러나 당시 유럽의 왕가는 여왕이나 공주가 왕위를 계승하지 못한다는 법률(살리카 법 Lex Salica)이 엄격히 준수되고 있었기 때문에,[1] 교황청은 이를 핑계로 하인리히의 시칠리아 왕국 통치권을 인정할 수 없다고 발표했다. 결국 교황청의 결정에 따라 시칠리아 왕위는 윌리엄 2세의 사촌인 레체의 탄크레디 Tancredi of Lecce(1138~1194년)에게 넘어갔다.

시칠리아 권력의 축이 갑자기 이탈리아 본토로 넘어가자 큰 혼란이 발생했다. 윌리엄 2세의 미망인 조앤이 새로운 권력자들의 눈 밖에 나면서 시련을 겪게 된다. 영국 헨리 2세의 딸이기도 한 조앤이 투옥되었다는 소문이 퍼지자 시칠리아와 영국의 관계가 급속도로 나빠졌다. 그러나 감옥에 갇힌 조앤에게는 믿음직한 오빠가 있었다. 영국의 왕 리처드 1세, 일명 사자심왕 Richard the Lionheart(1157~1199년)으로 불리는 제3차 십자군의 영웅이었다. 사자심왕 리처드 1세는 여동생의 투옥 소식을 듣고 메시나를 향해 진군한다(1190년 9월). 프랑스 십자군과 메시나에서 합류해 예루살렘으로 떠날 예정이었지만, 먼저 여동생 조앤을 구출하기 위한

군사 작전에 돌입한다. 리처드 1세는
메시나 도심이 내려다보이는 언덕 위
에 목재로 된 성 마테그리폰Mategrifon을
임시로 건축하고, 시칠리아 동부를 공
략해 들어갔다. 이 과정에서 영국과 프
랑스의 십자군이 시칠리아에서 강탈을
일삼았고, 많은 시칠리아 여성이 끔찍
한 수난을 겪었다. 메시나를 점령한 지
2달 만에 리처드 1세는 여동생 조앤이
석방되었다는 소식과 함께 시칠리아
왕실로부터 약 0.6톤의 금을 배상금으
로 받아냈다. 7개월에 걸친 짧은 영국
의 시칠리아 동부 통치는 사자심왕 리
처드 1세가 십자군을 이끌고 메시나를
떠남으로써(1191년 4월) 가까스로 종결
되었다.

사자심왕 리처드 1세의 초상화. 메리-
조제프 블롱델Merry-Joseph Blondel의
1841년 작품. 베르사유 궁정 소장.

## 홀로 남겨진 고아에서
## 제국의 황제로 성장한 프리드리히 2세

한편 신성 로마 제국의 왕자 하인리히와 결혼했던 콘스탄체는 예상치
못했던 기회를 얻게 된다. 남편 하인리히가 로마에서 교황의 축복을 받
으며 신성 로마 제국의 황제로 취임한 것이다(1191~1197년 재위). 하인리
히 6세로 왕명을 정한 콘스탄체의 남편은 아내의 노르만 가문이 보유하

시칠리아는 눈물을 믿지 않는다

고 있던 시칠리아의 왕위도 함께 계승했다(1194년). 남편이 '시칠리아의 왕'으로 취임하는 대관식은 팔레르모 대성당에서 개최되었지만, 콘스탄체는 현장에 없었다. 당시 임신한 상태였던 콘스탄체는 이탈리아 동부의 예시Jesi라는 작은 마을에서 출산을 앞두고 있었다. 마흔이라는 늦은 나이에 아기를 낳는 것에 대한 불안을 종식시키고, 시칠리아 왕권 세습의 정통성을 알리기 위해 콘스탄체는 예시 마을의 중앙 광장에서 공개적으로 아들을 출산했고, 아기 이름을 페데리코 루제로Federico Ruggero라 붙였다. 이 아기가 장차 신성 로마 제국의 황제 '프리드리히 2세'로 불리게 될 인물이었지만, 오트빌 가문 출신임을 알리려는 의도에서 '루제로(로저의 이탈리아식 이름)'란 이름을 붙였다.

공개 출산이라는 강수를 둔 것은 남편 하인리히 6세가 병약하여, 곧 권력 승계가 일어날 가능성을 예상했기 때문이다. 콘스탄체의 예상대로 하인리히 6세는 3년 만에 32살이라는 젊은 나이로 죽었고, 이제 3살이 조금 지난 어린 왕자가 시칠리아의 권력을 이어받게 된다(1198년). 프리드리히 2세는 시칠리아의 왕으로 취임하면서, 남부 이탈리아(카푸아와 아풀리아)의 공작 칭호를 덤으로 수여받았다. 그는 시칠리아를 통치하는 왕인 동시에, 남부 이탈리아의 공작이며 신성 로마 제국(독일)의 황제였다.

3살 아기가 신성 로마 제국의 황제로 취임하던 해(1198년)에, 어머니 콘스탄체가 임종을 앞두게 되자 어린 왕을 둘러싼 권력 투쟁이 펼쳐졌다. 시칠리아 곳곳에서 반란이 일어났고, 사라센인들이 남쪽 항구 아그리젠토를 점령하는 돌발적인 사건도 벌어졌다. 죽음을 앞둔 섭정 왕후 콘스탄체는 교황 인노켄티우스 3세Innocentius III (1198~1216년 재위)에게 어린 아들의 보호를 요청했다. 교황청은 어린 프리드리히 2세에 대한 보호를 명목으로 시칠리아의 영토를 요구했다. 교황청은 이때부터 시칠리아의 광활한 농지를 교회와 수도원 소속으로 조금씩 바꾸어갔다. 어린 프리드리히 2세는 이 과정을 지켜보면서 교황청에 대한 뿌리 깊은 반감을 품게 된다. 종교와 신앙의 영역에 머물러야 할 교황청이 오히려 더 적극적으로 세속적인 부와 권력을 추구하는 것을 보고 환멸을 느낀 것이다. 프리드리히 2세가 평생 교황청과 극심한 갈등을 빚고 이 과정에서 황제파(기벨린)와 교황파(겔프)의 분열이 중세 유럽의 역사를 피로 물들이게 한 것도 어린 시절의 이런 쓰라린 경험 때문이었다. 프리드리히 2세는 하루속히 교황청과 맺은 후견인 계약을 종결하기 위해 14살이 되던 해(1208년)에 스스로를 성인成人이라 선포했다. 교황청으로부터 독립하겠다는 의지의 표현이었다. 노회한 교황 인노켄티우스 3세는 후견인 계약에서 벗어나게 된 프리드리히 2세를 스페인 아라곤 왕조의 딸 콘스탄체와 결혼시킨다. 어머니의 이름과 같은 스페인 공주 콘스탄체를 아내로 받아들이게 한 교황청의 계획은 자명했다. 교황청은 시칠리아가 독일계와 프랑스 노르만계 혼혈에 의해 통치되는 것을 받아들일 수 없었던 것이다.

프리드리히 2세는 팔레르모 왕궁에서 어린 시절을 고아로 지내며 성장했다. 그는 부계의 독일어, 모계의 프랑스어, 신하들이 사용하는 아랍어 외에도 이탈리아어, 그리스어, 라틴어에 정통했고, 모든 사람과 통역 없이 대화를 나눌 수 있을 정도로 언어에 탁월한 재능을 보였다. 그의 스승은 팔레르모의 대주교 베라르도 코스타Berardo Costa(1213~1252년 봉직)였다. 어린 왕을 가르쳤던 대주교 코스타는 평생 프리드리히 2세를 보좌한 충신이었으며, 황제의 임종을 지켰던 인물이기도 하다.

17살이 된 프리드리히 2세는 부계의 고향 독일을 방문하고 자신의 존재감을 드러내야 한다고 판단했다. 신성 로마 제국의 황제로 추대된 그는 직접 왕관을 받기 위해 시칠리아를 떠난다. 그동안 시칠리아 통치는

시칠리아는 눈물을 믿지 않는다

스페인 아라곤 왕조에서 시집온 12살 연상의 아내 콘스탄체에게 맡겼다. 그러나 그의 여정은 순조롭지 않았다. 프리드리히 2세 일행의 독일행을 막기 위해 밀라노 군대가 개입했고(교황청의 사주가 있었다), 그 와중에 프리드리히 2세는 말을 탄 채 이탈리아 북부의 람브로Lambro강에 뛰어드는 위험천만한 모험을 감수해야 했다. 그가 제노바, 크레모나, 만토바, 베로나, 트렌토를 거쳐 겨우 독일 영토로 들어섰을 때, 독일의 선제후들은 '붉은 수염' 프리드리히 1세의 손자를 한눈에 알아보고 그의 머리에 신성로마 제국 황제의 왕관을 올렸다(1212년).

그동안 '풀리아의 소년Puer Apulia'으로 놀림을 당했던 프리드리히 2세는 독일 마인츠 대성당Mainzer Dom에서 마침내 신성 로마 제국의 황제로 공식 인정을 받았다. 황제 프리드리히 2세는 독일의 통치를 장남 하인리히에게 맡기고(1220년), 북부 이탈리아의 영지는 적자나 서자를 보내 통치하게 한 후, 시칠리아와 나폴리 인근의 이탈리아 남부는 본인이 직접 통치하겠다고 발표했다. 황제 프리드리히 2세의 이런 결정에 교황청은 민감한 반응을 보였다. 독일(알프스 이북의 유럽)과 남부 이탈리아 및 시칠리아를 모두 소유한 신성 로마 제국 황제의 등장으로 인해 교황청이 샌드위치 신세로 전락하게 된 것이다. 프리드리히 2세는 교황청의 경계와 우려를 의식한 듯, 아헨에서 십자군 원정에 나설 것을 공식적으로 선서한다(1215년). 그의 나이 21세였다.

시칠리아 주민들은 프리드리히 2세의 통치에 대해 이중적인 반응을 보였다. 모계 쪽으로는 노르만 혈통인 로저 2세의 피가 흐르고 있지만, 부계 쪽으로는 독일 혈통이었기 때문이다. 시칠리아 주민들은 독일을 '야만의 땅'으로 보는 오랜 전통을 유지하고 있었다. 그러나 시칠리아 주민들이 프리드리히 2세에게 반발한 실제적인 이유는 그가 나폴리를 중심으로 시칠리아를 통치했기 때문이다. 이때까지만 해도 시칠리아는 이탈리아에 속한다는 개념이 없었고, 오히려 독립된 단일 국가라는 의식이 강했다. 프리드리히 2세가 1224년 나폴리 대학교를 설립하고 이곳에서 양성된 인재를 시칠리아 행정 관료로 파견했을 때, 갈등은 피할 수 없는 현실이 되었다. 지금도 시칠리아 사람들은 나폴리에 대한 반감이 대단한데, 이는 프리드리히 2세의 나폴리 우선 정책에서부터 비롯된 것이다.

프리드리히 2세가 8년에 걸친 독일 체류를 마치고 자신의 왕국이 있는 남부 이탈리아와 시칠리아로 돌아가겠다고 발표했을 때, 교황청은 크게 반발했다. 만약 프리드리히 2세가 남부 이탈리아와 시칠리아로 돌아온다면, 로마 교황청은 거대한 신성 로마 제국의 영토 중간에 갇혀 있는 형국이 된다. 교황청의 반발을 무릅쓰고 시칠리아 왕국으로 귀환한 프리드리히 2세는 이제 어엿한 26살의 성년으로 성장해 있었고, 중세 유럽 역사의 전환점이 될 걸출한 정책 발표를 앞두게 된다.

팔레르모 궁정에서 사라센 대사를 접견하는 프리드리히 2세. 1865년 작품. 뮌헨 알테 피나코테카 소장.

# 시대를 앞선 프리드리히 2세의 정책과 공헌

프리드리히 2세는 중세 봉건 제도의 속박에 신음하던 시칠리아 왕국의 개혁을 시도했다. 이른바 '법에 근거한 통치'를 도입한 것이다. 봉건영주가 사유화된 권력을 휘두르는 것이 아니라 황제의 위임을 받은 재판관이 모든 시민에게 공정한 법률을 적용하는 근대적인 국가의 탄생을 계획했다. 이를 위해 우선 필요한 것은 유능한 재판관과 행정 관료의 양성이었다. 프리드리히 2세는 이 목적을 달성하기 위해 1224년 유럽 최초의 '국립대학'인 나폴리 대학교를 설립했다. 시칠리아라는 다문화 사회에서 개방적이며 실용적인 지식을 습득했던 프리드리히 2세는 다른 중세 대학과는 달리 '교회법'이 아닌 '로마법'을 가르치도록 했다. 당시 최고의 대학이었던 볼로냐 대학교가 성직자 양성을 위해 설립된 학교라면, 나폴리 대학교는 공직자 양성을 목표로 삼았다.

프리드리히 2세의 나폴리 대학교 설립은 교황청을 다시 자극했다. 로마법을 계승한 중세의 교회법을 연구하던 대학에 다시 세속적인 로마법을 도입했기 때문이다. 이 전환은 엘리트 집단이 성직자에서 정부 관료로 바뀌어가는 역사적 배경이 되었다. 그동안 중세의 엘리트는 성직자 계급이 독점하고 있었다. 이제 나폴리 대학교에서 재정 지원을 받은 세속 엘리트들이 등장하게 된 것이다. 성직자(교황파)와 관료 엘리트(황제파) 사이에 주도권 다툼이 치열하게 전개되었다.

1231년 살레르노 의과 대학Schola Medica Salernitana을 설립한 것도 프리드리히 2세의 중요한 공헌이다. 그는 법령 공포를 통해, 환자를 치료할 수 있는 의료진은 살레르노 의과 대학을 졸업한 후 의사 면허를 취득한 사람으로 제한했다. 의사 면허가 처음으로 도입된 것이다. 약학을 의사 교육 과정에서 분리해 현대 의학 발전에도 크게 공헌했다. 프리드리히 2세 자신도 의학과 자연 과학에 큰 관심을 가지고 있었다. 교황청의 입장에 서서 프리드리히 2세를 부정적으로 묘사했던 프란체스코회 소속 수도사 살림베네Salimbene de Adam(1221~1290년 추정)의 악의에 찬 기록에 의하면,[2] 프리드리히 2세는 죽음 이후에 사람의 몸에서 영혼이 떠나가는 모습을 확인하기 위해 죄수들을 나무 관에서 굶겨 죽이고, 작은 구멍을 뚫어 영 혼이 움직이는 모습을 확인했다고 한다. 2명의 죄수에게 많은 음식을 먹 인 후에, 한 사람은 사냥을 즐기게 하고 다른 사람은 그냥 잠을 재운 후, 몇 시간 후에 그들의 배를 갈라 음식이 어떻게 소화되었는지 확인했다고 도 한다. 심지어 태초의 인간 아담과 이브가 어떻게 배우지도 않고 언어 를 사용할 수 있었는지 확인하기 위해, 갓 태어난 아기들을 모아두고 인 위적인 실험을 했다는 기록도 있다. 그는 유모들에게 절대 침묵 속에서 아기들에게 음식만 먹이도록 하면서 언어 발달 과정을 조사했다.[3] 프리 드리히 2세에 대한 이런 악의에 찬 묘사는 주로 교황청을 중심으로 퍼져 나간 것이다. 실제로 프리드리히 2세는 의학과 자연 과학에 관심이 많았 고, 동물을 관찰하는 것을 좋아했다. 물고기가 성장하면서 이동하는 경 로를 확인하기 위해 아가미에 청동으로 표시한 후 강과 바다에 풀어두기 도 했고, 다른 대륙에서 잡은 동물들을 수집해서 자체 동물 보호 구역을 만들기도 했다.

1220년 발표된 '카푸아 헌장'과 이를 더 정교하게 발전시킨 1231년의 '멜피 헌법'은 프리드리히 2세가 시칠리아 왕국과 신성 로마 제국을 통 치하는 기본법이 되었다. 총 253개 조항으로 구성된 시칠리아의 법은 전 문 법학자들의 도움을 받아 제정되었지만, 프리드리히 2세의 평소 생각 과 통치 철학을 반영하고 있다. 법의 기본적인 방향은 왕권의 강화와 봉건 영주들의 권력 제한에 초점을 두었다. 왕권의 강화를 위해 '왕권신수설'이 도입되었으며, 봉건 영주들의 사적인 무장을 법으로 엄격하게 금했다. 봉건 영주들끼리 봉토를 사고파는 것을 금지했으며, 일정 규모의 세금 납부를 의무화했고, 이를 어길 경우를 대비해 강력하고 구체적인 처벌을 법률로 규정했다.

멜피 헌법이 발표된 멜피의 프리드리히 2세 궁전. 현재 풀리아 지역의 고고학 자료를 전시하는 국립 박물관으로 사용되고 있다.

이러한 조치에 교황청과 비밀스러운 관계를 유지하며 많은 영토를 소유하고 있던 시칠리아의 주교들이 주로 반발했다. 프리드리히 2세는 교황권이 자신의 통치권에 간섭하는 것을 막기 위해, 주교도 법을 어길 경우 세속 사법부의 재판을 받도록 했다. 멜피 헌법은 중세 재판에서 사용되던 '고난의 심판', '물의 심판', '불의 심판', '결투의 심판'을 모두 폐지하고 법관의 양심과 이성에 따른 법률의 적용을 따라야 한다고 규정했다. 이런 비합리적인 심판은 주로 성직자들이 주도했는데, 인간의 죄는 하느님이 홀로 판단하신다는 중세적 믿음에 근거한 것이었다. 죄가 없다면 하느님이 보호해주실 것이라는 믿음 아래에서 피고에게 감당하기 어려운 고통을 주거나, 물에 빠트리고, 손바닥을 불로 지지는 재판이 관행적으로 시행되고 있었다. 프리드리히 2세가 이런 비이성적인 재판을 파기하자 교황청의 분노는 점점 거세졌다. 이 모든 개혁 조치들은 프리드리히 2세가 강력한 중앙 집권 체제를 구축하고 있다는 것을 의미했다. 그의 개혁은 유럽 사회에 급격한 신분 상승 기회를 제공하기도 했다. 봉건 영주와 주교의 권력 독점이 끝나고, 일반인도 노력을 통해 신분 상승을 할 수 있는 기회가 주어진 것이다. 모든 국민이 법 앞에서 평등한 권리를 누린다는 멜피 헌법은 시칠리아에 새로운 시대가 개막되고 있음을 알리는 신호탄이었다.

## 프리드리히 2세가 주도했던 제6차 십자군 원정

프리드리히 2세는 아헨에서 신성 로마 제국의 황제로 정식 취임할 때 교황청과 하나의 약속을 맺었다. 십자군 원정에 나서겠다는 선언이었다. 그러나 시칠리아로 귀환한 프리드리히 2세는 계속 약속 이행을 미루었다. 세속 권력을 대표하는 신성 로마 제국의 황제가 교황청의 압박을 받고 전쟁에 나간다는 것에 대한 개인적인 반감이 있었기 때문이다. 그에

시칠리아는 눈물을 믿지 않는다

게는 시칠리아와 남부 이탈리아 정국을 안정시키고, 북부 이탈리아에서 일어났던 반란을 진압하는 것이 급선무였다. 그러나 프리드리히 2세는 교황청의 정식 요청을 받고 전前 예루살렘 왕의 딸이었던 욜란데Yolande of Brienne와 두 번째 결혼식을 올림으로써(1225년), 십자군 원정에 나서겠다는 계획을 다시 천명했다. 1227년, 프리드리히 2세는 소규모로 꾸려진 십자군을 이끌고 브린디시Brindisi 항구에서 항해를 시작했지만 승선하고 있던 병사들 사이에서 전염병이 퍼져, 3일 만에 이탈리아 최남단 항구 도시인 오트란토Otranto로 철수해버렸다. 당연히 이것은 지연 전술이었다. 애당초 프리드리히 2세는 예루살렘으로 갈 의향이 없었던 것이다. 이에 발끈한 교황청은 황제를 파문에 처해버렸다.

이듬해인 1228년, 프리드리히 2세는 다시 십자군 원정에 나서게 된다. 역사가들은 이를 제6차 십자군 원정(1228~1229년)이라고 부른다. 신성 로마 제국의 황제가 직접 예루살렘 성지에 상륙한 것은 프리드리히 2세가 처음이자 마지막이었다. 프리드리히 2세는 평화적으로 팔레스타인 해안에 상륙했다. 당시 예루살렘의 권력은 술탄 살라딘Saladin의 조카였던 알-카밀Al-Kamil(1177~1238년)이 쥐고 있었다. 그는 멀리 이집트에서 예루살렘의 상황을 조정하고 있었다. 프리드리히 2세만큼이나 실용적이었던 그는 황제가 이끌고 온 십자군과 평화 협정을 체결한다(1229년). 프리드리히 2세를 '예루살렘의 왕'으로 인정키로 하고, 성지의 해안 영토를 십자군에게 넘겨주기로 합의한 것이다. 대신 예루살렘에 있는 2개의 모스크를 파괴하지 않고 이를 전적으로 무슬림이 관리한다는 조건과, 십자군이 장기 주둔을 위해 추가로 성채를 건축하지 않는다는 2개의 조건만을 요구했다.

프리드리히 2세는 알-카밀의 조건을 승낙하고 예루살렘에 무혈 입성했지만, 튜턴(독일) 기사단을 제외한 나머지 성전 기사단과 병원 기사단, 그리고 교황청은 크게 반발한다. 성전 기사단이 크게 반발한 이유는 그동안 기사단의 본부로 사용하던 '솔로몬 성전'을 이슬람 세력에 반납해야 했기 때문이었다. 프리드리히 2세는 교황청과 기사단의 이런 반발에도 불구하고 태연히 성묘 교회에서 예루살렘의 왕으로 취임하는 대관식을 치렀다. 루체라Lucera에서 데려온 사라센 군사들이 프리드리히 2세의 경호를 맡았다.

## 교황권과 황제권의 대결, 롬바르디아 동맹 전쟁

십자군을 이끄는 프리드리히 2세가 사라센 군대를 경호 부대로 거느리고 다니는 모습은 교황청을 자극하기에 충분했다. 제6차 십자군의 결과는 중세 유럽이 교황파와 황제파로 분열되는 중요한 분기점이 되었다. 교황 그레고리우스 9세Gregorius IX(1227~1241년 재위)는 독일과 이탈리아 남부를 차지하고 예루살렘의 왕으로 등극한 프리드리히 2세에 대한 불쾌한 감정을 숨기지 않았다. 교황은 프리드리히 2세를 다시 파문에 처했다. 이슬람 세력과 내통했다는 혐의였다. 그리고 파문보다 더한 결정을 내렸으니, 신성 로마 제국과의 전쟁을 선포한 것이다.

로마와 신성 로마 제국이 전쟁터에서 맞붙는 어처구니없는 일이 벌어졌다. 교황은 이탈리아 북부 지방, 특별히 밀라노를 중심으로 한 이탈리아의 코무네(자치 국가)를 부추겨 신성 로마 제국에 맞서게 한다. 이를 '롬바르디아 동맹'이라고 부른다. 교황의 지시를 받은 롬바르디아 동맹은 이탈리아 서해안에서 프리드리히 2세의 군대와 맞붙었다. 멜로리아 Meloria 해전(1241년)에서 롬바르디아 동맹군은 참패를 당했고, 동원된 함

시칠리아는 눈물을 믿지 않는다

선 30척 중 겨우 5척만 살아남았다. 프리드리히 2세는 이 전투를 위해 루체라 성에 거주하던 사라센 군사들을 동원했는데, 이는 교황청의 엄청난 반발을 불러왔다. 이교도들이 가톨릭교회를 위해 싸우는 롬바르디아 동맹을 공격하게 만들었다는 이유였다. 이에 교황 그레고리우스 9세는 사라센 군대를 동원했던 황제에게 세 번째 파문장을 날렸다.

## 프리드리히 2세가 남긴 업적과 임종(1250년)

프리드리히 2세는《매사냥의 기술De Arte Venandi cum Avibus》이란 책을 직접 썼다. 1240년대에 집필했고 그의 아들 만프레디Manfredi가 정식으로 출간했는데, "있는 그대로, 본 그대로" 쓰겠다는 프리드리히 2세의 다짐이 서문에 언급되어 있다. 총 6장으로 구성된 이 책은 사냥용 매의 모습과 신체 특징(1장), 사냥용 매의 종류와 포획 방법(2장), 미끼 새의 종류와 사용 방법(3장), 큰 매로 사냥하는 방법(4장), 빠른 매로 사냥하는 방법(5장), 그리고 작은 매로 다른 새를 사냥하는 방법(6장)을 자세히 설명하고 있다. 이 책에는 매사냥을 위한 '군주의 덕목'이 열거되어 있는데, 군주는 매사냥 자체를 좋아하는 순수한 사람이어야 하고, 지력이 뛰어난 사람이어야 하며, 매사냥 과정에서 발생할 수 있는 실패와 난관을 극복할 수 있는 과감한 행동력, 치밀한 판단력, 마음의 평정을 잃지 않는 자제력, 사냥을 위해 이른 새벽에 일어나는 인내력을 요구했다. 이는 프리드리히 2세가 쓴《매사냥의 기술》이 다른 새나 토끼를 잡기 위한 사냥의 기술만을 설명하고 있는 것이 아니라는 사실을 보여준다. 프리드리히 2세는 이 책을 통해 군주의 덕목에 대해서 스스로 다짐을 하고 있는 것이다.

프리드리히 2세의 아들 만프레디가 편찬한
《매사냥의 기술》두 번째 페이지에 수록된
〈프리드리히 2세의 초상화〉.

프리드리히 2세의 통치 기간에 일어난 문화적 발전 중의 하나는 프랑스 남부의 음유 시인들의 등장과 이들의 문예 활동으로 인해 새로운 문학 장르가 탄생했다는 것이다. 프리드리히 2세가 유럽과 시칠리아를 오가면서 나폴리 대학교의 지성인들과 교류하고, 십자군 운동에 참여했던 일부 음유 시인들이 시칠리아 동부에 정착하면서 '궁정의 사랑'과 기사도를 노래하는 새로운 문학이 유행하게 되었다. 경쾌한 리듬감으로 사랑을 찬미했던 이 시인 무리를 '시칠리아 학파scuola siciliana'라 부른다. 프리드리히 2세의 궁정을 중심으로 활동한 시칠리아 학파 중에서 자코모 다 렌티니Giacomo da Lentini (1210~1260년 추정)는 14행으로 된 시칠리아 소네트 양식을 처음 도입한 인물로 알려져 있다. 학자들은 자코모 다 렌티니가 프랑스 남부의 음유 시인들의 영향을 받아 원래 시칠리아에서 유행했던 8행의 토착 민요 Strambotto를 발전시켰다고 본다. 시칠리아 학파는 1230년부터 1266년까지 무려 300편이 넘는 사랑의 소네트를 쓴 것으로 알려져 있다. 문화적 취향에 개방적이었던 시칠리아 음유 시인들은 라틴어 대신 이탈리아 속어를 사용하기 시작했고, 이런 낭만주의 문학은 피렌체를 포함한 토스카

시칠리아는 눈물을 믿지 않는다

나 지방까지 전해져 단테의 문학에 지대한 영향을 미치게 된다. 우리말로는 '청신체淸新體'로 번역되는 이 '달콤하고 새로운 스타일Dolce stil novo'의 문학은 르네상스의 인문주의와도 직결될 만큼 문화사적 의미가 컸다. 그래서 일부 학자들은 이탈리아 르네상스의 원류를 프리드리히 2세가 지원했던 학문과 예술의 후원에서 찾기도 한다.[4]

프리드리히 2세는 1250년 이탈리아 남부에서 임종했다. 평소처럼 매사냥을 즐기던 그는 루체라 인근의 작은 마을에서 탈수증에 걸렸다. 인근 포자Poggia의 왕궁에서 살레르노 의과 대학 출신 의사가 달려왔지만 이미 병세는 회복 불능 상태였다. 황제는 56세 생일을 불과 수일 앞둔 채 유언장을 작성했다. 욜란데를 통해 낳은 적자 콘라트Conrad를 후계자로 지명했다. 40년간 충성을 바쳤던 팔레르모의 대주교 베라르도 코스타가 종부 성사를 올렸고, 1250년 12월 13일 황제는 조용히 눈을 감았다. 그의 유해는 제일 먼저 달려온 아들 만프레디와 황제가 총애했던 대주교 베라르도 코스타에 의해 팔레르모로 운구되었다. 그의 유해는 외할아버지 로저 2세가 오래전에 구해놓았던 붉은색 포프리 관에 모셔진 후, 팔레르모 대성당에 이미 안치되어 있던 아버지 하인리히 6세와 어머니 콘스탄체, 그리고 첫 번째 아내였던 스페인 아라곤 왕가 출신의 콘스탄체 옆에 안치되었다. 후계자 서열 순위 3위에 해당하던 아들 만프레디는 형 콘라트에게 아버지의 임종을 알리는 편지를 이렇게 썼다.

법치에 대한 집요할 정도의 열정과 너무나 철저했던 공정함, 한없는 지적 탐구심, 다방면에 걸친 풍부한 재능, 출생에서 온 진정한 고귀함까지, 만약 육체의 죽음으로 소멸하지 않는 것이 있다면 아버지 프리드리히 2세는 앞으로도 우리 마음속에 영원히 살아 있을 겁니다.[5]

팔레르모 대성당에 있는 프리드리히 2세의 영묘.

　아들 만프레디의 평가대로 타고난 지능과 지칠 줄 모르는 호기심을 가졌던 프리드리히 2세는 비록 혈혈단신 고아로 성장했지만 시칠리아와 남부 이탈리아, 그리고 신성 로마 제국과 예루살렘을 통치했던 중세의 계몽 군주였다. 그는 '법에 의한 통치'라는 개념을 최초로 실천에 옮긴 근대의 선구자였다. 그의 개방적인 정책은 교황청의 반발을 불러왔고, 이로 인해 중세 말기의 유럽에서 혼란이 발생한 것도 사실이다. 프리드리히 2세가 평생 교황청과 대립했기 때문에, 이탈리아 문학은 그에 대한 부정적인 평가를 남기기도 했다. 단테는 《신곡》 '지옥' 편에서 에피쿠로스 철학을 신봉하는 이교도의 지옥 형벌을 받은 자 중에 프리드리히 2세를 등장시키고,[6] '천국' 편 제19곡에서 "그리스도를 믿지만, 위선적인 나쁜 군주"의 사례로 프리드리히 2세를 언급하고 있다. 다음 문장이다.

　시칠리아는 눈물을 믿지 않는다

불의 섬을 지키던 자(프리드리히 2세)에 대해서는

그의 인색함과 비열이 적혀 있으리니

그가 얼마나 못났는지를 깨닫게 하도록

그의 글발은 좁은 지면에 많은 것을

적기 위해 글자들을 생략하게 되리라.**7**

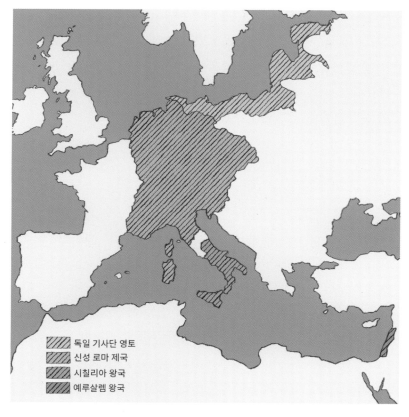

프리드리히 2세가 통치했던 시칠리아 왕국, 신성 로마 제국, 예루살렘 왕국, 독일
기사단의 영토.

프리드리히 2세는 세속 권력의 대표자였다. 영국은 마그나 카르타Mag-na Carta(1215년)의 조인으로 왕권이 약화되었고, 프랑스는 잇단 십자군 원정의 실패로 인해 국력이 쇠퇴했다. 그러나 프리드리히 2세는 유럽을 호령하던 세속 군주였고, 교황청으로부터 3번이나 파문을 당하면서도 끝까지 왕권을 지켜낸 인물이었다. 그는 지중해의 동과 서를 연결하던 시칠리아의 왕으로 적격이었다. 그의 팔레르모 궁정에서 번역된 아리스토텔레스의 책들이 유럽의 대학으로 퍼지면서 지적 부흥이 일어났고, 결국 서유럽은 문예 부흥, 즉 르네상스를 맞이하게 된다.[8] 동시대의 유럽인들은 그의 별명을 '세계의 경이(스투포르 문디Stupor Mundi)'라고 붙였다.[9] '풀리아의 소년'으로 놀림을 당하던 프리드리히 2세는 장차 《신곡》에서 자신을 경멸하게 될 단테가 걸어갈 문학의 길을 열어준 역설적인 인물이 되었다.

# 프리드리히 2세의 후계자들

프리드리히 2세 곁에는 늘 훌륭한 가신들이 있었다. 팔레르모 대주교 베라르도 코스타와 튜턴(독일) 기사단장 헤르만Hermann von Salza이 대표적인 인물이었다. 이들은 모두 성직에 몸담고 있었지만, 황제를 위해 평생을 바쳤다. 팔레르모 대주교 베라르도 코스타는 주군과 함께 3번이나 파문을 당하는 난관 속에서도 충성심을 잃지 않았고, 끝까지 황제의 임종을 지켰다. 남부 이탈리아의 영주 중에도 충신이 많았는데, 그중에 란돌포 아퀴노Landolfo Aquino란 인물이 있었다. 프리드리히 2세의 고위 행정관이었는데, 그 아들이 바로 중세를 대표하는 신학자 토마스 아퀴나스 Thomas Aquinas(1225~1274년)다. 황제가 설립한 나폴리 대학교에서 공부를 하고 그곳에서 교수를 역임했으며, 결국 도미니코 수도회에 입회해 중세 스콜라 철학의 창시자가 되는 인물이다. 멜피 헌법의 초안을 작성했던 법학 교수 출신의 피에트로 델라 비냐Pietro della Vigna(1190~1249년)도 있었다. 그는 프리드리히 2세의 유능한 행정관을 다수 배출했던 나폴리 대학교의 초기 설립자로 기억되고 있다. 이들은 중세 봉건 제도를 무너뜨리고 최초로 법으로 통치되는 강력한 군주국을 꿈꾸었던 프리드리히 2세의 충실한 조력자들이었다.

프리드리히 2세의 죽음을 가장 기뻐했던 인물은 교황 인노켄티우스 4세였다. 교황청은 서둘러 시칠리아를 접수하기 위해 새로운 국왕을 파견하려고 했다. 당시 영국은 헨리 3세, 프랑스는 루이 9세의 통치를 받고 있었다. 교황청은 두 나라의 왕에게 아들이나 동생을 시칠리아의 왕으로 파견해달라고 요청했다. 영국의 헨리 3세가 아들 에드먼드Edmund를 파견하겠다고 알려왔다. 교황청은 서둘러 에드먼드를 '시칠리아의 왕'으로 공표해버렸다(1254년).

독일의 호엔슈타우펜 왕가는 교황청의 결정에 반발했지만 당황스러운 일이 동시에 벌어졌다. 프리드리히 2세로부터 후계자로 지명된 콘라트가 갑자기 병으로 죽었기 때문이었다(1254년). 콘라트의 아들 콘라딘Conradin은 아직 갓난아기였고, 그나마 아버지의 영토였던 독일에서 성장하고 있었다. 결국 콘라트의 이복동생 만프레디가 나서게 된다. 22살의 청년 만프레디는 어린 조카를 대신해 시칠리아를 섭정으로 통치했다. 교황청 군대와 맞서 전쟁을 일으켰고, 성공적으로 시칠리아와 이탈리아 남부를 지켜낸다(1257년). 만프레디의 군대는 시칠리아에 남아 있던 사라센 주민들이 주력이었다. 시칠리아 주민들은 교황청의 지지를 받고 있던 영국 출신의 에드먼드보다 프리드리히 2세의 혈통을 이어받은 만프레디를 선호했다. 결국 섭정에 머물러 있던 만프레디는 시칠리아의 왕으로 정식 책봉된다(1258년). 물론 교황청의 허락이 내려지지 않은 상태에서 왕으로 취임했다. 그는 아버지 프리드리히 2세의 뒤를 이어 개방적인 정책을 펼쳐, 시칠리아 주민들 사이에서 인기가 높았다. 이탈리아 동남부 풀리아 해안에 만프레도니아<sup></sup>Manfredonia라는 항구 도시를 만들었고, 폐쇄되었던 나폴리 대학교도 다시 문을 열게 했다. 아버지 프리드리히 2세가 쓴 《매사냥의 기술》도 그가 편찬한 것이다.

여기서 시칠리아는 새로운 주인이 될 프랑스의 앙주 가문과 만나게 된다. 프리드리히 2세가 서거하고 교황청이 영국과 프랑스의 왕에게 동생이나 아들을 시칠리아의 왕으로 추천하라고 요구했을 때, 프랑스의 왕 루이 9세는 앙주의 백작이었던 동생 샤를Count Charles of Anjou (1227~1285년)을 추천했다. 시칠리아가 내분에 휩싸여 있고, 교황청이 시칠리아의 정권 교체를 원하는 것을 본 샤를은 스스로 '시칠리아의 왕'이 되기로 결심했다. 전통적으로 프랑스는 교황청과 우호적인 관계를 맺고 있었고, 그의 형 루이 9세(1226~1270년 재위)는 성인으로 추대될 만큼 신앙심이 돈독했다. 교황과 성자 형을 등에 업은 샤를은 만프레디와 전쟁을 일으켰고, 결국 베네벤토 전투에서 승리를 거둔다(1266년). 성급하게 전장으로 달려갔던 만프레디는 베네벤토 전투에서 어이없는 죽음을 당했다.

비록 샤를이 만프레디의 예상치 못한 졸전으로 승리를 차지했지만, 시칠리아에는 아직 왕이 남아 있었다. 비록 삼촌에게 왕좌를 양보해야 했지만, 콘라트의 아들 콘라딘에게는 여전히 독일 호엔슈타우펜 왕가의 피가 흐르고 있었다. 시칠리아 본토에 상륙한 샤를의 프랑스 군대가 시칠리아 동부를 점령했지만(1267년), 서부의 시칠리아 주민들은 여전히 콘라딘을 지지하고 있었다. 독일에 있던 콘라딘은 시칠리아를 되찾기 위해 이탈리아로 내려왔고, 피사와 로마를 거쳐 나폴리까지 진군했다. 그러나 1268년 10월 29일, 샤를은 나폴리의 한 시장통에서 어린 콘라딘을 생포했고, 즉각 그를 참수해버렸다. 이로써 노르만을 몰아냈던 독일 호엔슈타우펜 왕가의 시칠리아 통치는 77년 만에 끝이 났다. 노르만의 로저 2세와 호엔슈타우펜의 프리드리히 2세가 이룩했던 시칠리아의 황금기는 그렇게 종결되었다. 이제 시칠리아는 프랑스 앙주 가문을 새 주인으로 섬기게 되었다.

베네벤토 전투(1266년). 프랑스 앙주 가문의 샤를이 프리드리히 2세의 아들 만프레디의 시신을 바라보고 있다. 카를 랄Carl Rahl의 1838년 작품. 빈 벨베데레 미술관 소장.

# 8장

# 프랑스 카페 왕조의
# 시칠리아 통치

## 1268~1302년

# 프랑스 앙주 가문 출신, 샤를 왕의 통치(1268~1282년)

1268년, 비운의 콘라딘이 나폴리의 한 시장 골목에서 참수를 당함으로써 시칠리아는 프랑스 카페 왕조에 속한 앙주 가문의 통치를 받게 되었다. 독일이 가고 프랑스가 돌아온 것이다. 노르만의 오트빌 가문도 프랑스의 봉신이었으니, 카페 왕조의 등장은 시칠리아에 프랑스가 다시 돌아왔다는 것을 의미했다. 폭력으로 정권을 교체했으니, 새로 온 프랑스 왕은 처음부터 폭력으로 시칠리아를 다스렸다. 사소한 불만을 제기해도 샤를의 군대는 가차 없는 폭력으로 진압했고, 노르만-호엔슈타우펜의 통치 기간 중 평화로운 시기를 보냈던 시칠리아에 피바람이 불게 되었다.

성자로 추대되었던 루이 9세의 동생 샤를 왕은 프리드리히 2세가 도입했던 '법에 의한 통치'를 뒤집고, 시칠리아를 다시 중세 봉건제로 되돌려 놓았다. 본인이 직접 관리하며 이익을 챙기는 엄청난 크기의 장원莊園을 확보했고, 프랑스에서 이주해 온 귀족들에게 남아 있는 시칠리아 토지를 할당해주었다. 노르만이 통치하던 로저 2세의 봉건 제도가 회귀하는 양상이었지만, 이미 프리드리히 2세의 법치주의를 맛본 시칠리아 주

시칠리아는 눈물을 믿지 않는다

민들은 프랑스 앙주 왕가의 수탈에 대해 반감을 품게 된다. 특별히 노르만과 호엔슈타우펜 통치기에 영토를 확보했던 시칠리아의 토착 지주들은 강압적인 방법으로 자기 땅을 빼앗고 옛 시대의 농노 제도를 부활시키려는 샤를 왕의 정책에 반발했다. 이에 대해 샤를 왕은 군사력을 동원한 강제 진압으로 대응했고, 시칠리아의 정국은 다시 아수라장으로 빠져든다.

프리드리히 2세의 통치기에 북아프리카 튀니지는 시칠리아의 식민지였다. 시칠리아의 곡물을 수입하지 않으면 식량난을 겪는 튀니지로서는 매년 조공을 바쳐서라도 프리드리히 2세와 우호적인 관계를 유지해야만 했다. 그러나 샤를이 집권한 후 튀니지는 독립을 선언했고, 이에 샤를은 형인 프랑스의 왕 루이 9세를 설득해서 함께 튀니지 원정에 나서기로 했다. 원정의 동기는 다분히 경제적인 이유였으나, 신앙의 이름을 빙자하기로 했다. 북아프리카의 이슬람을 무찌르기 위한 새로운 십자군이라는 거창한 명분을 내세우며 두 형제는 팔레르모에서 만나 함께 원정을 떠나기로 했다. 먼저 튀니지에 상륙한 샤를 왕은 형 루이 9세가 이동 도중에 전염병에 걸려 사망했다는 소식을 전해 듣는다(1270년). 샤를은 튀니지를 점령하고 다시 식민지로 삼았으나 혼미한 시칠리아의 정국 때문에 귀국을 서둘러야 했다. 튀니지 원정을 위해 시칠

나폴리 왕궁 광장에 전시되어 있는 샤를 왕의 동상.

리아에서 거둬들인 막대한 세금은 주민들의 민심을 더욱 자극했다. 일괄적으로 부과한 재산세를 강제로 징수하기 위해 샤를 왕은 더 많은 프랑스인을 관리로 채용했다. 지중해의 곡물 창고에서 한몫 잡기 위해 프랑스를 떠난 하급 관리들은 시칠리아 주민들을 가렴주구苛斂誅求하기에 바빴다.

## 시칠리아 만종 사건(1282년)

1282년 부활절 저녁, 1268년부터 시칠리아를 강압적으로 통치해오던 프랑스 출신의 샤를 왕에 대한 봉기가 일어났다. 반란이 발발하고 첫 6주 동안, 무려 1만 3,000명의 프랑스인이 시칠리아 반란군에게 학살당한 사건이었다. 이 사건의 배경에 샤를 왕의 혹독한 세금 징수가 있었다. 튀니지 원정에서 돌아온 후, 샤를 왕은 콘스탄티노플을 공격한다는 명분을 앞세우고 더 많은 세금을 징수했다. 그는 시칠리아를 낙후된 농촌으로 간주했고, 세금 징수와 관련된 일이 있을 때만 시칠리아를 찾았다. 언제나 나폴리 왕궁에 머물렀던 그는 시칠리아를 단순한 곡물 창고와 세금 징수처로 간주하고 있었다. 이런 샤를 왕의 태도는 시칠리아 사람들에게 모욕감을 주었다. 반발과 소요의 조짐은 외부의 선동으로 고조되어갔다. 1266년, 샤를 왕에게 죽임을 당했던 만프레디의 사위는 스페인 아라곤 왕조의 페로 3세Pero III(1239~1285년)였다. 만프레디의 장녀 콘스탄체는 남편을 설득해서, 스페인의 군대를 이끌고 팔레르모를 향해 진격하도록 만들었다.

1282년 3월 31일 부활절, 팔레르모 외곽에 있는 산토 스피리토 성당 Chiesa dello Santo Spirito의 만종(저녁 기도 시간을 알리는 종)이 울려 퍼지면서

시칠리아는 눈물을 믿지 않는다

프란체스코 하예즈Francesco Hayez가 그린 〈시칠리아 만종 사건〉(1846년 작품). 로마 현대 미술 갤러리 소장.

반란이 시작되었다. 이른바 '시칠리아 만종 사건 I Vespri Siciliani'으로 불리는 조직적인 무장봉기였다. 반란이 시작된 경위는 술에 취한 프랑스 군인이 추태를 부렸기 때문이다.[1] 그가 팔레르모 길거리에서 한 시칠리아 여성을 추행했고, 이에 격분한 남편이 그 프랑스 군인을 죽이면서 집단 난투극으로 변했다. 이것이 폭동으로 확대되었다. 흥분한 팔레르모 시민들은 "프랑스 놈들에게 죽음을!"이라고 외치며 지나가는 프랑스인들을 모두 죽였다. 프랑스인과 결혼한 시칠리아 여성들도 덩달아 죽임을 당했으며, 시칠리아 사투리인 'ciciri'란 단어를 정확하게 발음하지 못하는 외국인들도 죽임을 당했다. 팔레르모의 앞바다에서는 페로 3세와 그의 아내 콘스탄체가 보낸 스페인 함대가 폭동을 지지하는 무력 시위를 펼치고 있었다. 이 시칠리아 만종 사건은 주세페 베르디Giuseppe Verdi의 동명 오페라(우리말로는 주로 〈시칠리아섬의 저녁 기도〉로 번역됨)로 유명해졌다. 오페라의 주인공 베이스가 맡는 역할은 프리드리히 2세의 마지막 진료를 맡았고 호엔슈타우펜 왕조의 복귀를 위해 노력했던 조반니 다 프로치다Giovanni da Procida(1210~1298년)인데, 실제로 시칠리아 만종 사건의 배후 인물이기도 하다. 시칠리아 만종 사건 당시 팔레르모의 주민들은 "이탈리아는 열망한다, 프랑스인의 죽음을! Morte alla francia italia anelia!"이라고 외쳤는데, 그 문장의 머리글자가 모여서 '마피아Mafia'가 되었다는 설이 있다.

우발적인 사건과 더불어 시작된 '시칠리아 만종 사건'은 발생 6주 만에 메시나를 제외한 전 시칠리아에서 프랑스인들을 몰아내는 성과를 올렸다. 반란군들은 교황 마르티누스 4세Martinus IV(1281~1285년 재위)에게 대표단을 보내, 시칠리아를 교황의 보호를 받는 자유 영토로 인정해줄 것을 호소했다. 당시 시칠리아가 꿈꾸던 국가 모델은 베네치아였다. 베네치아처럼 전통 귀족이 도제Doge의 이름으로 통치하지만, 공화정의 통치 형태로 유지되는 국가가 되길 원했다. 그러나 마르티누스 4세는 원래 프랑스 출신이었고, 당연히 시칠리아 대표단에게 다시 샤를 왕의 통치를 받아들이라고 종용했다. 결국 시칠리아 대표단은 아라곤 왕조의 페로 3세에게 찾아갔다. 페로 3세는 만프레디의 딸 콘스탄체와 결혼했으니, 독일 호엔슈타우펜 왕가의 프리드리히 2세의 손주사위가 되는 셈이다. 아내와 함께 시칠리아를 차지할 준비를 만반에 갖추고 있던 페로 3세는 튀니지에 대기시켰던 함대를 이끌고 1282년 8월 30일, 트라파니에 상륙했다. 이어 팔레르모에 입성한 페로 3세는 주민들의 열렬한 환영을 받았다. 프랑스 출신 교황 마르티누스 4세가 계속 샤를을 왕으로 복귀시키라고 종용하자, 시칠리아인들은 프랑스 대신 스페인을 선택한 것이다. 페로 3세는 시칠리아인들의 전폭적인 지지를 받으며 왕으로 등극했고, 이름도 페트루 1세Pètru I로 바꿨다(1282년 9월 4일).

# 프랑스와의 전쟁과
## 시칠리아 왕국의 분열(1282~1302년)

프랑스 앙주 가문에서 스페인의 아라곤 왕조로 주인이 바뀌었지만, 전쟁은 이제 시작이었다. 콘스탄체의 남편 페트루 1세가 팔레르모에서 '시칠리아의 왕'으로 취임했지만, 샤를 왕은 여전히 메시나를 점령하고 있었다. 결국 두 나라의 군대는 충돌했고, 페트루 1세의 아라곤 군대가 기승을 잡았으나, 프랑스 출신 교황 마르티누스 4세가 다시 개입한다. 아라곤 왕조가 통치하는 시칠리아 전체를 파문에 처해버린 것이다(1282년 11월 18일). 결국 샤를은 나폴리 왕국을, 그리고 페트루 1세는 시칠리아를 차지하면서 왕국이 둘로 쪼개지게 되었다. 페트루 1세의 군대는 나폴리까지 진격해서 샤를 왕의 아들이 이끄는 프랑스 해군을 격퇴하고, 샤를 왕의 아들과 42척의 함선을 노획했다. 아들이 인질로 잡혀 있다는 소식을 들은 샤를 왕은 급히 나폴리로 귀국하지만, 1285년에 임종하고 말았다. 샤를 왕이 죽자 수세에 몰린 교황 마르티누스 4세는 이번에는 블루아Blois 가문의 백작 샤를(1270~1325년)을 아라곤 왕가의 새 주인으로 임명하는 초강수를 두었다. 심지어 블루아 왕가의 샤를에게 아라곤 왕가를 차지하기 위해 시칠리아를 공격하는 것은 십자군 운동의 일환이라고 설득했다. 그리고 이를 '아라곤 십자군(1284~1285년)'이라고 불렀다. 예루살렘의 성지 회복을 위해 시작된 십자군 운동은 이제 시칠리아를 놓고 프랑스와 스페인이 다투는 지역 분쟁으로 의미가 퇴색되어갔다.

아라곤 십자군, 즉 시칠리아를 놓고 프랑스와 스페인이 자웅을 겨룬 전쟁은 마침 유행했던 전염병 때문에 양측 모두에 피해를 남긴 채 흐지부지되고 말았다. 시칠리아는 결국 아라곤 왕조의 차지가 되었으며,

1285년에 임종한 페트루 1세의 후계자로 그의 아들 차이메 2세<sup>Chaime II</sup>가 통치자로 지명되었다. 교황청도 아라곤 왕조와 시칠리아에 내렸던 파문을 철회했다(1285년). 이로써 전쟁과 분쟁이 종결된 것처럼 보였지만, 사실은 정반대였다. 다시 교황청은 프랑스와 스페인(아라곤)이라는 두 진영의 갈등을 뒤에서 조장했다. 시칠리아를 차지했던 아라곤은 이를 교황청에 넘겼고, 다시 교황청은 이를 블루아의 백작 샤를에게 넘겼다(1287년). 시칠리아는 다시 프랑스 카페 왕조의 품으로 잠시 돌아가게 되었다.

프랑스 카페 왕조를 죽도록 싫어했던 시칠리아 주민들은 이 결정에 반발했다. 앙주의 샤를에서 블루아의 샤를로 바뀌었을 뿐이며 심지어 이름마저 같다고 불만을 터트렸다. 결국 시칠리아 주민들은 아라곤 왕조의 차이메 2세 편에 서서 프랑스 군대를 몰아내기 위한 반란을 계획한다. 1299년 프랑스 군대가 트라파니에 상륙하자, 시민들은 같은 이름을 가졌던 옛 샤를 왕이 자행했던 폭정을 기억하며 치를 떨었다. 시칠리아 주민들은 아라곤 군대의 도움을 받으며 프랑스 침략자들에게 맞섰다. 자신의 군대가 괴멸당하고 있다는 소식을 들은 블루아의 백작 샤를은 직접 군대를 이끌고 시칠리아로 이동했다(1302년). 그러나 다시 전염병이 강타해 프랑스 군대는 해안에서 무너지는 어려움을 겪는다.

결국 협정이 체결되어 시칠리아는 공식적으로 아라곤 왕조의 손으로 넘어갔다. 페트루 1세의 아들 페데리코<sup>Federico</sup>가 시칠리아의 왕으로 임명되었다. 대신 블루아의 백작 샤를은 나폴리와 이탈리아 남부를 통치하는 '왕'으로 임명되었다. 페데리코는 공식적으로 시칠리아의 왕이 아니라, '트리나크리아의 왕<sup>King of Trinacria</sup>'으로 불렸다. 대신 블루아의 샤를이 통치한 곳은 나폴리와 이탈리아 남부였지만 국명은 '시칠리아 왕국'으로 불렸다. 이런 결정이 내려진 것은 프랑스와 가까웠던 교황청의 정치적 입김 때문이었다. 이로써 시칠리아와 이탈리아 남부는 2개의 왕국으로 쪼개졌지만(1302년), 두 왕가는 정략결혼을 통해 공존의 길을 모색하게 된다. 페데리코가 샤를의 딸 엘레오노르와 결혼하게 된 것이다.

어쨌든 시칠리아는 1302년부터 스페인 아라곤 왕조의 손으로 완전히 넘어갔다. 1268년부터 시작된 프랑스 카페 왕조의 통치는 34년 만에 최종적으로 막을 내렸다. 그리스, 카르타고, 로마, 반달, 동고트, 비잔틴, 사라센, 오트빌(프랑스 노르만), 호엔슈타우펜(독일)에 이어 시칠리아를 통치했던 프랑스(앙주 왕가와 블루아 왕가)도 지중해의 곡물 창고를 스페인 아라곤 왕조에 넘겨주었다. 어떤 사람은 스페인에서 세력을 키워 시칠리아에 극심한 피해를 입혔던 한니발의 악몽이 떠올랐을 것이고, 어떤 사람들은 극악무도한 프랑스인을 대신한다면 누구라도 좋다는 심정이었을 것이다. 시칠리아는 지중해의 높은 파도에 휩쓸려 표류를 계속했다. 익사 직전의 시칠리아는 허겁지겁 구명줄을 잡았지만, 스페인의 아라곤 왕조는 그들의 생명줄이 될 수 없었다.

# 9장

# 스페인 아라곤 왕조의 시칠리아 통치

## 1302~1713년

## 흑사병의 시작과 아라곤 왕조의
## '양 시칠리아 왕국' 통일(1443년)

1302년, 시칠리아와 나폴리는 스페인의 아라곤 왕가와 프랑스의 블루아 왕가가 각각 차지했지만 두 가문은 사돈을 맺으면서 공존의 길을 모색하고 있었다. 그러나 나폴리를 통치하던 샤를의 사망(1309년)으로 다시 힘의 균형이 무너졌다. 시칠리아의 힘이 상대적으로 우세해진 형국이 펼쳐졌다. 프랑스의 통치를 받으면서 거의 초토화되었던 시칠리아 경제도 서서히 살아나고 있었다. 시칠리아 주민들은 프랑스 앙주 왕가나 블루아 왕가보다 스페인 아라곤 왕조의 지배를 받기를 원했다. 스페인의 지배자들은 프랑스인들처럼 세금으로 수탈하거나 노골적으로 인종 차별을 하지 않았기 때문이다.

메시나는 특별한 항구였다. 지리적으로 시칠리아에 속한 해안 도시지만, 행정적으로는 칼라브리아, 즉 프랑스 블루아 왕가의 지배를 받던 나폴리의 영토였다. 시칠리아가 밀 농사를 주로 하는 농업 국가였다면 메시나는 해상무역을 주로 하는 상업 도시였다. 그래서 메시나에는 시칠리

시칠리아는 눈물을 믿지 않는다

아 주민보다 외국에서 이주해 온 사람들이 더 많이 거주했다. 그러던 어느 날, 외국에서 온 화물선이 빈번하게 출입하던 메시나 항에서 예기치 못한 사태가 벌어졌다. 흑해 항구에서 출발한 제노아의 화물선 12척이 메시나 항에 정박했고(1347년 9월), 그 배의 밑창에 쥐 몇 마리가 숨어 있었다. 그 쥐의 배설물을 통해 바이러스가 옮겨 왔으니, 유럽 인구 3분의 1을 죽음으로 몰고 간 흑사병의 시작이었다.

시칠리아는 유럽 흑사병의 진원지였다. 메시나 항구의 선원들부터 이유를 알지 못한 채 쓰러지기 시작했고, 피해는 곧 시칠리아 전역으로 확대되어갔다. 인구가 급감했고, 동네 사람들이 한꺼번에 죽어 아예 마을 자체가 사라져버리는 일도 있었다. 흑사병을 피해 시칠리아를 떠나는 사람도 많았다. 그들에 의해 치명적인 바이러스가 전 유럽으로 확산되어갔다. 역병이 초래한 혼란을 틈타 다시 스페인과 프랑스 왕가의 대결이 시칠리아에서 펼쳐졌다. 전염병은 사람을 죽였지만, 권력의 욕망까지 죽이지는 못했다. 결국 교황청이 나서서 아비뇽에서 회담을 개최했다. 시칠리아는 스페인 아라곤 왕조의 영토로 다시 확정되었고, 단 교황청의 지도와 감독을 받는다는 조건이 추가로 붙었다(1372년).

시칠리아는 스페인 아라곤의 페데리코 3세Federico III(1355~1377년 재위)의 통치를 받게 되었다. 그는 동부의 카타니아를 수도로 삼았고, 시칠리아를 크게 네 구역으로 나누어 통치했다. 특별한 사건이나 분쟁 없이 시칠리아를 무난히 통치했기 때문에, 그의 별명은 '평범한 왕il Semplice'이었다. 페데리코 3세가 1377년에 임종한 후, 시칠리아의 통치권은 그의 딸 마리아Maria와 사위 마르틴Martin에게 넘어갔다. 마르틴은 스페인의 아라곤의 혈통을 이어받고 마리아와 결혼한 후(1390년), 1401년까지 시칠리아를 공동 통치했다. 마르틴은 1409년까지 살다가 후손을 보지 못하고 죽었다. 결국 시칠리아의 통치권은 스페인의 아라곤 왕국으로 완전히 넘어갔고, 바르셀로나의 아라곤 왕궁에서 시칠리아의 현안을 처리하게 된다. 아라곤 왕국은 행정상의 편의를 위해 시칠리아의 수도를 팔레르모로 옮겼다. 지리적으로 바르셀로나와 가깝기 때문이었다.

1415년부터 스페인의 총독이 파견되어 시칠리아를 통치했다. 스페인의 아라곤 왕국이 시칠리아에 무관심했던 것은 흑사병으로 인한 노동력 감소로 시칠리아의 밀 생산이 현격하게 줄었기 때문이었다. 15세기 초반, 이탈리아반도에서는 르네상스의 기운이 솟아나고 있었지만 시칠리아는 아라곤 왕국의 관심에서 멀어진 한적한 농업 단지로 관리되고 있었다.

그러나 아라곤 왕가의 알폰소 5세Alfonso V가 시칠리아의 왕으로 취임(1416년)하면서 상황이 달라졌다. 그는 42년간 시칠리아를 장기 통치하면서(1416~1458년) 남부 이탈리아와 시칠리아의 정치적 지형도를 바꾸어놓았다. 우선 그는 메시나에 시칠리아 최초의 대학교를 만들었고(1434년), 선정을 베풀어 시칠리아 주민으로부터 '관대한 왕 알폰소Alfonso il Magnanimo'라는 칭송을 받았다. 시칠리아 주민의 절대적인 지지를 받았던 알폰소 5세는 시칠리아 만종 사건을 계기로 분리되었던 시칠리아와 나폴리를 통합하기 위해 군대를 일으킨다. 가뜩이나 노동력 부족으로 시달리던 시칠리아에서 군대를 출병시켜 나폴리를 공격했고, 꿈에도 그리던 시칠리아와 나폴리 왕국의 통일을 이루었다(1443년). 알폰소 5세는 나폴리를 점령한 후, 자신을 '양 시칠리아의 왕Rex Utriusque Siciliae'이라 선포했다. 1458년에 임종한 그는 서자 페르난도 1세Fernando I(1458~1494년 통치, 일명 페란테Ferrante 국왕)에게 나폴리를 맡기고, 동생 후안 2세Juan II(1458~1468년 통치)에게 시칠리아의 통치를 맡겼다.

　　　　　　　　　　　　　　시칠리아는 눈물을 믿지 않는다

# 스페인의 무관심과 황제 카를 5세의 방문

후안 2세의 관심은 시칠리아가 아니라, 지중해의 강자로 떠오른 오스만 제국이었다. 이들은 이미 1453년에 콘스탄티노플을 함락시키고, 시칠리아 해안까지 출몰하며 서유럽을 위협하는 세력으로 성장하고 있었다. 후안 2세는 오스만 제국과의 임박한 전쟁을 준비하기 위해 시칠리아의 세금을 인상하는 조치를 발표했다. 주요 수출품인 밀을 거래할 때 판매가의 3분의 1을 세금으로 징수했고, 이 조치는 시칠리아 농촌 경제의 근간을 뒤흔들어놓았다. 15세기의 기후 변화도 시칠리아 경제에 치명적인 영향을 미쳤다. 강수량이 급감하면서 밀 생산이 차질을 빚었고, 다량의 농업용수가 필요한 사탕수수와 벼의 경작이 중단될 지경에 이르렀다.

스페인에서도 중요한 역사적 변화가 있었다. 아라곤 왕국의 페르난도 2세 Fernando II (1452~1516년)와 카스티야 왕국의 공주 이사벨라 (1474~1504년)가 결혼하면서(1469년), 스페인에 거대한 통일 왕국이 탄생한 것이다. 지금까지 시칠리아를 통치했던 아라곤 왕국은 비교적 개방적인 정책을 유지하고 있었다. 그러나 스페인 내지의 왕국 카스티야는 더 보수적이고 신앙적으로 엄격했다. 카스티야 왕국의 이사벨라 왕비가 스페인을 통치하면서 자매 국가라고 할 수 있는 시칠리아에도 보수적이며 신앙적인 스페인 문화가 서서히 밀려왔다. 이즈음에 스페인 종교 재판소가 처음으로 설치되어(1478년), 종교적 보수 반동의 물결이 이베리아반도 전체를 휩쓸게 된다. '이교도 척결'이라는 종교 재판소의 목표가 공시되어 있었지만, 사실은 사라센과 유대인에 대한 인종 차별이 자행되었다. 스페인 종교 재판소의 악명이 시칠리아에 유입되는 데는 그리 오랜 시간이 필요하지 않았다. 스페인 종교 재판소의 주 공격 대상이 사라센

팔레르모의 포르타 누오바Porta Nuova, 1530년 카를 5세가 시칠리아 왕국을 방문한 기념으로 건축했다. 노르만 왕궁과 연결되어 있다.

과 유대인이었다면, 시칠리아에서는 비잔틴 정교회도 감시와 탄압의 대상이 되었다.

통합된 스페인 왕실의 후원을 받고 크리스토퍼 콜럼버스Christopher Co-lumbus가 신대륙을 발견했고(1492년), 그 이후로 아메리카 대륙의 금과 은이 유입되면서 스페인은 유럽의 최강국으로 변모하고 있었다. 그러나 시칠리아는 여전히 지중해 변방의 작은 섬으로 머물러 있었다. 이제 스페인이 주도하던 국제 교역은 신대륙과 대서양을 중심으로 펼쳐졌으니, 로마인들이 '우리들의 바다Mare Nostrum'라고 불렀던 지중해는 사람들의 기억 속에서 서서히 잊혀가는 바다가 되었다.

시칠리아는 눈물을 믿지 않는다

스페인을 통합했던 페르난도 2세의 손자가 그 유명한 신성 로마 제국의 황제 카를 5세<sup>Karl V</sup>(1516~1556년 재위)다. 그는 스페인과 신성 로마 제국을 호령했지만, 시칠리아에는 특별한 관심을 두지 않았다. 카를 5세의 적은 종교개혁자 마르틴 루터<sup>Martin Luther</sup>(1483~1546년)였다. 독일의 한적한 시골 마을 비텐베르크에서 대학교수로 재직하던 이 인물이 '종교 개혁<sup>Reformation</sup>'이라는 금시초문의 종교 전쟁을 유발하면서, 황제 카를 5세가 통치하던 유럽은 두 동강이 나고 있었다. 카를 5세는 예루살렘에서 성지 순례자들을 보호하던 성 요한 기사단이 로도스섬에서 축출되었을 때(1522년), 시칠리아 남쪽 바다에 있는 작은 섬 몰타에 거주하도록 승인해주었다(1530년). 황제가 시칠리아를 방문한 것은 단 한 차례였다. 튀니지 원정을 마치고 유럽으로 돌아가던 길에 잠시 시칠리아를 방문했고(1530년), 시칠리아 주민들은 황제의 방문을 기념하기 위해 요란한 개선문으로 팔레르모 서쪽 정문을 장식했다.

## 경제난, 해적, 부정부패의 삼중고에 시달린 시칠리아

카를 5세의 아들 펠리페 2세<sup>Felipe II</sup>(1554~1598년 시칠리아 재위) 역시 시칠리아에 대해 무관심한 것은 마찬가지였다. 영국과의 해전(1588년)을 위해서 더 많은 무적함대<sup>Armada Invencible</sup>의 함선을 건조해야 했고, 이를 위한 다량의 목재는 시칠리아에서 조달했다. 지금 시칠리아의 산에 잡목만 무성한 것은 이 시기의 과도한 벌목 때문이다. 신대륙에서 과도한 금과 은이 유입되면서 스페인을 비롯한 유럽 각국의 경제에 타격을 주었다. 극심한 인플레이션이 유발되었고, 시칠리아도 그 타격에서 벗어날 수 없었다. 통용되던 스페인 화폐의 구매력이 급격히 떨어지면서 시칠리아 주민들은 그야말로 끼니를 걱정해야 할 만큼 궁핍한 생활을 이어가게 되었다. 시칠리아 여러 도시와 농촌 지역에서 폭동이 발발했다. 16세기 전반, 팔레르모에서만 5번의 대규모 폭동이 발생했지만, 스페인의 아라곤 왕국은 매번 군대를 출동시켜 무력으로 폭동을 진압했다.

엎친 데 덮친 격으로 시칠리아 해안에 무슬림 해적이 자주 출몰했다. 1492년, 스페인 남부에서 추방된 일부 무슬림은 지중해 연안을 누비며 닥치는 대로 노략질을 하는 해적으로 변해 있었다. 스페인의 무관심 속에 있던 시칠리아는 무슬림 해적의 손쉬운 먹잇감이 되었다. 경제난과 해적의 노략질에 이어 가벨로티 Gabellotti의 횡포가 자행되어 시칠리아의 삶을 극단으로 몰고 갔다. 가벨로티는 아라곤 왕국이 인정한 세금 징수원들이었다. 이들은 사적으로 무장을 하고 다니면서 강제적으로 세금을 징수했다. 스페인의 무관심 속에 버려졌던 시칠리아에서는 토착 지주들이 가까스로 치안과 기초적인 행정을 유지하고 있었다. 그러나 스페인과 결탁한 가벨로티가 이 토착 지주 세력을 와해시키고, 시칠리아 동족들에 대한 수탈을 이어갔다. 세금 징수를 명목으로 토착 지주나 소작농의 땅을 빼앗았고 고리대금업을 동원해 개인의 욕심을 채워갔다. 이들은 지역의 폭력배를 수하로 부렸는데, 장차 시칠리아의 고질병이 되는 마피아의 초기 조직이 이때 만들어졌다. 가벨로티가 지역 폭력배를 개인 용병으로 부리면서 공권력이 빠른 속도로 무너지고 있었지만, 스페인은 이들의 비행非行을 눈감아주었다. 당시 스페인은 신대륙, 북유럽의 저지대(플랑드르), 이탈리아 남부와 시칠리아에 모두 총독을 파견해 통치했지만, 시칠리아로 파견된 총독이 가장 저질이었다. 17세기에 접어들 무렵에도 시칠리아는 화폐 가치의 하락으로 인한 경제난, 무슬림 해적의 출몰, 가벨로티의 전횡으로 인해 회복할 수 없는 상태로 빠져든다. 동서 간의 지역 분쟁도 심화되어갔다.

시칠리아 전역이 가난에 시달리고 있었지만, 메시나는 예외였다. 흑사병이 제일 먼저 강타한 곳이었지만, 전염병에서 제일 먼저 벗어난 곳이기도 했다. 낫 모양으로 생긴 높은 산 때문에 시칠리아 내륙과 격리된 메시나는 이탈리아 남부의 교역 도시로 간주되고 있었다. 시칠리아 최초의 대학교가 설립된 곳도 메시나였다(1434년). 당시 유럽 경제를 쥐고 흔들던 피렌체 은행들의 시칠리아 지점도 메시나에만 설치되었다. 메시나가 국제 교역과 시칠리아 비단 산업의 중심이었기 때문이다. 1647년 팔레르모에서 대규모 폭동이 일어났지만, 스페인은 메시나의 자금과 인력을 동원해 시칠리아 서쪽의 반란을 무력으로 진압했다. 메시나 주민들과 시칠리아 내륙의 주민들은 서로를 미워하게 되었고, 지금도 동서 간 지역감정은 그대로 남아 있다. 메시나 토박이들은 자신을 '시칠리아 사람'이라고 부르는 것을 불쾌하게 생각한다. 심지어 시칠리아의 대표 음식인 아란치니를 지역에 따라 다르게 부른다. 동부 사람들은 아란치노(남성형)라 부르지만, 서부 사람들은 아란치나(여성형)로 부른다.

## 발 디 노토 대지진(1693년)과 스페인의 철수

에트나 화산을 동쪽에 품고 있는 시칠리아는 자주 지진의 피해에 노출되었다. 1693년 1월 11일, 가뜩이나 경제난으로 고통받던 시칠리아 주민들은 일요일 오후에 발생한 대지진으로 엄청난 피해를 당했다. '발 디 노토Val di Noto 대지진'으로 부르는 1693년의 대형 참사는 진도震度가 무려 7.3이었으니, 시칠리아를 강타했던 숱한 지진 중에서 가장 강력한 규모였다. 한 달 후에(2월 5일) 다시 진도 7.1의 여진이 발생하면서, 무려 6만 명이 목숨을 잃었다. 에트나 화산도 덩달아 폭발하면서 시칠리아 지축을 흔들었고, 동부 해안의 많은 주택들이 쓰나미 피해를 입었다. 많은 도시가 아예 재건을 포기하고 집단으로 이주해서 새로운 도시를 만들어야 했으니, 이때 새로 탄생한 도시가 시칠리아 동남부의 발 디 노토 같은 '바로크' 도시들이다. 최악의 경제난에 허덕이던 시칠리아에 최악의 자연재해가 닥친 것이다. 유럽의 중심이 지중해에서 대서양으로 옮겨가던 시절, 경제난과 자연재해에 시달리던 시칠리아는 역사의 변방으로 고립되어만 갔다. 유럽 전역이 르네상스와 근대의 시작이라는 새로운 시대의 변화 속에서 도약을 거듭하고 있었지만 시칠리아는 사람들의 기억에서 사라져가는 망망대해의 고도孤島가 되고 있었다.

1302년부터 시칠리아를 차지했던 스페인 아라곤 왕조와 1469년부터 이어진 통일 스페인 정부의 직접 통치는 1713년에 마감되었다. 무려 411년간 지속된 스페인의 지배는 시칠리아에 지울 수 없는 문화적, 정치적, 종교적 흔적을 남겼다. 우선 스페인인들은 시칠리아에 토마토, 카카오, 감자를 가져왔다. 모두 그들이 신대륙에서 처음 발견한 작물이었다. 또 스페인인들은 화려한 바로크 건축 양식을 시칠리아에 소개했다. 1693년의 '발 디 노토 대지진'이 오히려 시칠리아에 바로크 건축을 확산시키는 계기가 되었다. 그러나 가장 치명적이고 아직 영향력이 남아 있는 스페인의 유산은 종교 재판소의 설치였다. 20세기 초, 팔레르모 출신의 작가 주세페 람페두사Giuseppe Lampedusa가 역사 소설 《표범Il Gattopardo》에서 강조하고 있는 것처럼, 시칠리아 사람들은 스페인 종교 재판소의 무시무시한 폭력 앞에 무릎을 꿇었다. 스페인 종교 재판소는 시칠리아 사람들을 "공포에 질린 섬의 심리 상태Terrifying insularity of mind"로 빠져들게

시칠리아는 눈물을 믿지 않는다

만들었다.[1] 그들은 외부 세계에 대한 막연한 두려움을 가지게 되었고, 섬 밖에서 들어오는 모든 것을 경계하고 불신하는 태도를 내재화했다. 자기가 아는 것과 믿는 것에 대해 맹신적인 태도를 보였던 그들은 '외부의 것'에 대한 두려움뿐만 아니라 '새로운 것'에 무조건 반대하는 특유의 성격을 만들어갔다. 그들이 믿는 것은 오직 그들의 과거뿐이었다. 시칠리아 사람들은 그들의 미래조차 두려워하게 되었다.

## 안토넬로 다 메시나, 내재적 관점에서 본 시칠리아의 성녀

시칠리아는 르네상스 시대의 예술적인 성취로부터 소외된 지역이었다. 로마, 피렌체, 베네치아는 말할 것도 없고, 지척의 경쟁국이었던 나폴리의 예술적 발전과도 비교할 수 없을 정도였다. 팔레르모 도심을 차지하고 있는 유명한 조각 분수, 프레토리아 분수Fontana Pretoria는 시칠리아 조각가의 작품이 아니라, 1544년 피렌체에서 제작된 것을 해체해 1574년 그대로 옮겨 놓은 것이다. 그러나 단 한 명의 예외적인 예술가가 시칠리아에서 탄생했다.

안토넬로 다 메시나Antonello da Messina(1425/30~1479년)는 이름 그대로 메시나 출신이었다. 그는 시칠리아의 내재적 관점, 즉 "공포에 질린 섬의 심리 상태"를 작품 속에 표현했던 르네상스 시대의 예외적 존재였다. 그의 명작 〈수태고지〉는 팔레르모의 아바텔리스 박물관Palazzo Abatellis(팔레르모 지역사 박물관)에 전시되어 있는데, 그 작품 하나를 보기 위해서라도 도시를 방문할 가치가 있을 만큼 예술성이 뛰어나다.

대천사 가브리엘이 성모 마리아에게 아기 예수를 임신했다는 소식을 알려주자, 혼자 독서에 열중하던 성모 마리아가 오른손을 펼치며 미세한 반응을 하고 있다. 화자話者인 대천사는 모습을 드러내지 않는다. 검은색 배경에 조용한 침묵만이 흐르고 있고, 성녀는 분명히 경계하는 눈빛이지만 대천사를 바로 응시하지 않는다. 그녀의 시선은 비스듬히 바닥을 향하고 있고, 내민 오른손은 수용도 아니고 거부도 아닌 어색한 자세를 취하고 있다. 날개를 단 대천사가 방금 하늘을 날아갔기 때문일까, 아니면 메시나해협에 부는 산들바람 때문이었을까. 성녀 앞에 놓인 책의 갈피가 바람에 살짝 날린다. 그 바람에 날아갈까, 성녀는 푸른 지중해 바다색을 닮은 스카프를 왼손으로 여미고 있다. 앙다문 그녀의 입술은 시칠리아 사람의 방어 기제를 표현한다. 그녀의 얼굴은 페니키아, 그리스, 로마, 사라센, 프랑스, 독일, 스페인의 피가 뒤섞인 모습이다. 시칠리아의 얼굴에는 기쁨도 슬픔도 없다. 기대도 체념도 없다. 외부의 관람객을 정면으로 바라보지 않는다. 회피하는 시선, 그것은 "공포에 질린 섬의 심리 상태"를 보여준다.[2] 유명한 예술사가인 로베르토 롱기 Roberto Longhi (1890~1970년)는 안토넬로 다 메시나가 그린 성녀의 자세에서 "미술 작품 중에 가장 아름다운 손"을 주목했다. 그러나 이런 심미주의적 해석은 아라곤 왕조의 지배를 받았던 시칠리아 주민들의 질곡을 외면하는 무례한 행동이다. 안토넬로 다 메시나의 작품에서 주목해야 하는 것은 회피하는 시선이 분명해 보인다.

작품 자체의 아우라도 대단하지만, 〈수태고지〉는 기술적인 측면에서도 시대를 뛰어넘는 성취를 이룬 작품이다. 중세의 전통적인 화법인 템페라tempera 기법을 버리고, 네덜란드의 유화 기법을 이탈리아 최초로 도입한 작품 중의 하나이기 때문이다. 안토넬로는 고향 메시나에서 기초 수련을 마치고 아라곤 왕조의 알폰소 5세가 예술을 후원하던 나폴리에

안토넬로 다 메시나의 〈수태고지〉(1476년 추정). 팔레르모의 아바텔리스 박물관 소장.

가서 전문 미술 교육을 받았다. 당시 알폰소 5세는 대표적인 네덜란드 화가였던 얀 반 에이크 Jan van Eyck (1390~1441년 추정)와 로히어르 판데르 베이던 Rogier van der Weyden (1400~1464년)을 후원하고 있었다. 안토넬로는 나폴리에서 반 에이크의 작품을 보고 깊은 감명을 받았고,[3] 그때부터 본격적으로 북유럽 스타일의 세밀한 인물화와 종교화를 그리기 시작했다. 나폴리 궁정 예술가들의 문화 교류는 네덜란드 유화 기법이 이탈리아로 전해지는 계기가 된 동시에, 역으로 이탈리아의 선원근법이 네덜란드로 소개되는 결과를 낳았다. 비록 이탈리아에 네덜란드의 유화 기법을 본격적으로 소개하는 작업은 베네치아 화가들(특히 조르조네와 티치아노)의 몫이었지만, 시칠리아를 대표하는 르네상스 시대의 화가 안토넬로가 남긴 영향도 지대하다.

안토넬로 다 메시나가 〈수태고지〉를 그린 시기는 나폴리를 떠나 베네치아를 방문했던 시기(1475년) 이후일 것이다. 당시 베네치아 화단은 벨리니 가문이 지배하고 있었고, 안토넬로는 가문의 수장인 조반니 벨리니 Giovanni Bellini에게 유화 기법에 대한 정보를 제공해주었을 것이다. 1476년, 시칠리아로 돌아온 안토넬로는 고향 메시나에서 〈수태고지〉를 그린 것으로 추정되는데, 두껍게 덧칠을 했던 네덜란드 스타일의 초기 작품 성향은 베네치아 방문 후 다소 담백한 붓질로 변했고, 〈수태고지〉의 검은 배경에 이런 경향이 반영되어 있다. 1479년, 안토넬로는 고향에서 임종했다.

## 카라바조, 외재적 관점에서 본 시칠리아의 성녀

안토넬로 다 메시나가 내재적 관점에서 성녀를 보았다면, 카라바조는 외재적 관점에서 시칠리아의 성녀를 바라보았다. 안토넬로가 임종한 지 129년이 지난 후, 몰타에서 시라쿠사로 향하던 상선에 이 문제적 인물이 타고 있었다(1608년 10월). 카라바조의 파란만장했던 생애와 충격적인 작품 세계에 대해서는 이미 다른 책으로 자세히 소개한 바 있다.[4] 1592년, 르네상스 예술이 쇠퇴하고 매너리즘 예술이 주도하던 로마에 갑자기 나타난 밀라노 출신의 화가 카라바조는 도발적인 작품과 과격한 성정으로 파란을 일으키다가 결국 살인을 저지르고 도피자 신세가 된다. 나폴리와 몰타를 거쳐 시라쿠사로 도피한 카라바조는 정확하게 1년간(1608년 10월~1609년 10월) 시칠리아에 머물렀다. 안토넬로의 고향 시라쿠사에서 산타 루치아 영묘 대성당 Basilica di Santa Lucia al Sepolcro을 위해 〈산타 루치아의 매장〉을 그렸고, 메시나로 가서는 조반니 바티스타 데 라자리 Giovanni

Battista de' Lazzari의 주문을 받고 〈성 나사로의 부활〉을 그렸다. 또 메시나의 산타 마리아 델리 안젤리 성당을 위해 〈목자들의 경배〉도 그렸다(1609년). 같은 해 팔레르모로 이동한 카라바조는 산 로렌초 소성당Oratorio di San Lorenzo을 위해 〈성 로렌초와 성 프란체스코가 성모자를 경배함〉을 그렸다(1609년).[5] 카라바조는 시칠리아에 머물렀던 1년 동안 4개의 대형 명작을 그렸고, 이때 시라쿠사에서 그리스 이주민 시대의 참주 디오니시우스가 감옥으로 사용했다는 채석장의 이름을 '디오니시우스의 귀'라 붙였다.

카라바조가 시칠리아에서 그린 4개의 작품과 그가 머문 도시의 지도.

이미 다른 책을 통해 카라바조의 예술사적 의미나 작품 세계에 대해서 상세히 설명했기 때문에 반복할 필요는 없을 것이다. 그러나 시칠리아에서 카라바조가 남긴 모든 작품은 하나의 공통점을 가지고 있다는 사실을 기록해두고 싶다. 카라바조의 시칠리아 작품들은 이전 작품들과 다르다. 로마에서 관람객의 탄성을 자아내게 했던 거의 완벽에 가까운 사실주의는 시칠리아에서 조용히 사라진다. 시칠리아 이전의 카라바조가 화면을 꽉 채운 그림을 그렸다면, 시칠리아에서 그린 그림의 배경은 모두 비워 놓았다. 카라바조는 외재적 관점에서 시칠리아를 바라보며 그곳이 '텅 빈 공간'이라는 사실을 직감한 것 같다. 끊임없는 외부의 점령자와 상대하면서 지쳐버린 시칠리아 사람들은 '비어 있는 곳'을 무엇으로 채워야 할지 모르는 사람처럼 보였을 것이다. 가진 것을 모두 빼앗긴 시칠리아 사람들은 텅 빈 공간 앞에서 망연자실하고 있다. 카라바조의 시칠리아 작품 속에 등장하는 성녀는 모두 절망하고 있는 모습이다. 2번 등장하는 성모 마리아는 출산의 고통과 무능한 남편에게 지쳤는지, 항상 고개를 아래로 떨구고 있다. 〈성 나사로의 부활〉에서 노년의 성모는 얼굴 주름 사이로 눈물을 떨군다. 그러나 카라바조가 외재적 관점에서 관찰한 시칠리아는 〈산타 루치아의 매장〉에서 가장 정확한 모습으로 드러난다.[6]

산타 루치아는 시라쿠사의 수호 성녀. 카타니아의 성녀 아가타 Agatha 와 더불어, 시칠리아를 대표하는 영혼이다. 그러나 산타 루치아는 시칠리아에 없다. 시칠리아는 비어 있는 곳이다. 그녀의 유해는 8세기 스폴레토의 공작에 의해 도굴당해 여러 곳을 떠돌다가 최종적으로 베네치아의 산타 루치아 성당에 매장되었다.[7] 카라바조는 성녀의 유해마저 빼앗긴 시칠리아 사람들의 절망을 〈산타 루치아의 매장〉을 통해 표현하고 있다. 시칠리아 사람들에게 남아 있는 희망은 언젠가 상황이 나아져서 산

시칠리아는 눈물을 믿지 않는다

타 루치아의 유해를 다시 시라쿠사로 모셔오는 것이다. 카라바조는 그 이루어질 수 없는 미래의 모습으로 시칠리아 사람들을 위로한다. 이 작품의 주인공은 눈알을 뽑힌 채 차디찬 바닥에 누워 있는 산타 루치아가 아니다. 텅 비어 있는 배경 아래에서 일렬로 서서 절망하고 있는 시칠리아 주민들도 아니다. 바로 삽을 들고 땅을 파고 있는 2명의 인부들이다.

카라바조의 〈산타 루치아의 매장〉. 현재 시라쿠사의 산타 루치아 영묘 대성당 중앙 제단화로 전시되어 있다.

거친 노동으로 단련된 근육질의 두 사내는 시칠리아로 돌아온 산타 루치아의 유해를 매장하기 위해 무덤을 파고 있다. 오른쪽에 있는 인부는 주위 사람들의 슬픔에 무관심하다. 그저 고개를 숙이고 열심히 땅파기에 전념하고 있다. 왼쪽에 있는 인부는 거친 숨을 몰아쉬며 무덤을 파다가 잠깐 고개를 들어 사제를 바라본다. 손을 들고 축복의 자세를 취하고 있는 사제를 흘깃 쳐다보지만, 다시 땅바닥을 향해 고개를 숙일 것이다. 시칠리아는 눈물을 믿지 않는다. 모든 것을 빼앗긴 시칠리아 사람들은 돌아오지 않을 성녀를 위해 빈 무덤이라도 파야 한다. 모든 것을 빼앗긴 사람들에게 남겨진 마지막 위로는 실현되지 못할 미래를 위해 희망의 삽질을 계속하는 것이다. 카라바조는 외부인의 시각으로 시칠리아의 비어 있는 무덤을 그렇게 채우려고 했다.

　시칠리아는 산타 루치아의 유해를 빼앗긴 것으로 모자라, 카라바조가 시칠리아에서 그린 그림 하나를 강탈당했다. 카라바조는 시칠리아를 떠나기 전, 팔레르모의 산 로렌초 소성당을 위해 그린 〈성 로렌초와 성 프란체스코가 성모자를 경배함〉이다. 이 명작은 1969년까지 성당 제단에 걸려 있다가 마피아 조직, 코사 노스트라Cosa Nostra에 의해 도난당했다. 작품이 사라지기 전날 텔레비전에서 '시칠리아에서 대중에게 잘 알려져 있지 않지만, 보물처럼 뛰어난 예술 작품'에 대한 다큐멘터리가 방송되었고, 그중에 카라바조의 이 작품이 소개되었다. 바로 그다음 날, 팔레르모의 산 로렌초 소성당에서 이 작품이 감쪽같이 사라지고 말았다. 이 작품은 2005년 미국 FBI가 현재 수배하고 있는 도난된 예술 작품 10개 목록 중 두 번째로 올라 있다. 로마 교황청은 마피아의 범죄에 대항하는 상징적인 의미로 2015년부터 카라바조의 모사품을 산 로렌초 소성당에 전시하고 있다.

카라바조가 팔레르모의 산 로렌초 소성당을 위해 그린 〈성 로렌초와 성 프란체스코가 성모자를 경배함〉. 1609년에 제작되어 1969년까지 소성당 제단에 걸려 있다가 도난당한 작품이다.

# 10장

사보이아, 합스부르크,
부르봉 왕조의 통치

1713~1861년

　1302년부터 1713년까지 시칠리아를 400년 넘게 통치했던 스페인은 지중해의 고도에 깊은 상처를 남기고 잠시 떠났다. 표현 그대로 '잠시' 떠났을 뿐이다. 약 20년 후에 스페인은 부르봉 왕조의 이름으로 다시 돌아와, 이미 난 상처에 더 깊은 고통의 소금을 뿌리게 된다.

　시칠리아에 대해 무관심으로 일관했던 스페인 정부는 1693년에 발생한 발 디 노토 대지진을 수습할 여력이 없었다. 스페인 본국이 만성적인 인플레이션에 시달리고 있었을 뿐 아니라 스페인 왕위 계승 전쟁(1701~1715년)으로 정국이 혼란스러웠기 때문이다. 끔찍한 자연재해로 비틀거리던 시칠리아에 무정부 상태가 초래되었고, 당시 유럽 국제 정세의 균형추였던 영국은 북이탈리아 사보이아 왕국의 비토리오 아마데오 2세Vittorio Amedeo II를 시칠리아의 왕으로 추천한다(1703년). 47세의 계몽주의자였던 비토리오 아마데오 2세는 직접 시칠리아를 통치하기 위해 팔레르모에 도착해 왕위를 받아들였다(1713년). 시칠리아 주민들은 그 정당성을 고려할 수 있는 기회조차 박탈당한 채, 스스로 '시칠리아 왕'이라고 선포한 외부인의 지배를 받게 되었다.

　비토리오 아마데오 2세는 사보이아 왕국 특유의 실용주의를 시칠리아

　　　　　　　　　　　　　　시칠리아는 눈물을 믿지 않는다

에 정착시키기 위해 야심찬 시도를 한다. 정확한 세수稅收를 확인하기 위해 호구 조사를 실시했고, 시칠리아 역사 최초로 113만 5,000명에 달하는 실제 거주민의 숫자를 확인했다. 왕은 시칠리아 각 도시를 찾아다니면서 의욕적으로 일했지만, 주민들의 시선은 따갑기만 했다. 계몽 군주임을 자처하던 비토리오 아마데오 2세는 비단이 아닌 거친 면으로 된 일상복을 입고 열심히 일했지만, 시칠리아 주민들은 그를 왕으로 인정해주지 않았다. 결국 그는 시칠리아에 대한 흥미를 잃어갔다. 국제 정세도 급변했다. 합스부르크 왕조는 스페인과 오스트리아로 분열(1556년)된 다음부터 끊임없는 경쟁과 갈등에 노출되었다. 그 불똥이 시칠리아로 튀었다. 스페인과 오스트리아 군대가 시칠리아에 상륙하여 서로 영토 쟁탈전을 벌이게 된 것이다. 이 전쟁을 '4자 동맹 전쟁(1718~1720년)'이라고 하는데, 여러 국가가 이름을 걸고 싸웠지만 전쟁터는 한 곳, 오직 시칠리아였다. 먼저 스페인 군대가 1718년 12월 시칠리아에 무장 병력을 파견하자, 4자 동맹국(오스트리아, 프랑스, 영국, 네덜란드)이 군대를 시칠리아로 상륙시키면서 전쟁이 확대되었다. 초기에는 스페인 군대가 승기를 잡았으나, 곧 오스트리아의 군대가 메시나와 팔레르모를 모두 차지했다(1719년 10월).

두 강대국의 무력 충돌을 중재하기 위해 개최된 헤이그 회담(1720년)에서 사보이아 왕국은 전쟁터로 변한 시칠리아를 오스트리아에 양도하는 대신, 지리적으로 더 가까운 사르데냐섬을 차지하기로 합의했다. 사보이아의 국왕 비토리오 아마데오 2세는 황급히 짐을 싸서 고국으로 돌아가 버렸다. 헤이그 회담의 결과에 따라 시칠리아가 오스트리아 합스부르크의 영토로 넘어가게 되자, 철수하던 스페인 군대는 불을 질러 시칠리아의 여러 도시를 잿더미로 만들었다. 전쟁은 외국인들이 하고 피해는 고스란히 시칠리아 주민들이 입었다. 사보이아 왕국의 시칠리아 통치는 호구 조사 외에 특별한 업적을 남기지 못하고 7년 만에 종결되었다.

이제 합스부르크 왕조의 오스트리아가 시칠리아의 새 주인이 되었다. 의욕적으로 호구 조사를 실시했던 사보이아 왕국과는 달리 합스부르크 왕조는 시칠리아에 대해 특별한 관심이 없었다. 화려한 왕실 문화를 자랑했던 오스트리아 사람들에게 시칠리아는 좋은 품질의 비단을 생산하는 곳이자, 사라센이 옮겨 심은 광활한 사탕수수밭으로 기억될 뿐이었다. 새 정부는 수출 경쟁력을 높인다는 명목으로 시칠리아 특산물에 대한 세금을 높게 부과했다. 이에 시칠리아의 토착 지주들은 비단 생산과 사탕수수 재배를 중단하는 방식으로 새 정부에 저항했다. 결국 이 과정에서 시칠리아에 겨우 남아 있던 두 산업이 서서히 파괴되어갔다.

산업 자체가 붕괴하면서 더 이상의 세금 징수가 불가능할 정도로 시칠리아의 경제가 나빠졌다. 결국 합스부르크 왕조도 시칠리아에 대한 관심을 잃게 된다. 때마침 유럽은 폴란드 왕위 계승 전쟁(1733~1735년)으로 다시 분주해졌고, 시칠리아는 그들의 관심권에서 멀어져갔다. 시칠리아가 권력의 무주공산無主空山으로 조용해지자 낯익은 얼굴이 슬그머니 다시 돌아왔다. 1713년에 시칠리아에 깊은 상처를 남기고 떠났던 스페인 사람들이 귀환한 것이다(1734년). 21년 만에 돌아온 스페인 점령자들은 부르봉 왕조의 깃발을 휘날리며 시칠리아에 상륙했다.[1]

## 카를로 5세의 시칠리아와
## 나폴리 왕국 통치(1735~1759년)

1734년, 오스트리아 합스부르크 왕조의 시칠리아 통치가 맥없이 끝났다. 14년의 짧은 통치가 시칠리아에서 겨우 명맥을 유지하고 있던 비단

시칠리아는 눈물을 믿지 않는다

직조와 사탕수수 산업을 무너뜨렸다. 시
칠리아는 다시 스페인의 부르봉 왕조로
넘어갔고, 카를로 5세의 지배를 받게 된
다. 그는 스페인 본토에서는 카를로스
3세, 나폴리 왕국에서는 카를로 1세, 시
칠리아에서는 카를로 5세로 불렸다. 스
페인의 황제 겸 신성 로마 제국의 황제
였던 16세기의 카를 5세와 이름만 같은
인물이다. 시칠리아의 새로운 통치자 카
를로 5세의 어머니는 로마의 명문가 파
르네세Farnese 가문 출신이었다.

안톤 라파엘 멩스Anton Raphael
Mengs가 그린 카를로 5세의 초상화.
1765년 작품. 프라도 박물관 소장.

18살이 되던 1734년, 카를로 5세는 부르봉 군대를 이끌고 나폴리에 주
둔하고 있던 오스트리아 합스부르크의 총독을 몰아냈다. 이탈리아 남부
를 완전히 장악한 카를로 5세는 부르봉 선발대를 시칠리아에 상륙시켜
1년 만에 섬을 완전히 점령했다. 수세에 몰린 합스부르크 왕조는 카를로
5세를 나폴리와 시칠리아의 왕으로 인정하는 협약서에 서명했다. 카를
로 5세는 팔레르모 대성당에서 '양 시칠리아 왕국'의 왕으로 취임하는 대
관식을 개최했다(1735년). 교황청은 카를로 5세의 대관식을 인정하지도
않았고, 축하 사절도 보내지도 않았다. 카를로 5세는 모계인 파르네세
가문의 영향력을 이용해 교황청과 타협에 나섰고, 결국 '빈 협약'이 체결
되었다(1738년). 카를로 5세는 나폴리와 시칠리아의 통치권을 인정받았
고, 파르네세 가문의 예술품과 재산을 나폴리로 이전시킬 수 있었다. 현
재 나폴리 국립 고고학 박물관과 카포디몬테 박물관에 소장되어 있는 예
술품과 문화재 들이다.

안토니오 졸리Antonio Joli가 그린 〈나폴리 항구를 떠나는 카를로 5세〉. 1759년 작품. 프라도 박물관 소장.

카를로 5세는 나폴리와 시칠리아 왕국의 개혁을 시도했다. 시칠리아 농촌 경제가 파산 지경에 이른 이유는 경작지의 80퍼센트 정도가 교회 재산으로 등록되어 있었기 때문이다. 토착 지주들이 세금을 내지 않기 위해 일부 성직자들과 결탁해 토지 재산을 교회 소유로 빼돌려놓았다. 면세 특혜를 누리는 교회 재산법을 악용한 재산 도피 방식이었다. 따라서 카를로 5세의 토지 개혁은 시칠리아 토착 지주들의 강력한 저항에 부딪혔다. 그가 결국 할 수 있는 것은 민간 토지의 수익에 세금을 징수하는 것뿐이었다. 토착 지주들과 결탁한 세금 징수원들(가벨로티)의 행패는 이미 통제 불능 상태였다. 종교 재판소도 맹위를 떨치며 시칠리아 경제에 악영향을 미쳤다. 1740년, 대사면령을 받고 시칠리아로 돌아온 시칠리아 유대인들은 종교 재판소의 희생 제물이 되었다. 토착 지주들은 유대인들을 종교 재판소에 고발하고, 그들의 재산을 강탈해 갔다.

시칠리아는 눈물을 믿지 않는다

결국 카를로 5세는 시칠리아를 포기하고 나폴리에만 통치 역량을 집중했다. 이름만 '양 시칠리아 왕국'이지, 그의 관심은 오로지 나폴리였다. 베르사유 궁전과 경쟁하기 위해 건축한 거대 규모의 카세르타 궁전 Reggia di Caserta을 위시해 카를로스 오페라 극장, 나폴리 국립 고고학 박물관, 카포디몬테 궁전(현재 미술관)을 건축했고, 도심에 나폴리 왕궁을 웅장한 규모로 재건축했다. 베수비오 화산 폭발로 용암에 묻혀 있던 헤르쿨라네움(1738년)과 화산재에 묻혀 있던 폼페이 유적지(1748년)를 발굴하면서, 계몽 군주의 명성을 드높였다. 헤르쿨라네움과 폼페이 유적지에서 발굴된 로마 시대의 유물과 파르네세 가문이 소장하고 있던 막대한 양의 예술 작품은 나폴리 국립 고고학 박물관과 카포디몬테 궁전에 나누어 전시되고 있다. 그러나 카를로 5세는 시칠리아를 홀대했다. 변변한 왕궁도, 그 흔한 왕립 박물관 하나도 짓지 않았다. 1759년, 나폴리 주민들로부터는 사랑을, 시칠리아 주민들로부터 원망을 받던 카를로 5세는 스페인으로 돌아가 국왕 자리에 취임한다. 그가 나폴리 항구를 떠나던 날, 나폴리 사람들은 작별의 슬픔을 나누었지만 시칠리아 주민들은 환호성을 올렸다.

## 페르디난드 1세의 시칠리아 왕국 통치(1759~1816년)

1759년, 마드리드로 귀환한 계몽 군주 카를로 5세는 셋째 아들 페르디난드 1세Ferdinand I(1751~1825년)에게 나폴리와 시칠리아를 모두 물려주었다. 불과 8살의 나이에 '양 시칠리아 왕국'의 통치자가 된 것이다. 그는 오스트리아의 공주와 결혼했는데(1768년), 신부는 마리아 테레지아의 딸 마리아 카롤리나Maria Carolina였다. 유럽의 패권을 놓고 격돌했던 스페인

안톤 멩스가 그린 페르디난드 1세의 초상화. 1773년 작품. 마드리드 왕궁 소장.

의 부르봉 왕조와 오스트리아의 합스부르크 왕조가 화해하고 사돈을 맺은 것이다. 유럽의 정치 지형을 바꿀 수 있는 이 세기의 결혼식조차 시칠리아 주민들에게는 남의 일이었다. 부르봉 왕조 출신의 남편 페르디난드 1세와 합스부르크 왕조 출신의 마리아 카롤리나는 언제나 나폴리 왕궁에 머물렀고, 그들에게 시칠리아는 관심 밖의 땅이었다.

오랜 외국인의 통치에 익숙했던 시칠리아 주민들에게도 부르봉 왕조의 차별과 무관심은 정도에 지나친 수준이었다. 무관심은 곧 무정부 상태를 의미했다. 시칠리아가 지중해의 외딴 섬으로 전락하면서 토착 지주들의 사적인 폭력 행사가 일상이 되고 있었다. 분명히 왕과 법률이 존재하고 있었지만, 행정 관리들에게는 아무런 실권이 없었다. 18세기 후반의 시칠리아 역사는 특별히 기록할 것이 없을 정도다. 아무런 사건이 발생하지 않았다는 것은 이미 희망이 사라졌기 때문이었다. 힘 있는 자들만 사적인 권력을 휘둘렀고, 나머지 사람들은 그저 그들에게 굴종하며 숨죽이는 삶을 살아가야 했으니, 시칠리아는 가히 무법천지였다. 이 시기의 모순과 질곡에 대한 암시는 오직 한 외국인 방문자의 기록으로 확인될 뿐이다. 독일인 괴테가 시칠리아를 찾아와 그 시대에 대한 소중한 기록을 남겼다.

시칠리아는 눈물을 믿지 않는다

# 괴테의 시칠리아 여행

1787년 4월 2일 월요일, 그랜드 투어리스트grand tourist의 모델인 괴테가 팔레르모에 도착했다. 3일 전에 나폴리 항구를 출발했지만, 역풍이 불어 도착이 지체되었다. 괴테는 시칠리아를 "모든 섬의 여왕"이라고 부르며 첫인상을 표현했다.[2] 팔레르모 항구의 아름다운 풍경에 심취했던 괴테는 시칠리아 주민들이 부르봉 왕조에 대한 불편한 심기를 드러내는 짧은 일화를 소개한다. 괴테는 길거리에 쌓여 있는 쓰레기를 보고, 한 상인에게 왜 거리 청소를 하지 않느냐고 물었다. 위생과 청결을 강조하는 게르만 민족다운 질문이었다. 그러자 그 상인은 부르봉 귀족들이 쓰레기 때문에 푹신해진 거리에서 편안하게 마차 여행을 즐길 수 있도록, 의도적으로 쓰레기를 치우지 않는다고 답한다.[3]

《젊은 베르테르의 슬픔》을 쓴 유명한 작가이자 바이마르 공국의 정치가였던 괴테가 팔레르모에 도착하자 부르봉 총독은 관저로 그를 초청해서 연회를 개최했다. 팔레르모 외곽에 있는 귀족들의 빌라도 방문했지만, 괴테는 그들이 소장하고 있는 예술 작품보다 시칠리아의 돌과 흙에 더 많은 관심을 보였다. 총독은 시칠리아 사람들이 카르타고의 한니발과 치렀던 전쟁 이야기를 들려주었지만, 괴테는 자연의 아름다움과 돌의 재질에 대해서 더 관심을 기울이면서 자신은 "인류의 고전" 즉 자연에 더 관심이 있음을 강조한다. 그러면서 괴테는 시칠리아에 대한 찬사를 아끼지 않는다. "시칠리아를 뺀 이탈리아는 영혼에 진짜 이탈리아의 이미지를 만들어내지 못한다. 시칠리아에 비로소 모든 것의 열쇠가 있기 때문이다."[4]

괴테는 "이탈리아의 영혼"을 찾기 위해 팔레르모를 떠나 시칠리아 내륙으로 들어간다. 그가 1787년 4월 20일 첫 번째로 방문한 유적지는 세제스타로, 미완성 신전이 있는 곳이다.[5] 그리스어를 능통하게 구사했고, 그리스 역사에 정통했던 괴테가 펠로폰네소스 전쟁 중 아테네의 시칠리아 원정에 빌미를 제공했던 세제스타의 과거에 대해 언급하지 않는 것은 의외다. 지금처럼 완벽한 복원이 되어 있지 않았기 때문에 "미완성"이란 점만을 집중적으로 언급하고 있다. 세제스타 언덕에 있는 그리스 극장에서도 "별다른 인상을 주지 못한다"는 짧은 감상만 남겼다.[6]

괴테가 세제스타 다음으로 방문한 곳은 아그리젠토였다(1787년 4월 23일). 당시에는 '지르젠티 Girgenti'로 불렸던 신전들의 계곡이 있던 곳이다.

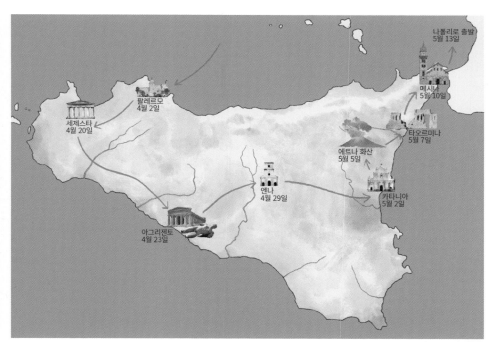

괴테의 1787년 시칠리아 여정.

시칠리아는 눈물을 믿지 않는다

괴테는 조개가 박혀 있는 석회암으로 세워진 신전을 차례로 돌아보았다. 유노(헤라) 신전, 콘코르디아 신전, 유피테르(제우스) 신전, 헤라클레스 신전, 아스클레피오스 신전을 순서대로 돌아보고, 마지막으로 테론의 무덤을 방문했을 것이다. 테론은 기원전 480년의 히메라 전투 당시 젤라와 시라쿠사를 통치하던 참주 겔론과 협력해서 카르타고의 군대를 물리친 바 있는 아그리젠토의 참주였다. 아그리젠토에서 5일간 머물렀던 괴테는 주로 바닷가와 인접한 그 비옥한 땅에서 자라는 각종 식물을 관찰했다. 누에콩, 아칸서스, 양배추, 무화과, 캐럽, 포도, 멜론, 아티초크 등의 특징과 재배 방식에 대한 자세한 설명을 곁들인다.

괴테가 아그리젠토의 '신전들의 계곡'에서 보았던 헤라클레스 신전.

괴테는 아그리젠토에서 시칠리아 내륙으로 방향을 틀면서, 그 지역이 '이탈리아의 곡창 지대'라는 별명을 갖게 된 이유를 찾아 나선다. 광물학에 관심이 많았던 괴테는 풍화된 석회석 사이에 펼쳐진 기름진 땅을 과학적으로 분석했다. 토양에 따라 달리 자라고 있는 나무와 풀을 소개하면서 괴테는 시칠리아가 "세계에서 가장 비옥한 땅" 중의 하나라고 평가한다.[7]

1787년 4월 29일 일요일, 괴테는 엔나에 도착했다. 로마 공화정을 뒤흔들었던 노예 전쟁(기원전 135년)이 발발했던 곳이다. 괴테는 이 언덕 위의 도시가 데메테르 여신 숭배의 중심지였다는 것을 알고 찾아왔다. 그러나 도착하자마자 비가 내려 고생을 하고, 열악한 숙소에서 비참한 밤을 보내고는 "다시는 신화적인 이름을 좇아 여행의 목적지를 잡지 않겠다"고 투덜거린다.[8] 그에게 남은 시칠리아 여행의 기대는 멀리 동쪽으로 솟아 있는 에트나 화산이었다.

괴테 일행은 이제 시칠리아 동부의 카타니아에 도착했다(1787년 5월 2일). 약 2주 만에 다시 큰 도시를 보게 되었고, 고된 시골 여행에 지친 그들은 편안한 숙소를 찾기 위해 시내로 들어갔다. 괴테는 카타니아에서 비스카리Biscari 왕자의 왕궁을 예방하고 그가 소장하고 있던 고대 동전과 예술품을 감상하는 기회를 얻는다.[9] 당시 카타니아에서는 1669년에 폭발해 1만 2,000명의 목숨을 앗아갔던 에트나 화산의 용암이 길거리에 그대로 방치되어 있었다. 괴테는 굳어 있는 마그마를 한 조각 떼어냈다. 현무암 연구에 자료로 사용할 요량이었다. 괴테는 카타니아 안내인의 경고에도 불구하고 에트나 화산을 직접 보기 위해 산에 오른다(1787년 5월 5일). 마침 폭풍이 불어와 정상의 분화구까지 가지는 못했지만 높은 산에서 바라본 아름다운 풍경을 상세히 묘사했고, 동행했던 화가는 이를 스

시칠리아는 눈물을 믿지 않는다

안내인의 경고에도 불구하고 괴테가 답사
여행을 했던 에트나 화산.

케치로 남겼다. 에트나 화산 중턱까지 올라갔던 괴테는 내친김에 타오르미나를 방문한다(1787년 5월 7일). 고대 그리스의 반원형 극장이 있는 아름다운 타오르미나의 중턱에서 눈앞에 펼쳐진 아름다운 풍경을 자세히 묘사했다. 멀리 오른쪽으로는 흰 연기를 뿜어내는 에트나 화산이 보이고, 왼쪽에는 카타니아와 시라쿠사로 이어지는 해안선이 보이는 장관이었을 것이다. 괴테는 해안가로 내려와 〈나우시카아〉란 작품의 플롯을 생각하면서 시간을 보낸다. 시칠리아 여행의 의미를 최종적으로 정리하는 시간이었다. 폭풍을 만나 파이아케스 해안으로 떠밀려 왔던 오디세우스를 환대해준 나우시카아 공주의 이야기는 결국 여행에 관한 것이다. 낯선 곳에 와서 잠시 머물다가 다시 항해에 나서는 오디세우스는 지금 시칠리아를 여행하고 있는 괴테 자신일 것이다. 그도 파이아케스 땅을 떠났던 오디세우스처럼 시칠리아를 떠나기 위해 마지막 도시를 방문한다.

괴테 일행은 시칠리아의 마지막 도시인 메시나에 도착했다(1787년 5월 10일). 이 도시는 그가 방문하기 불과 4년 전에 엄청난 지진의 습격을 받왔다. 시내 중심에서 숙소를 찾기 위해 마차를 타고 갈 때 거의 15분 동안 부서진 주택만 보일 정도였다. 시내에서 거의 유일하게 새로 건축된 숙소에 왔지만 아무도 살지 않음을 발견하고 그냥 빈집의 땅바닥에 누워 잠을 청했다. 다음 날 아침, 괴테는 안내인으로부터 지진의 피해가 얼마나 심각했는지를 듣고 놀라움을 금치 못한다. 메시나 주민 1만 2,000명이 목숨을 잃었고, 3만 명이 이재민이 되었다는 것이다. 거주할 곳이 없어진 메시나 주민들이 지난 4년 동안 도시 외곽의 임시 텐트에서 살고 있다는 것을 알게 된 괴테는 이 구호 시설을 방문하고 그 열악한 환경 속에서도 웃음을 잃지 않는 어린 소녀들을 보며 잠시 희망을 생각한다.

괴테는 메시나에서 프랑스 상선을 타고 시칠리아와의 작별을 고했다 (1787년 5월 13일). 4월 2일에 팔레르모에 도착했으니 한 달 조금 넘게 시칠리아에 머물렀던 셈이다. 괴테를 실은 프랑스 상선은 서서히 메시나 해협을 빠져나갔다. 갑판 위에서 폐허로 변한 메시나 시가지를 바라보면서 괴테는 깊은 회한에 잠긴다. 한 달 남짓 이어졌던 시칠리아 여행을 결산하는 순간이었다.

전체적으로 볼 때 시칠리아 여정을 통해 우리가 본 것은 자연의 폭력성과 시간의 음흉한 간계에 맞서, 그리고 인간들 자신의 적대적인 분열에서 나온 악의에 맞서 자신을 지키려고 했던 처절한 노력은 결국 허망하게 끝이 났다는 것이다. 카르타고 사람, 그리스 사람, 로마 사람, 그리고 그 후로도 수많은 민족이 시칠리아에 와서 건축물을 짓고 또 파괴했다. 셀리눈테의 아름다운 예술 작품과 건축물은 모두 파괴되고 말았다. 아그리젠토의 신전들을 파괴시키는 일은 2,000년의 세월로도 부족하건만, 카타니아와 메시나가 파괴되는 것은 몇 시간, 아니 몇 분이면 충분했다. 출렁이는 배 위에서 멀미를 하며 느낀 이 생각들은, 또 다른 삶의 파도에 흔들리고 있는 내 생각을 완전히 장악하지는 못했다.[10]

괴테의 관심은 시칠리아의 자연이었다. 시칠리아 사람들이 흘렸던 눈물이 아니라, 1년 내내 녹지 않는 에트나 화산의 눈이 관심 대상이었다. 14번에 걸쳐 시칠리아를 방문했던 외부 침입자들이 그랬던 것처럼, 괴테역시 시칠리아의 자연에 관심을 두었을 뿐 사람들의 고통에 대해서는 큰관심을 두지 않았다. 그리고 그들처럼 시칠리아를 떠났다. 괴테의 시칠리아 그랜드 투어는 실패였다. 천하의 괴테조차 시칠리아의 내면을 들여다보지 못했다.

괴테가 시칠리아와 작별을 고했던 메시나해협.

괴테가 시칠리아와 이별했던 메시나해협은 1899년부터 기차로 연결되어 있다. 팔레르모와 로마 사이를 오가는 야간열차는 메시나해협에서 차량을 배에 싣고 바다를 건너 목적지로 이동한다. 유럽 연합에서 여러 차례 이탈리아 본토와 시칠리아를 연결하는 교량 건설을 제안하고 지원도 약속했지만, 여러 사람의 이권이 달린 문제여서 번번이 실패로 돌아갔다. 최근에는 시칠리아와 이탈리아 본토를 오가는 저가 항공의 취항으로 적자가 누적되어 있고 운행 횟수도 축소되었지만, 여전히 불편함과 신기함을 동시에 안은 채 열차는 매일 메시나해협을 건너가고 있다.

## 나폴레옹 군대의 나폴리 침공과 돈나푸가타의 시칠리아 도주

괴테가 시칠리아를 떠나고 2년 후에 프랑스에서 대혁명이 일어났지만(1789년), 시칠리아는 혁명의 의미와 전개 과정에 대해 자세히 듣지 못했다. 시칠리아는 그만큼 고립되어 있었다. 시간이 흐르면서 프랑스 혁명은 보수 반동으로 치달았고, 결국 나폴레옹 황제의 탄생으로 이어진다. 나폴레옹이 프랑스의 황제로 등극할 수 있었던 것은 그가 제1차 이탈리아 원정(1796~1797년)에서 극적인 승리를 거둔 덕분이다. 실제로는 당나귀를 타고 넘었지만, 프랑스의 고전주의 화가 자크-루이 다비드Jacques-Louis David의 영웅화를 통해 실제보다 더 멋있게 알프스산맥을 남하한 것처럼 기억되는 나폴레옹은 파죽지세로 이탈리아 중부를 밀어붙여 로마를 점령하고 교황령 해체를 선언했다(1798년). 이에 나폴리의 페르디난드 1세가 로마를 구출하기 위해 군대를 보냈고, 결국 나폴레옹 군대는 이탈리아반도를 타고 내려가 나폴리까지 점령하고 말았다(1799년).

시칠리아는 눈물을 믿지 않는다

8,000명의 나폴리 군인이 전투 중 사망했고, 양 시칠리아 왕국을 통치하던 스페인의 부르봉 왕가는 나폴리에서 탈출해야만 했다. 프랑스 군대가 남하하고 있다는 소식을 들은 왕비 마리아 카롤리나는 공포에 떨었다고 한다. 프랑스 혁명의 와중에 3살 어린 여동생 마리 앙투아네트<sup>Marie Antoinette</sup>의 목이 잘려나갔다는 소식을 들었기 때문이다. 공포에 질린 카롤리나 왕비는 남편과 함께 나폴리에서 시칠리아로 도주하게 되는데, 여기서 시칠리아의 유명한 포도주 브랜드인 돈나푸가타<sup>Donnafugata</sup>가 탄생하게 된다. 돈나푸가타, 즉 '도망간 여인'은 나폴레옹 군대의 침공을 받고 나폴리에서 시칠리아로 도피해야만 했던 왕비 마리아 카롤리나를 지칭한다.

남편 페르디난드 1세와 마리아 카롤리나 왕비는 영국의 전함 HMS 뱅가드<sup>Vanguard</sup>호를 타고 시칠리아로 도주했다(1798년 12월). 약 2,000명에 달하는 부르봉 왕실의 가족과 측근을 실어 날랐던 그 영국 함선의 선장이 허레이쇼 넬슨<sup>Horatio Nelson</sup>(1758~1805년) 제독이었다.<sup>11</sup> 부르봉 왕조는 지난 60여 년의 통치 기간 중 한 번도 시칠리아를 공식 방문한 적이 없었다. 넬슨 제독이 "지독한 항해"였다고 기록할 만큼 거친 풍랑이 몰아쳤지만, 나폴리의 왕가 피난민들은 1798년 12월 26일, 팔레르모 항구에 무사히 상륙했다. 이때부터 시칠리아에서 마리아 카롤리나 왕비는 '돈나푸가타'로 불렸다. 시칠리아는 궁지에 몰렸을 때만 찾아오는 외진 피난처에 불과했다는 자조적인 의미도 섞여 있는 표현이다.

팔레르모로 도주해 온 부르봉 왕실은 노르만 왕들이 12세기에 건축했던 팔레르모 왕궁을 임시 거처로 사용했다. 오랫동안 사람이 거주하지 않았던 왕궁은 쇠락해 있었고, 일상생활이 불가능할 정도였다. 시중을 들거나 음식을 조리해주는 하인을 데리고 오지 못했기 때문이다. 지중해의 온난한 기후 때문에 노르만 왕궁에는 난방 기구가 구비되어 있지 않았는데, 하필 1798년의 겨울은 역사상 최악의 혹한을 기록했다. 나폴리 왕궁에서 프랑스군의 공포에 떨었던 카롤리나 왕비는 시칠리아 왕궁에서 추위 때문에 몸을 떨었다. 왕은 주로 사냥으로 그 무료한 시간을 보냈지만, 왕비는 속히 그 춥고 불편한 시칠리아를 떠나고 싶어 했다.

그렇게 3년이 지났을 때, 카롤리나 왕비는 시칠리아 내륙에서 멋진 별장을 발견했다(1812년 겨울). 아름다운 정원을 가진 이 별장의 주인은 쿠토Cutò의 왕자 니콜로 필랑제리Niccolò Filangeri였고, 따라서 '필랑제리 별장'으로 불리던 건물이었다. 돈나푸가타는 이 별장에서 거주하며 시칠리아 내륙의 자연 풍광에 매료된다. 나중에 시칠리아 사람들의 마음의 습

돈나푸가타 와인. 람페두사의 《표범》에 나오는 주인공의 이름을 포도주 이름으로 사용하고 있다.

시칠리아는 눈물을 믿지 않는다

관을 정확하게 분석한 책《표범》의 작가 주세페 람페두사가 바로 필랑제리 왕자의 실제 증손자였다. 그래서 람페두사는 후일 가문의 별장 이름을 '돈나푸가타'로 지었다. 그 별장에 머물렀던 돈나푸가타, 마리아 카롤리나 왕비를 기념하기 위해서였다.

## 1812년 시칠리아 헌법의 폐기와 회복 불능 상태에 빠진 시칠리아

시칠리아의 주민 대표는 부르봉 왕조의 왕 페르디난드 1세에게 입헌 군주제를 도입하는 조건으로 팔레르모 거주를 승인했다(1798년). 국왕에게 이런 과감한 제안을 할 수 있었던 것은 영국의 입김 덕분이었다. 시칠리아에서 그리 멀지 않은 몰타를 점령(1800년)하게 될 영국은 막강한 해군력을 바탕으로 지중해의 중심 세력으로 성장하고 있었다. 일부 시칠리아의 주민 대표들은 몰타처럼 아예 영국 연방에 가입하여 속국이 되는 가능성까지 진지하게 고민하고 있었다. 부르봉 왕실 가족과 함께 시칠리아에 상륙했던 1만 8,000명의 영국 해군과 행정 요원들은 시칠리아 경제에 새로운 활력을 불어넣었다. 특별히 영국의 경제 자문단은 짧은 시간 안에 자급자족 중심의 시칠리아 농업을 수출 중심의 산업으로 전환시켜 놓았다. 시칠리아가 다시 지중해의 '곡물 창고'로 전환되는 계기였다. 당시 미국을 식민 통치하고 있던 영국으로서는 지리적으로 더 가까운 시칠리아에서 밀을 수입하는 것이 더 경제적이라고 판단하고 있었다. 그래서 페르디난드 1세에게 자치권을 요구하는 시칠리아 주민 대표의 과감한 주장을 영국이 옹호했던 것이다. 나폴레옹에 의해 군사 국가로 전환되어 가던 프랑스 혁명의 진행 과정을 지켜보던 시칠리아 주민 대표들은 안정된 영국의 '입헌 군주제'를 더 선호하고 있었다. 부르봉 왕실의 페르디난드 1세와 돈나푸가타가 궁지에 몰려 있는 기회를 이용해서 '1812년 시칠리아 헌법'을 밀어붙였다.

새로 제정된 1812년 시칠리아 헌법의 핵심은 시칠리아 자치권의 보장이었다. 자치권을 행사하려면 자체적인 왕이 배출되어야 하고, 그 경우 영국처럼 입헌 군주제를 시행해야 한다는 조건이 붙었다. 전통적인 봉건 제도를 통해 누렸던 귀족의 특권인 사적인 징세권과 재판권을 철폐하고, 귀족들에게도 세금을 징수할 것을 요구했다. 그동안 봉건 제도 아래에서 귀족들은 세금을 내는 대신 군 장교로 복무하는 것으로 국가에 대한 의무를 면제받아왔다. 1812년 제안된 시칠리아 헌법은 1,000년 넘게 이어져오던 고질적인 봉건 제도를 뿌리 뽑을 수 있는 천재일우의 기회였다.

그러나 정작 시칠리아의 가난한 농노들은 '1812년 헌법'을 지지하지 않았다. 여전히 투표권은 일부 귀족 계급이 행사할 수 있는 권리로 제한되었기 때문이었다. 시칠리아의 농노들이 '1812년 헌법'을 결사반대한 것은 징집을 당할 가능성 때문이었다. 시칠리아가 독립 국가가 되려면 자체 군대가 필요한데, 결국 일반 농노들이 그 임무를 수행해야만 했다. 그들은 '1812년 헌법'의 수용을 거부하면서 이전처럼 귀족이나 토착 지주들의 지배를 받는 것이 더 낫다고 주장했다. 결국 자치권을 놓고 시칠리아 상류층과 하류층이 다시 충돌했다. 한편 페르디난드 1세는 프랑스 군대가 이탈리아 북부로 돌아가자, 나폴리로 1차 귀환했다(1800년). 그러나 프랑스 군대가 나폴리를 재침공하자(1806년), 팔레르모로 다시 피신하게 된다. 나폴레옹은 조제프 보나파르트를 '양 시칠리아 왕국'의 왕으로 선포했고, 페르디난드 1세는 졸지에 '양 시칠리아 왕국'의 절반을 잃게 된 것이다. 이 와중에 '1812년 헌법'이 논의되고 있었다.

시칠리아는 눈물을 믿지 않는다

유럽 대륙은 엘바Elba섬에서 탈출(1815년)한 후 이른바 '100일 천하'의 마지막 소동을 일으켰던 나폴레옹으로 인해 떠들썩했다. 프랑스와 영국이 맞붙은 워털루Waterloo 전투(1815년)에 대한 소문이 전 유럽으로 퍼져나갈 즈음, 나폴리에서도 프랑스와 오스트리아가 다시 맞붙었다. 사돈이었던 오스트리아 합스부르크 왕가의 도움으로 프랑스 군대를 몰아낸 페르디난드 1세는 1815년, 나폴리로 귀환했다. 그는 '양 시칠리아 왕국'의 개국을 다시 선포하고, 시칠리아 만종 사건 이후로 분리되었던 나폴리와 시칠리아를 하나의 왕국으로 통일했다. 페르디난드 1세는 나폴리 귀환과 두 왕국의 병합을 기념하기 위해 나폴리 왕궁 앞 광장에 산 프란체스코 디 파올라San Francesco di Paola 대성당을 지어 봉헌했다.

그동안 시칠리아에 대한 혐오감을 숨기고 있던 페르디난드 1세는 시칠리아 주민 대표들이 요구했던 '1812년 헌법'을 폐기했다. 심지어 팔레르모에서 휘날리던 시칠리아 자체 깃발 게양을 금했다. 마침 콜레라가 창궐해 무려 7만 명의 시칠리아 주민이 떼죽음을 당하는 참사가 일어났지만, 나폴리의 부르봉 왕실은 무관심으로 일관했다. 민심이 점점 나빠졌다. 부르봉 왕조가 의도적으로 전염병을 퍼트리고 있으며, 정기적으로 식수에 콜레라균을 넣었다는 소문까지 퍼져나갔다. 시라쿠사와 카타니아 등지에서 주민들이 작은 소요를 일으켰지만, 페르디난드 1세는 나폴리 출신의 관리와 경찰에게 강압적인 진압을 명령했고, 시칠리아 주민들은 정치적 압제와 경제적 압박의 이중고에 시달리게 된다.

유럽 전역에서 혁명의 기운이 다시 살아나면서 나폴리와 팔레르모에서 동시에 반란이 발생했다(1820년). 페르디난드 1세는 절대 왕정을 고수했고, 이는 나폴리와 팔레르모의 반발을 동시에 불러일으켰다. 나폴리 주민들의 극렬한 저항에 군인들까지 동조하자 페르디난드 1세는 절대 왕정을 포기하고 입헌 군주제를 받아들일 것을 서약했다(1820년). 그러나 시칠리아에서 발생한 반란은 나폴리 군대를 동원해서 무참하게 진압했다. 그동안 부르봉 왕조의 페르디난드 1세에게 우호적이었던 오스트리아 합스부르크 왕조는 입헌 군주제를 지지한 페르디난드 1세에게 압박을 가하기 위해 군대를 나폴리에 주둔시켰다(1821년). 말이 주둔이지 점령이나 다름이 없었다. 페르디난드 1세는 오스트리아 군대의 힘을 배경으로 나폴리 의회를 해산시키고 입헌 군주제 약속도 폐기해버렸다. 페르디난드 1세는 1825년 임종할 때까지 오스트리아가 보낸 대사에 의해 좌지우지되었다. 거의 모든 국가 정책은 오스트리아 대사가 결정했고, 나폴리 경제는 악화일로를 걸었다. 시칠리아는 점점 회복 불능 상태로 빠져들었다.

페르디난드 1세의 아들 프란체스코 1세Francesco I(1825~1830년 재위)가 비틀거리던 '양 시칠리아 왕국'의 왕위를 이어받았다(1825년). 그는 1820년 시칠리아에서 제안되었던 입헌 군주제를 지지하는 태도를 보였기 때문에 주민들의 많은 기대 속에서 즉위했다. 그러나 막상 왕위를 이어받자 그동안 유지하던 개혁적인 입장을 버리고 전통적인 절대 왕정으로 선회했다. 암살을 두려워했던 그는 언제나 경호원들과 함께 생활하면서 향락에만 몰두해 시칠리아 주민들을 다시 실망시켰다.

무능했던 프란체스코 1세가 임종하고 그의 아들 페르디난드 2세Ferdinand II(1830~1859년 재위)가 다시 '양 시칠리아 왕국'의 왕으로 취임했던 1830년은 유럽 역사의 전환점이기도 했다. 유럽 거의 모든 나라에서 혁명의 소용돌이가 휘몰아칠 때였다. 프랑스에서 처음 발발했던 '1830년 혁명'은 페르디난드 2세의 왕국에도 큰 영향을 미쳤다. 구체제(앙시앵 레짐)의 몰락을 바라던 파리 시민들의 함성이 파리 시가지에서 울려 퍼지고 있을 때, 폭동을 두려워하던 페르디난드 2세는 '양 시칠리아 왕국'의 주민들에게 친화적인 제스처를 취할 수밖에 없었다. 세금이 줄었고, 가로등이 처음으로 설치되었으며, 기차가 나폴리 시내와 베수비오 화산 밑자락 동네까지 연결되었다(1839년). 나폴리와 팔레르모를 연결하는 전신 telegraph 을 설치하기도 했다. 세금이 줄어들었는데도 이런 공공시설이 개선된 이유는 나폴리에 지점을 개설한 로스차일드Rothschild 가문의 투자 덕분이었다.

그러나 시칠리아는 여전히 비틀거리고 있었다. 1837년, 콜레라가 창궐해서 약 7만 명이 한꺼번에 목숨을 잃었다. 그러나 페르디난드 2세는 나폴리 중심 정책을 유지하면서 시칠리아의 비극에 대해 무관심으로 일관했다. 결국 1848년 1월 12일, 팔레르모에서 민심이 폭발하고 말았다. 국왕 페르디난드 2세의 생일에 맞춰 발발한 이 혁명은 절대왕정을 철폐하고 입헌 군주제를 제안했던 '1812년 헌법'으로 돌아갈 것을 요구했다. 거의 모든 유럽 국가들에서 동시다발적으로 발생한 '1848년 혁명'이 시칠리아에서 시작된 셈이다. 16개월이나 지속된 팔레르모 혁명은 이탈리아 통일 운동에도 큰 영향을 미쳤다. 처음으로 자유선거를 통한 대의 정치를 개혁안으로 제시했기 때문이다. 그러나 페르디난드 2세는 나폴리 군대와 스위스 용병을 보내 팔레르모의 혁명을 잔혹하게 진압했다(1849년 5월). 부르봉 왕조에 우호적이었던 메시나에 상륙한 나폴리 군대와 스위스 용병들은 성당 안으로 피신했던 시칠리아 여성들을 강간하고 신부들을 제단 앞에서 참살하는 만행을 저질렀다. 페르디난드 2세는 의도적으로 각종 범죄를 저지르고 실형을 살고 있던 범죄자들을 시칠리아 진압군으로 파견해 살상을 자행하도록 유도했다.

혁명의 급한 불을 끈 페르디난드 2세는 정치범에 대한 대대적인 단속과 더불어 투옥과 감금, 감시와 협박을 동원해 시칠리아의 자유를 억압했다. 외부와 단절을 더 공고히 해, 북유럽의 산업 혁명에 발맞추기는커녕 오히려 예전보다 더 강력한 농업 우선 정책을 펼쳤다. 특히 시칠리아의 가난은 국제 문제가 될 정도였다. 많은 북유럽의 방문자들이 굶주리고 있는 시칠리아 주민들의 참상을 목격하고 인도적 차원의 식량 지원을 호소했으며, 일부는 무책임하고 비도덕적인 부르봉 왕조를 격렬하게 비난했다.

## 부르봉 왕조의 마지막 왕 프란체스코 2세

프란체스코 2세 Francesco II는 1859년 왕위에 올랐다. 부왕 페르디난드 2세의 유일한 아들이었던 그는 심약한 성격을 가진 소년으로 성장했다. 오스트리아의 여제 엘리자베트 '시시' Elizabeth 'Sisi'의 여동생과 결혼했지만, 태어난 아기의 이른 죽음 때문에 우울증을 앓고 있었다. 그는 카를로 필란지에리 Carlo Filangieri를 총리로 임명해 급변하는 유럽의 정세에 대처하도록 했지만, 그동안 부르봉 왕조의 근위대로 고용해왔던 스위스 용병들이 반란을 일으켰고, 이들을 전원 사살함으로써 집권 초기부터 정치적 난관에 직면하게 되었다. 총리 필란지에리는 비틀거리던 '양시칠리아 왕국'에 입헌 군주제를 도입할 것을 제안했지만 프란체스코 2세는 절대 왕정을 포기할 의사가 전혀 없었다. 결국 주세페 가리발디 Giuseppe Garibaldi(1807~1882년)가 지휘하는 혁명군 '천인대 千人隊'가 마르살라 항구에 상륙함으로써(1860년), 프란체스코 2세의 부르봉 왕조는 위기에 직면하게 된다.

'천인대의 원정'은 일명 '붉은 셔츠 Camicie rosse 부대'로 불리던 이탈리아의 통일 혁명군이 1860년 5월 마르살라에 상륙한 사건을 말한다. 이탈리아 현대사의 출발점이 되는 사건이었다. 혁명군은 파죽지세로 팔레르모를 점령했고 결국 부르봉 왕조는 순식간에 무너지고 말았다. 1860년 9월, 마침내 프란체스코 2세가 나폴리를 탈출하고 가리발디가 입성함으로써 남부 이탈리아가 통일 혁명군의 손으로 넘어갔다. 프란체스코 2세는 이탈리아의 남서부의 항구 도시 가에타Gaeta에 진을 치고, 마지막 항전을 펼쳤다. 가리발디의 군대는 이미 비토리오 에마누엘레 2세Vittorio Emanuele II(1820~1878년)의 강력한 지원을 받고 있었기 때문에 가에타는 쉽게 함락되었다(1861년 2월). 이로써 1735년부터 시칠리아를 통치했던 스페인의 부르봉 왕조는 126년 만에 문을 닫았다.

부르봉 왕조가 시칠리아에 남긴 피해는 그들의 잔혹한 통치가 아니라 무관심 때문에 초래된 것이었다. 그리스인들은 신전을 남겼고 노르만인들은 왕궁과 성당을 남겼지만, 스페인의 부르봉 통치자들은 그 넓은 시칠리아 땅에 여름 별궁 하나 건축하지 않았다. 그들은 제2의 로마인들이었다. 빌라 로마나 델 카살레를 제외하면 아무런 문화적 흔적을 남기지 않았던 로마인들처럼, 스페인인들도 시칠리아를 수탈의 대상으로만 여겼을 뿐이었다. 대신 스페인의 흔적은 민간의 영역, 즉 성당 건축에서 남게 되었다. 마치 로마인들이 빌라 로마나 델 카살레를 남겼듯이 스페인 부르봉 왕조 시대는 시라쿠사, 카타니아, 노토, 모디카에 바로크 양식의 대성당을 남겼다. 이른바 시칠리아 바로크 시대가 화려하게 펼쳐졌지만, 그것은 부르봉 왕가가 주도한 것이 아니었다. 1693년 대지진으로 이전 건물들이 모두 무너졌기 때문에 시칠리아 주민들은 그 시대의 유행에 따라 각자도생의 건물을 쌓아 올렸다.

# 1693년 발 디 노토 대지진과
## 시칠리아 바로크의 탄생

정면 파사드의 곡선 처리, 아기 천사 장식 그리고 화려한 내부 장식으로 유명한 시칠리아 바로크가 탄생하게 된 이유는 아라곤과 부르봉 왕조로 이어진 스페인의 영향 때문이 아니었다. 그것은 앞에서 설명한 대로 1693년 1월 11일 저녁 9시에 시칠리아 남동부를 강타했던 진도 7.3의 발 디 노토 대지진이 초래한 결과였다. 시칠리아 남동부 지역의 도시들이 피해 복구가 불가능할 정도로 파괴되었기 때문에 이재민들을 아예 새로운 도시로 옮기는 작업이 추진되었다. 이렇게 만들어진 도시가 아볼라 Avola와 노토였다. 폐허로 변한 옛 거주지는 아볼라 안티카 Avola Antica 와 노토 안티카 Noto Antica 로 이름을 바꾸었다. 시라쿠사는 파괴된 건물을 완전히 허물고 바로크 양식을 도입한 새로운 건물을 건축했다. 재정이 부족했던 카타니아는 파괴된 건물을 최대한 재활용했다. 부르봉 왕조의 도움 없이 자체적으로 추진된 이 복구 과정을 통해 많은 건축물이 새로 모습을 드러냈는데, 이를 '시칠리아 바로크'라 부른다. 지진의 피해를 딛고 다시 세워진 4개 도시의 대성당이 그 시대의 바로크 미학을 대변하고 있다.

### 시라쿠사 대성당

시칠리아 바로크를 대표하는 시라쿠사 대성당은 기원전 5세기에 건축된 아테네 신전 위에 다시 세워졌다. 도리스 양식의 열주가 정면 6개, 측면 14개로 배치되어 있던 이 신전은 7세기에 가톨릭 성당으로 재건축되었는데, 기존의 아테나 신전 열주가 성당 벽면의 기둥 역할을 했다. 이 성당은 878년에 이슬람 모스크로 전환되었다가, 1085년에 다시 로저 1세에 의해 라틴 형식의 미사를 드리는 가톨릭 성당으로 환원되었다. 1693년 대지진으로 정면 파사드가 무너졌지만, 18세기 중엽에 이르러 지금의 바로크 양식의 파사드로 완전히 재건되었다. 내부에는 원래 있던 아테나 신전의 도리스 양식 대신 화려한 코린트 양식 열주가 2열로 배치되어 있다. 성당 내부의 벽면 높은 곳에는 "시라쿠사 대성당은 성 베드로의 첫 번째 딸(교회)이며, 안티오크 교회 이후 그리스도께 바쳐진 첫 번째 교회다"라고 적혀 있다.

시라쿠사 대성당. 내부에는 성 루치아의 채플이 있다.

### 카타니아 대성당

카타니아는 1693년 대지진의 직격탄을 맞은 해안 도시였다. 인접하고 있는 에트나 화산이 분출해 큰 피해가 발생했고, 지진 여파로 생긴 쓰나미 때문에 바닷가 주변에 살던 주민들이 떼죽음을 당했다. 카타니아 대성당은 원래 로마인들의 온천 시설이 있었다가 11세기에 가톨릭 성당으로 건축된 건물이었다. 시라쿠사 대성당과 마찬가지로 로저 1세가 모스크로 사용되던 그 성당을 라틴 성당으로 개조시켰다. 노르만 건축가들은 성채를 쌓아 올리듯이 성당을 건축했는데, 지금도 후진apse에 그 양식이 남아 있다. 바로크 양식의 성당 정면 파사드는 1711년, 잔 바티스타 바카리니Gian Battista Vaccarini가 설계한 것이다. 시라쿠사 대성당이 성 루치아를 수호 성인으로 모시고 있다면, 카타니아 대성당은 성 아가타를 수호 성인으로 모시고 있다.

카타니아 대성당. 내부에 작곡가 빈첸초 벨리니Vincenzo Bellini의 영묘가 안치되어 있다.

### 모디카 대성당

　18세기 초에 재건축된 모디카 대성당Duomo di San Giorgio은 시칠리아 바로크 양식의 모델과 같은 걸작 건축물이다. 로저 1세가 세웠던 원래 건물은 17세기 초반에 재건축되었으나, 1693년의 대지진으로 인해 정면 파사드가 완전히 파괴되고 말았다. 중앙 종탑을 중심으로 곡선으로 펼쳐지는 정면 파사드는 시라쿠사 출신의 바로크 건축가 로사리오 갈리아르디 Rosario Gagliardi (1698~1762년)에 의해 현재의 모습으로 복원되었다(1780년). 모디카 대성당으로 올라가는 164개의 계단은 19세기에 공사가 마감되었다. 내부에는 화려한 코린트 양식 열주가 5열 회랑을 이루고 있다. 성당 안에는 모디카의 영주였던 키아라몬테Chiaramonte 가문이 기증한 성함聖函이 전시되어 있는데, 모디카 주민들은 연례 축제 때 이 성함과 성 게오르기우스의 동상을 들고 도심을 행진한다.

모디카 대성당. 시칠리아 바로크 양식의 모델인 파사드를 보유하고 있다.

노토 대성당

바로크 양식으로 건축된 시칠리아 남동부의 다른 지역 대성당과는 달리, 노토 대성당은 바로크에서 신고전주의로 넘어가는 시대의 정면 파사드를 보유하고 있다. 바로크 성당의 전형적인 모델을 제시했던 예수회 건축물의 영향을 받았기 때문에, 좌우에 종탑이 배치되는 구조를 선택했다. 이런 형식은 동시대의 파리 성당 건축에서 유행했던 양식인데, 모디카 대성당의 파사드를 건축했던 갈리아르디는 베르사유의 성모 성당을 모델로 삼아 노토 대성당 파사드를 현재의 모습으로 복원시

시칠리아는 눈물을 믿지 않는다

노토 대성당. 계속된 지진으로 보수가 반복되면서 바로크 양식과 신고전주의 양식이 혼재되어 있는 모습이다.

켰다. 주재료는 옅은 노란색의 석회암이다. 갈리아르디는 인근 라구사의 대성당 공사도 맡아, 시칠리아 바로크 시대를 대표하는 건축가가 되었다. 대성당 내부는 완전히 흰색으로, 단순하게 장식되어 있다. 화려했던 바로크 장식들은 계속된 지진의 피해로 복원이 불가능했기 때문이다. 안타깝게도 노토 대성당의 중앙 돔은 1996년에 다시 한번 무너져 내렸다. 1990년에 발생한 지진의 피해를 제때 복구하지 않아 발생한 피해였지만, 철저한 고증을 거쳐 2007년에 현재의 모습으로 복원되었다.

# 11장

# 통일 이탈리아로 편입된 시칠리아와 무솔리니의 파시스트 통치

## 1861~1946년

## 가리발디의 마르살라 상륙(1860년)

19세기 중반까지만 해도 지금 우리가 알고 있는 '이탈리아'라는 국가는 존재하지 않았다. 대륙 세력과 해양 세력이 충돌하는 반도 국가의 운명이 늘 그러하듯이, 이탈리아반도는 분열의 역사를 길게 간직하면서 크게 밀라노, 베네치아, 피렌체, 교황령, 나폴리로 나뉘어 통치되고 있었다. 그래서 16세기 피렌체의 제2서기장이었던 마키아벨리는 유명한《군주론》의 마지막 장에서 페트라르카가 역설했던 "나의 이탈리아Italia mia"가 하나의 통일 왕국으로 통합되는 간절한 탄원을 올리기도 했다.[1] 역설적이지만 이탈리아가 단일 국가의 꿈을 꾸게 된 계기는 나폴레옹의 이탈리아 침략으로 초래된 혼란 때문이었다.

나폴레옹이 워털루 전투에서 패배를 당한 후(1815년), 전후 유럽의 정치 지형도를 결정한 '빈 협약'에서 이탈리아 북부는 오스트리아 합스부르크 왕조의 지배를 받게 되었다. 절대 왕정, 그것도 외국의 통치를 다시 받게 된 이탈리아 북부에서 국권 수복과 통일 왕국의 염원이 커지게 된 것은 시대의 당위였다. 통일 조국을 꿈꾸며 이탈리아의 민족주의를 확

시칠리아는 눈물을 믿지 않는다

산시킨 비밀 결사 조직 카르보나리Carbonari는 프랑스 혁명의 후손들이었다.[2] 이탈리아의 지식인, 상공인, 일부 전통 귀족은 "자유, 평등, 우애"를 추구하던 카르보나리의 통일 이탈리아에 대한 꿈을 지지하게 되었고, 이들을 이끌었던 혁명가가 바로 주세페 마치니Giuseppe Mazzini (1805~1872년)와 가리발디였다. 미래의 통일 이탈리아가 군주제를 버리고 공화제를 선택하기를 바랐던 마치니가 '젊은 이탈리아 당La Giovine Italia'을 결성했을 때, 혈기왕성했던 혁명가 가리발디가 합류함으로써 통일 운동이 활기를 띠게 되었다. 그러나 1834년, 피에몬테에서 계획했던 혁명이 실패로 돌아가면서, 적극 가담자였던 가리발디는 사형 선고를 받고 남미로 도피해야 하는 시련을 겪는다.[3] 당국의 탄압을 받고 세계 곳곳으로 망명을 떠나야 했던 이탈리아의 혁명가들은 산업 혁명을 통해 세계가 새롭게 태어나고 있고, 계몽주의의 빛이 구시대의 어둠을 밝히고 있다는 사실을 깨닫게 되었다. 당시 대부분의 이탈리아 영토가 외국의 통치, 즉 합스부르크 왕조(북쪽)나 부르봉 왕조(남쪽)의 지배를 받고 있었지만, 사르데냐 왕국만이 자체적인 통치권을 유지하고 있었다. 결국 사르데냐 왕국이 오스트리아를 상대로 제1차 독립 전쟁의 총대를 메게 된다(1848년).

한편 남미로 망명을 떠난 가리발디는 브라질 독립운동에 참여해서 게릴라전의 경험을 쌓고 있었다. 그러다 전쟁터에서 만난 아니타Anita와 사랑에 빠졌고, 1842년 우루과이의 몬테비데오에서 결혼식을 올렸다. 아내의 영향으로 가리발디는 라틴아메리카의 가우초Gaucho 문화를 받아들였다. 이 문화는 기사와 카우보이를 합친 것 같은 행동과 복장을 강조하는데, 창이 넓고 끝이 뾰족한 카우보이모자, 판초(몸 전체를 덮는 망토) 그리고 붉은 셔츠를 입고 있는 가우초의 모습은 곧 가리발디를 상징하게 되었고, 그를 따랐던 독립투사들도 '붉은 셔츠 부대'로 불리게 된다.

1848년까지 가리발디는 우루과이 내전에 참전해 몬테비데오를 정부군으로부터 방어하기 위한 게릴라 전투를 지휘했다. 몸은 라틴아메리카의 독립 전투 현장에 있었지만, 가리발디의 마음은 언제나 외국의 지배를 받고 있는 조국을 향하고 있었다. 그는 1848년 1월, 시칠리아 팔레르모에서 대규모 반란이 일어났다는 소식을 듣고 그는 귀국을 결심한다.

그러나 통일 조국을 꿈꾸던 이탈리아의 혁명가들은 아직 준비가 덜 된 상태였다. 이상주의와 모험주의의 시도 그 이상을 넘어서지 못했던 초기의 혁명가들은 효과적인 군사 작전을 펼치던 오스트리아나 스페인 군대의 적수가 되지 못했다. 사르데냐 왕국의

실베스트로 레가Silvestro Lega가 그린 가리발디 장군의 초상화. 1861년 작품. 붉은 셔츠는 이탈리아 독립 운동가들의 아이콘이었다. 레가 미술관 소장.

카를로 알베르토 1세Carlo Alberto I 왕은 아들 비토리오 에마누엘레 2세에게 왕위를 넘겼고(1849년), 이제 통일의 과업은 사르데냐의 젊은 왕이 짊어지게 되었다.

1859년, 사르데냐 왕국은 북부 이탈리아를 실효 지배하고 있던 오스트리아에 다시 통일 전쟁의 도전장을 내밀었다. 사르데냐의 국무장관이었던 카보우르 백작 카밀로 벤소Camillo Benso, Count Cavour(1810~1861년)는 프랑스의 나폴레옹 3세와 협약을 맺고, 북부 이탈리아에서 연합군을 형

시칠리아는 눈물을 믿지 않는다

이탈리아 통일의 3대 주역 중 1명인 주세페 마치니의 동상이 엔나 도심 광장에 서 있다.

성해서 오스트리아와 전쟁을 치렀다. 수적인 열세에도 불구하고 사르데냐와 프랑스 연합군이 승리를 거둘 수 있었던 것은 실전 경험이 없는 귀족들이 오스트리아 군대를 지휘하고 있었기 때문이었다. 사르데냐 왕국이 밀라노 지역을 점령하고 이탈리아 중부 지역까지 진격해 갈 동안, 오스트리아는 베네치아 지역을 사수하는 전략을 택했다.

사르데냐 왕국의 이탈리아 통일 혁명을 지원해준 대가로 프랑스는 사보이아(토리노를 중심으로 한 이탈리아 북서 지역)와 니스를 요구했다. 원래 이탈리아권에 속해 있던 니스(가리발디의 고향이었다)가 지금 남프랑스에 귀속된 것은 이 때문이다. 두 번째 이탈리아 독립 전쟁에서 가리발디의 공헌도 컸다. 그는 민병대인 '알프스의 사냥꾼'을 조직하고 게릴라전으로 오스트리아 군대와 맞서 싸웠다.

앞에서 설명한 대로 1848년 1월, 스페인 부르봉 왕조의 지배에 저항하는 독립운동이 시칠리아에서 먼저 시작되었다. 부르봉 왕조의 페르디난드 2세는 고의로 나폴리의 범죄자들을 메시나로 보내 혁명군과 그 가족들에게 폭력을 행사하도록 사주했다. 비록 1948년 시칠리아 혁명은 16개월로 단명했지만 라틴아메리카에서 브라질과 우루과이의 혁명에 관

가리발디 장군이 붉은 셔츠를 입은 천인대와 함께 상륙했던 마르살라의 도시 정문.

여하고 있던 가리발디가 귀국하도록 만든 계기가 되었다.

　1860년 당시 이탈리아반도는 오스트리아가 통치하던 베네치아, 교황이 통치하던 교황령, 비토리오 에마누엘레 2세가 통치하던 피에몬테–사르데냐 왕국, 스페인 부르봉 왕조가 통치하던 양 시칠리아 왕국, 그리고 산 마리노로 분열되어 있었다. 통일 이탈리아를 꿈꾸던 가리발디와 그를 따르던 약 1,000명의 붉은 셔츠 부대는 스페인 부르봉 왕조에 대한 저항이 심했던 시칠리아를 통일 운동의 출발점으로 삼기로 했다. 마침 1860년 4월에 메시나와 팔레르모에서 부르봉 정권에 반발하는 시민 저항이 다시 시작되었다는 소식을 들은 가리발디는 천인대와 함께 시칠리아 서부의 항구 도시 마르살라에 상륙을 감행했다(1860년 5월 11일). 수천 명의 시칠리아 주민들이 가리발디의 혁명군을 환영하며 그들의 군사 작전을 도왔다. 가리발디의 혁명군이 카라타피니 전투에서 부르봉 군대를 괴멸시키자, 승전에 고무된 시칠리아 주민들의 혁명군 자원 입대가 늘어났고, 가리발디의 군대는 4,000명의 정예 부대로 재편성되었다. 가리발디는 시칠리아의 해방을 선포하고(5월 14일), 곧 팔레르모를 점령하는 데 성공한다(5월 27일). 나폴리에서 시칠리아의 재탈환을 위해 파견된 2만 5,000명의 부르봉 군대는 팔레르모 포위 작전을 펼쳤지만, 영국의 개입으로 철수해야만 했다. 부르봉 군대가 팔레르모에서 철수했다는 소식이 전 이탈리아에 전해지자, 가리발디는 일약 통일 운동의 영웅으로 부상했다.

가리발디는 여세를 몰아 시칠리아의 동북쪽 항구 도시이자 이탈리아 반도로 진출하기 위한 교두보인 메시나를 점령했다. 메시나해협을 마주 보고 있는 칼라브리아 지방 역시 부르봉 왕조의 지배를 받고 있었다. 파죽지세로 이탈리아 본토로 상륙한 가리발디의 군대는 지역 주민의 열렬한 환영을 받으면서 나폴리로 입성했다(9월 7일). 부르봉 왕가는 이미 도시를 탈출한 후였다. 프란체스코 2세는 인근 항구 도시 가에타에 배수진을 치고 마지막 항전을 했지만, 1861년 2월 가리발디의 혁명군에게 항복을 선언했다. 이로써 길었던 스페인 왕조의 통치가 종결되었고 부르봉 왕가는 126년 만에 시칠리아를 떠나게 되었다. 1302년부터 1713년까지 시칠리아를 통치했던 아라곤 왕가의 통치 기간(411년)까지 합친다면, 스페인은 시칠리아에서 무려 537년 동안 권력을 유지했다. 시칠리아 주민들은 500년 넘게 왕으로 군림했던 스페인 왕가를 쫓아냈지만, 그것 역시 외부의 힘에 의해서였다. 저항하지 못한 채 그 오랜 세월을 견뎌야만 했고, 공헌하지 못한 채 새로운 시대를 맞게 되었다.

# 통일 왕국 선포 이후의 시칠리아

가리발디 상륙 후 시칠리아는 피에몬테에 합병되었다가, 통일 이탈리아 왕국에 최종 병합된다(1861년). 1861년 3월 17일에 즉위한 비토리오 에마누엘레 2세의 통치를 받게 된 것이다. 시칠리아 주민들은 이탈리아의 통일을 열렬히 지지했다. 지역 국가로 분열되어 있던 이탈리아반도를 하나의 왕국으로 통일시킨 리소르지멘토Risorgimento는 1871년, 통일 혁명군이 로마를 점령하면서 최종 마무리되었다. 그러나 이탈리아의 통일은 시칠리아에 새로운 정치적 변화를 불러일으키지 못했다. 이탈리아 북부 지역이 건국의 주도권을 쥐면서 시칠리아를 포함한 이탈리아 남부는 오히려 예전보다 더 혹독한 세금을 내야 하는 처지로 전락하게 된다.

통일 이탈리아 왕국은 왕과 의회가 권력을 나누어 가짐으로써 입헌 군주제의 성격을 띠고 출발했다. 개인의 정치적 자유를 보장하고 법 앞에서 모든 사람이 공정한 대우를 받는다는 근대 국가의 정신을 받아들였다. 또한 언론의 자유와 개인 재산권을 법으로 보장하면서 이탈리아의 구체제는 서서히 마감되어가는 것처럼 보였다. 그러나 전쟁 비용으로 인한 부채는 이미 5억 리라(1860년 기준)를 넘어선 상태였고, 1866년에 발발한 제3차 이탈리아 독립 전쟁으로 8억 리라의 부채가 더해지면서, 통일 이탈리아는 출발부터 극심한 경제난에 봉착하게 되었다.

제3차 이탈리아 독립 전쟁은 1866년 여름, 통일 이탈리아와 오스트리아 다시 맞붙은 전쟁이었다. 비록 이탈리아가 통일 왕국을 이룩했지만, 베네치아 지방과 교황령 일부는 아직 병합되지 못한 상태로 남아 있었다. 통일 이탈리아의 영웅 가리발디는 이탈리아반도에서 아직 외국의 통치를 받고 있던 '미회복 지역Irredente'을 탈환하기 위해서 제3차 이탈리아 독립 전쟁을 일으켰다. 가리발디는 팔레르모에서 의용군 1,200명을 모아 이탈리아반도 남단에 재상륙했다. 제3차 이탈리아 독립 전쟁은 가리발디의 지휘를 받던 시칠리아 의용군에 의해 시작된 셈이다.

그러나 가리발디의 제3차 이탈리아 독립 전쟁은 실패로 끝날 것처럼 보였고, 본인이 포로로 잡히는 수모도 겪게 된다. 그러나 베네치아 지역을 차지하고 있던 오스트리아가 프로이센과 전쟁을 하는 틈을 이용해 미회복 지역을 수복할 기회를 잡게 되었다. 이탈리아 왕국은 프로이센과 군사 동맹을 체결하고 오스트리아 군대가 진을 치고 있는 베네치아를 양쪽에서 공격했다. 그러나 전세는 베네치아 전선이 아니라 프로이센과 오스트리아 전쟁 판도에 달려 있었다. 오스트리아가 프로이센에 패배를 당하자, 제3차 이탈리아 독립 전쟁도 덩달아 이탈리아의 승리로 끝이 났다. 이로써 베네치아 지역은 마침내 이탈리아 왕국으로 편입되었다.[4]

시칠리아는 가리발디의 초기 의용군을 파병하고, 미회복 지역을 병합하는 데 중요한 역할을 했다. 그러나 이 과정에서도 시칠리아 출신 군인들은 극심한 차별을 받았다. 시칠리아 의용군의 지휘권은 사르데냐 왕국에 넘어갔고, 북부 출신의 지휘관들은 시칠리아 의용군을 무시하는 태도로 일관했다. 베네치아 병합의 임무를 완수한 시칠리아 의용군들은 북부 이탈리아인들의 차별에 대한 불만을 품고 고향으로 돌아왔다. 그들의 눈에 비친 통일 이탈리아의 영토 시칠리아는 여전히 외부인들로부터 수탈당하는 땅이었다. 스페인의 부르봉 왕조가 물러갔지만, 이번에는 북부 이탈리아인들이 몰려와 그들을 괴롭히고 있었던 것이다.

통일 이탈리아 전쟁이 계속되면서 불어난 전쟁 부채는 통일 이탈리아 경제의 발목을 잡고 있었다. 총 국가 예산의 3분의 1이 전쟁 부채를 상환하기 위해 충당되었고 나머지 국가 예산의 4분의 1은 군대를 유지하는 비

오라스 베르네Horace Vernet가 그린 〈노상강도를 단속하는 이탈리아 군대〉(1831년 작품).
월터 예술 박물관 소장.

용으로 사용되어야 했다. 사르데냐 왕국의 수도였고 통일 이탈리아의 첫
번째 수도였던 토리노에서 피렌체로 수도를 이전하는 비용도 큰 경제적
인 부담으로 작용했다(1864년).[5] 결국 이탈리아 왕국은 세금을 올려 전쟁
채무를 변제하고 수도 이전 비용을 충당했다. 음식에 대한 추가 소비세
가 제정되었고, 소금과 담배에 대한 세금도 새로 책정되었다. 토지 보유
세를 인상해서 재정을 충당하려고 했으나 정치적인 힘을 가진 부유층 반
발로 무산되었다. 서민층은 힘 있는 자들을 위한 편파적인 세금 정책이라
고 반발했다. 1865~1871년에 소비세는 107퍼센트나 증가했고, 직접세는
63퍼센트 증가하면서 모든 통일 이탈리아 주민들이 고통을 겪었다.

시칠리아는 통일 이탈리아의 증세 정책 때문에 가장 큰 피해를 본 지
역이었다. 통일 이탈리아 운동의 첫 번째 출발점이었으며 제3차 이탈리

시칠리아는 눈물을 믿지 않는다

아 독립 전쟁의 주역이었지만 시칠리아는 여전히 수탈의 대상이었으며, 경제는 침체일로에서 벗어나지 못했다. 시칠리아를 포함한 이탈리아 남부 지역에 조직적인 노상강도들이 출몰하게 된 것도 이 시기의 일이다. 북유럽의 그랜드 투어리스트들이 시칠리아에서 몸값을 노린 노상강도들에게 납치를 당하는 일이 빈번하게 일어났다(1860~1865년).

## '7일과 한나절의 반란'에 일어난 팔레르모
### (1866년 9월 16~22일)

이탈리아 남부, 즉 나폴리와 시칠리아 지역을 '메조조르노'라 부른다. 한낮이란 뜻의 메조조르노는 '경제 낙후 지역' 혹은 '저항 세력의 거점 지역'이란 뜻으로 해석되기도 한다. 제3차 이탈리아 독립 전쟁의 주역이었지만 북부 출신 지휘관들의 명령을 들어야만 했던 시칠리아 상이용사들은 정부의 처사에 늘 불만을 품고 있었다. 통일 이탈리아가 전쟁 부채를 갚기 위해 세금을 인상한 것은 이들이 가진 인내의 한계선을 넘어서게 만들었다. 때마침 콜레라가 팔레르모를 강타해 약 4,000명의 주민들이 목숨을 잃었지만, 북부 이탈리아에서 파견된 관리들은 고압적인 자세로만 일관했다. 행정 관리들은 불만을 제기하는 시칠리아 시민들을 야만적이라고 규정하고, 군대와 경찰을 동원해 무자비한 공권력을 휘둘렀다.

1866년 9월 16일, 한때 통일과 독립 전쟁의 선봉에 섰던 약 4,000명의 시칠리아 출신 상이용사들과 일부 주민들이 팔레르모의 경찰 관저를 급습하고, 경찰국장을 살해하면서 이른바 '7일과 한나절의 반란Rivolta del sette e mezzo'이 시작되었다. 부르봉 왕조 시절보다 더 심각했던 경제난과 시칠리아에 대한 북부 이탈리아의 편견이 반란의 직접적인 원인이었다.[6] 인근 도시의 시민들이 속속 반란에 동참을 선언하고 팔레르모로 몰려들었다. 약 3만 5,000명으로 불어난 반란군은 7일 동안 21명의 경찰관을 공개 처형하며 반란의 기세를 올렸다. 이탈리아 왕국은 급히 약 4만명의 정규군을 시칠리아에 투입해 진압에 나섰다. 잔혹한 진압은 시칠리아를 더 깊은 절망에 빠뜨렸다. 부르봉 왕조가 물러갔지만 새 주인이 된 이탈리아 왕국이 더 참혹하게 자신들을 압제한다는 절망감이었다.

그들은 가리발디를 원망했다. 남쪽 부르봉 왕조와 북쪽 오스트리아 합스부르크 왕조를 몰아냈던 그가 즉각 공화정을 실시했다면 시칠리아의 운명이 달라졌을 것이라는 아쉬움 때문이었다. 실제로 가리발디는 비토리오 에마누엘레 2세에게 통치를 맡김으로써 공화정의 근대 국가 시대로 진입할 수 있는 절호의 기회를 스스로 포기하고 말았다. 이로써 입헌군주제의 탈을 쓴 복고적인 왕정이 계속되었기 때문에 이탈리아가 다른 유럽 국가와 달리 근대화에 뒤처지게 되었고, 또 무엇보다 무솔리니의 파시스트 정부(1922~1943년)가 들어설 수 있는 구조적 모순을 유지시켰다. 절망한 시칠리아 주민들은 짐을 꾸려 하나둘 고향을 떠나기 시작했다. 시칠리아의 이민자들은 미국으로 향했다. 영화 〈대부〉에서 시칠리아에서 도망친 소년 비토 코를레오네Vito Corleone가 이민선 위에서 뉴욕 항구에 서 있는 자유의 여신상을 바라보는 모습은, 당시 시칠리아 주민들이 느꼈던 절망감을 상징적으로 보여준다.

## 메시나 대지진과 시칠리아 주민들의 탈출

시칠리아 주민들의 미국 이민은 1880년대부터 시작되었다. 본격적으로 이민이 시작된 1906년 이후부터는 매년 10만 명 이상이 대서양을 건너갔고, 1930년까지 이탈리아를 떠난 이민자 450만 명 중 4분의 1이 시칠리아 출신이었다. 1924년부터 발효된 미국 이민법이 이탈리아 이민자 수를 매년 3,845명으로 제한하기 시작하면서 집단 이민 행렬이 잠시 멈추었다. 1866년에 일어났던 '7일과 한나절의 반란'을 통일 이탈리아 왕국의 군대가 잔혹하게 진압하자, 희망이 없다고 판단한 시칠리아 주민들이 '아메리칸 드림'을 꿈꾸며 집단으로 고향을 등졌다. 1908년 12월 28일의 '메시나 대지진'도 영향을 주었다. 진도 7.1의 규모는 1693년 발디 노토 대지진(진도 7.3)에 이어 두 번째로 큰 규모였다.

갑작스러운 지진으로 큰 피해가 발생했는데, 12미터에 달하는 쓰나미까지 연달아 발생해 도시의 90퍼센트가 초토화되었다. 그들은 모든 것을 버리고 시칠리아를 떠났다. 가장 많은 이민자가 몰린 곳은 미국 동부의 뉴욕과 뉴저지주였지만, 다른 대도시에도 시칠리아 이민자 마을이 만들어졌다. 대부분의 이민자 집단이 그러하듯이 이들은 한 지역에 모여 살았고, 뉴욕에서는 리틀 이탈리아, 시카고에서는 리틀 시칠리아, 뉴올리언스주에서는 리틀 팔레르모 타운이 형성되었다. 당연히 이탈리아 식당들이 속속 문을 열었고, 피자와 파스타가 세계적인 음식으로 성장하는 계기가 되었다.

그러나 본국에서 경험했던 것처럼, 시칠리아 이민자들은 이탈리아계 이민자 그룹 중에서도 가장 가난한 집단이었고 미국 사회의 편견에 시달리게 되었다. 미국 문화에 적응하는 것에 느렸고 초기에 영어 사용을 거부했던 초기 시칠리아 이민자들의 태도에도 문제가 있었다. 이탈리아 북부의 숙련된 기술을 가진 이민자들과 비교할 때, 시칠리아 이민자들은 단순 노동이나 농업에 종사하는 비율이 높았다. 따라서 같은 이탈리아 이민자였지만 시칠리아 이민자들은 상대적으로 더 가난했다. 북부 이탈리아 이민자들은 자기 동네에 시칠리아 출신이 이사를 오면 동네를 떠나는 경향까지 보였다. 그래서 시칠리아 이민자들은 가족이나 친척, 최소한 시칠리아 출신 이민자가 아니면 교류하지 않으면서 신대륙에서도 서서히 고립되었다. 시칠리아에서만 약 100만 명 이상이 외국으로 이주했고, 그중 60만 명 이상이 지금도 미국에 거주하고 있다.

## 파시스트 정권하의 시칠리아(1922~1943년)

외부 세력에 의해 언제나 수탈을 당했던 시칠리아 사람들이 마피아란 자생적 폭력 조직으로 자신들을 지켜나가려고 했다면, 이탈리아 본토 사람들은 급변하고 있던 20세기 초반의 정치적·사회적 변화에 파시즘으로 대응했다. 마피아와 파시즘은 동전의 양면이다. 왜냐하면 둘 다 강력한 외부의 영향력에 대한 이탈리아적 대응 방식이기 때문이다. 파시즘은 고대 로마의 파스케스Fasces에서 출발한 극우 전체주의를 말한다. 파스케스는 로마 시대에 사용된 권력의 상징으로, 자작나무 막대기들을 붉은 가죽 띠로 묶고 그 사이에 청동 도끼를 끼운 것이다. 로마의 왕, 집정관, 황제는 늘 파스케스를 앞세우고 시가지를 행진했다. 파시즘은 개인의 자유와 선택을 존중하는 민주주의의 극단적인 형태인 무정부주의와 소비에트 공산주의에 대한 부정에서 출발했다. 그러나 이탈리아의 파시즘은 민주주의와 공산주의를 동시에 혐오하는 전체주의적인 성격으로 출발했다. 베니토 무솔리니Benito Mussolini(1883~1945년)라는 독특한 인물이 이런 기묘한 정치적 조합을 세력화하는 데 성공했다.

무솔리니는 1922년부터 1943년까지 이탈리아의 총리를 역임하면서 이탈리아 파시스트당을 이끌었다. 두체Duce라는 호칭으로 불렸던 그는 원래 언론인 출신이었다. 제1차 세계대전에 이탈리아가 참전해야 한다는 주장을 펼쳐서, 소속되었던 이탈리아 사회당에서 강제 출당을 당했던 인물이다. 1914년, 일간지 〈이탈리아의 인민Il Popolo d'Italia〉을 창간한 그는 1922년의 이른바 '로마 행진'이라 불리는 쿠데타에 성공하고, 이탈리아 왕국을 무너뜨린다. 가리발디가 붉은 셔츠를 입고 통일 혁명에 성공했다면, 무솔리니는 검은 셔츠를 입고 로마에서 무혈 혁명을 일으켰다. 이탈리아 통일 왕국의 마지막 왕 비토리오 에마누엘레 3세Vittorio Emanuele III(1900~1922년 재위)는 무솔리니를 총리로 임명한 후, 명목상으로만 국왕의 자리를 지켰다. 무솔리니의 정치 슬로건은 간단했다. "믿으라, 복종하라, 투쟁하라! Credere, ubbedire, combattere!" 무솔리니의 파시스트 일당 독재(1922~1943년)가 약 20여 년간 펼쳐지면서, 시칠리아는 파시스트 정부의 극심한 탄압을 겪게 된다.

뒤에서 상세히 설명하겠지만 마피아는 파시스트와 애증의 관계를 유지했다. 외부 세력에 수구적이며 폭력적으로 대응한다는 점에서는 같은 출발선에 있었지만, 권력을 독점하려는 성향 때문에 두 세력은 공존할 수 없었다. 시칠리아 마피아는 무솔리니의 파시스트 일당 독재에 반대했고, 결국 대대적인 단속의 대상이 되었다. 1925년, 무솔리니는 체사레 모리Cesare Mori(1871~1942년)를 시칠리아 지사로 임명해 대대적인 마피아 단속을 펼치도록 했다. 무솔리니가 마피아에 대한 적의를 가지게 된 것은 사적인 이유 때문이었다. 1924년 시칠리아를 공식 방문했을 때, 마피아 두목 프란체스코 쿠차Francesco Cuccia(1876~1957년)가 무솔리니를 도발했기 때문이다. 무장 경찰의 호위를 받고 있던 무솔리니에게 다가가 "내가 보호해줄 테니 걱정하지 마시게"라고 귓속말을 속삭인 것이 총리의 자존심을 자극했다. 격분한 무솔리니는 모리에게 시칠리아 마피아 척결을 지시했다.

모리는 '철권 지사 Prefetto di Ferro'로 불리면서 강력한 마피아 단속을 펼쳤다. 그는 1926년 시칠리아 북부의 산간 마을인 간지 Gangi의 모든 가택을 수색하면서 마피아의 일망타진을 시도했다. 일시에 마피아 조직 전원을 체포해서 조직을 와해시키는 전략을 선택한 것이다. 하지만 심리적 요인도 고려하면서 와해 작전을 펼쳤다. 마피아 조직의 사기를 꺾기 위해 두목급 조직원들에게 공개적인 장소에서 모욕을 가하게 하고, 마피아가 아닌 중앙 정부가 주민들을 보호해준다는 대대적인 설득 캠페인을 벌였다. 이것은 기존의 마피아가 세력을 불리기 위해서 쓰던 수법인데, 모리가 이를 교묘하게 역이용한 것이었다.

모리는 무솔리니에 의해 상원 의원으로 발탁되면서 시칠리아를 떠났다(1929년). '철권 지사'의 대대적인 단속으로 1930년대의 시칠리아는 마피아의 검은 지배에서 잠시 벗어나게 된다. 무엇보다 살인 범죄율이 현저하게 감소했다. 많은 마피아 조직원들이 미국을 포함한 외국으로 급히 이민을 떠났고, 시칠리아에 잔존하고 있던 조직원들은 숨죽이는 세월을 보내게 된다. 그러나 1943년 제2차 세계대전이 발발하고 미국과 영국이 이끄는 연합군이 시칠리아에 상륙했을 때, 놀랍게도 그 선두에는 시칠리아 출신 마피아들이 서 있었다.

시칠리아는 눈물을 믿지 않는다

시칠리아의 가난이 마피아 탄생의 모태가 되었다.

# 12장

연합군의 시칠리아 상륙과
마피아의 등장

1943년

# 허스키 작전(1943년 7, 8월)

무솔리니와 아돌프 히틀러 Adolf Hitler의 파시스트 추축국에 맞서 영국과 미국 중심으로 결성된 연합군은 제2차 세계대전의 전세를 뒤집기 위해 노르망디 상륙 작전을 계획하고 있었다. 미국의 프랭클린 루스벨트 Franklin Roosevelt 대통령은 프랑스 서부 해안에 대규모 연합군 주력 부대를 상륙시키는 작전을 세우고 영국 수상 윈스턴 처칠 Winston Churchill에게 동참을 요구했다(1942년 4월). 미국의 계획대로라면 프랑스 해안 상륙에 동원될 총 48개 사단 중 영국이 18개 사단을 책임져야 했고, 상륙 작전에 투입될 총 5,800기의 항공기 중 영국이 2,550기를 지원하는 조건이었기 때문에, 처칠은 망설이게 되었다. 도버해협을 사이에 두고 프랑스 해안에서 대규모 상륙 작전이 펼쳐질 경우, 영국이 감당해야 할 정치적 부담이 너무 컸기 때문이다. 처칠은 대신 북아프리카의 모로코와 북해의 노르웨이에서 상륙전을 전개하자고 역제안을 했다. 바로 이 주장 때문에 처칠이 노르망디 상륙 작전을 방해해서 제2차 세계대전의 피해를 키웠다는 비판을 받기도 한다.

시칠리아는 눈물을 믿지 않는다

그러나 연합군은 북아프리카의 이집트와 리비아에서 펼쳐진 예상치 못한 사막전 때문에 시선을 그곳으로 돌려야만 했다. '사막의 여우'로 알려진 독일의 에르빈 롬멜Erwin Rommel(1891~1944년) 장군이 탱크를 동원한 사막 전투에서 북아프리카 전선의 기선을 제압했기 때문이다. 사실 추축국(독일, 이탈리아, 일본)은 북아프리카까지 전선이 확대되는 것을 원하지 않았지만, 무솔리니의 약삭빠른 판단 때문에 북아프리카와 이집트로 전쟁이 확대되었다. 마치 자기 조상 카이사르가 이집트를 정복했듯이, 유럽이 전쟁으로 혼미해진 틈을 노려 이집트를 공격한 것이다 (1940년). 당연히 수에즈 운하 접수가 목표였다. 이에 영국이 수에즈 운하를 지키기 위해 대대적인 방어에 나섰고, 다시 롬멜 장군이 탱크를 몰고 참전하면서 북아프리카 전선이 갑자기 확대된 것이다.

연합군은 1942년 북아프리카 판세를 돌리기 위해 모로코 상륙을 감행했다. 북아프리카의 서쪽 모로코 해안에 상륙해 튀니지까지 동진하면서 아프리카에서 추축국을 몰아내려는 계획이었다. 1943년 5월, 연합군은 튀니지 전선에서 북아프리카에 남아 있던 25만 명의 독일군을 포로로 잡는 대승을 거둔다. 미국을 중심으로 하는 연합군은 잠시 미루어두었던 프랑스 서해안 상륙 작전 준비에 착수하지만, 다시 처칠이 제동을 걸었다. 상륙 작전을 철저하게 준비하기 위해 시점을 1944년 5월로 연기하고, 대신 대기 중인 병력을 시칠리아에 상륙시켜 추축국의 한 축을 형성하고 있는 이탈리아 군대를 괴멸시키자고 주장한 것이다. 이것이 바로 1943년 7월부터 6주간 시칠리아에서 펼쳐졌던 허스키 작전이다.

미군 7군단이 시칠리아 남부의 젤라 해안에, 그리고 영국군 8군단이 동부 시라쿠사 해안에 상륙하기로 한 허스키 작전은 시칠리아에 연합군이 모두 상륙하는 데만 한 달이 넘게 걸렸다(1943년 7월 9일~8월 17일). 시칠리아 서부 상륙이 제외된 것은 연합군의 전략 기지인 몰타에서 남부와 동부 지역이 더 가까웠기 때문이다. 미국의 드와이트 아이젠하워Dwight Eisenhower(1890~1969년) 장군이 허스키 작전의 총사령관이었지만 영국의 버나드 몽고메리Bernard Montgomery(1887~1976년) 장군이 동부 상륙을, 미국의 조지 패튼George Patton(1885~1945년) 장군이 남부 상륙을 맡으면서 두 국가와 장군의 자존심이 걸린 치열한 경쟁이 펼쳐졌다.

시칠리아 해안을 방어하던 추축국은 이탈리아 6군단을 중심으로 20만 명의 이탈리아 군인들과 3만 2,000명의 독일 군인들이 편성되어 있었다. 독일의 전차 부대는 99대의 탱크를 포진시켜 시칠리아 해안을 지키고 있었다. 연합군은 시칠리아에 주둔하고 있는 추축국의 숫자를 줄이기 위해 기만 작전을 썼다. 스페인에 주둔하고 있던 독일군은 해안에서 발견된 영국 해군 장교의 가방 속에서 연합군이 그리스 해안에 상륙한다는 가짜 작전 명령을 발견했다. 영국 비밀 정보기관이 조작한 정보였다. 속아 넘어간 독일은 '사막의 여우' 롬멜 장군을 그리스로 급파하고, 탱크 부대와 해군 함정 일부를 그리스 전선으로 옮기는 실수를 저질렀다.

허스키 작전은 대대적인 시칠리아 공습으로 시작되었다. 몰타에서 출발한 폭격기들은 시칠리아 해안의 독일과 이탈리아 포대 위에 폭탄을 떨어뜨렸고, 공수 부대를 시칠리아 내지로 먼저 투입해 후방을 교란했다. 남부 상륙을 맡은 미군이 강한 바람과 파도로 고전하는 동안 동부 상륙을 맡은 영국군은 비교적 순조롭게 시라쿠사 해안에 상륙했고, 다음 날 (7월 10일) 도심을 점령하는 데 성공했다. 시라쿠사와 카타니아를 점령한 영국의 몽고메리 장군은 에트나 화산 부근까지 군대를 진격시켰다. 남부 상륙 작전의 지휘관 패튼 장군도 이탈리아반도와 마주하고 있는 메시나 항구를 먼저 점령하기 위해 경쟁적으로 미군들을 시칠리아 동북쪽으로

시칠리아는 눈물을 믿지 않는다

1943년 7월 허스키 작전이 시칠리아 해변에서 전개되고 있다.

빠르게 진군시켰다. 추축국 군대는 에트나 화산 지역에 방어선을 구축하고 2개의 라인으로 북진하고 있는 연합군과 맞서야 했다.

파죽지세에 몰린 독일군 지휘부는 히틀러에게 메시나 항구를 통해 추축국 군대를 이탈리아반도로 후퇴시키겠다고 보고했다. 그러나 무솔리니의 이탈리아 군대는 시칠리아 철수를 반대했다. 결국 8월 초, 독일군 1만 2,000명과 4,500대의 탱크와 군용 트럭, 포 등이 메시나 항구를 떠나면서 허스키 작전은 연합군의 승리로 끝이 났다. 무솔리니 군대도 8월 10일, 로마로부터 철수 명령을 받았다. 연합군은 허스키 작전의 성공으로 지중해의 판세를 역전시키고, 연합군이 이탈리아로 북진할 수 있는 교두보를 마련하게 된다. 이것은 마치 아이네이아스가 트로이 유민 군대를 이끌고 라티움을 차지하기 위해 먼저 시칠리아를 점령했던 《아이네이스》의 이야기를 연상시켰다. 1943년 7월 9일 밤부터 전개된 허스키 작전의 성공은 시칠리아 내지에서 이탈리아 파시스트 군대를 몰아낸 성과도 얻었지만, 무엇보다 연합군이 지중해의 해상권을 탈환함으로써 제2차 세계대전의 판세를 바꾸는 데 결정적인 역할을 했다.

허스키 작전으로 인한 사망자는 미국 육군 2,237명, 미국 해군 546명, 영국 육군 2,062명, 영국 해군 314명이었다. 영국군과 함께 싸웠던 캐나다 군인도 562명이 전사했다. 독일군은 4,325명, 이탈리아군은 4,678명이 목숨을 잃었다. 로마에서 멀지 않은 곳에 허스키 작전 때 전사한 미군들의 묘지가 있다. 이탈리아 소나무가 드리운 그늘 밑에 종대와 횡대를 맞춰 서 있는 그들의 흰 대리석 십자가가 조용히 바람을 맞고 있다. 미군은 1943년 7월부터 1944년 5월까지 벌어진 이탈리아 작전 전체에서 총 7,845명의 목숨을 잃었다.

## 시칠리아 상륙 작전과 마피아

거친 파도와 풍랑 속에서 미군들이 젤라 해안에 상륙을 시도하고 있을 때, 비분강개하며 시칠리아 상륙을 학수고대하던 한 미군 장교가 있었다. 그의 이름은 맥스 코르보Max Corvo, 시칠리아 출신의 이민자였다. 코르보는 무솔리니의 파시스트 정부 시절, 아버지와 함께 시칠리아를 떠나 미국으로 갔다(1923년). 당시 9살이었던 코르보는 시라쿠사 남쪽의 작은 마을에서 목숨을 건 탈출에 성공해 미국 사회의 일원이 되었고, 허스키 작전에 참여하는 중위로 성장해 시칠리아로 돌아왔다. 그는 〈시칠리아 정부 전복을 위한 계획서〉라는 보고서를 작성해 당시 이탈리아에서 첩보 작전을 지휘하던 특무 부대Counter Intelligence Corps, CIC의 책임자 얼 브레넌Earl Brennan에게 제출했다. 코르보의 치밀한 보고서는 즉각 채택되어 상륙 작전에 활용되었다. 시칠리아 내부의 사정에 정통하고, 무엇보다 시칠리아 사투리를 정확하게 사용할 수 있는 코르보의 능력은 시칠리아 상륙과 그 이후의 작전을 준비하고 있던 연합군에 꼭 필요한 정보를 제공했다. 허스키 작전이 진행되는 동안 시칠리아에서 펼쳐진 첩보 활동을 '코르보 계획Corvo plan'이라고 불렀다. 그러나 코르보의 계획에 한 가지 빠진 것이 있었으니 바로 미국과 시칠리아에서 활동하는 마피아와의 협력이었다. CIC는 시칠리아의 내부를 장악하고 있는 마피아와 정보를 교환하지 못하면 연합군은 고전을 면치 못할 것이라고 판단하고 있었다. CIC는 코르보에게 마피아와 접촉할 것을 지시했지만 코르보는 이를 반대했다. 시칠리아 점령에 성공한다 하더라도 미군이 마피아와 협력했다는 것이 알려지면 곤란하다는 것이 그의 주장이었다.[1]

한편 허스키 작전이 진행되기 직전, 시칠리아는 마피아 두목 칼로제로 비치니Calogero Vizzini(1877~1954년)가 장악하고 있었다. 시칠리아 중부 산 동네에서 빈농의 아들로 태어난 비치니는 밀을 방앗간에 배달해주는 일을 하면서 마피아의 검은 세계로 들어갔다. 당시 시칠리아 주민들이 대부분 영양실조로 인한 저체중에 시달리고 있었는데 비치니는 불룩한 배와 뒤로 빗어 넘긴 머리 모양으로 유명했다. 그는 제1차 세계대전 때, 이탈리아 군대가 사용할 시칠리아의 말과 당나귀를 징집하는 일을 맡아 부를 축적하고 마피아의 주도권을 확보할 수 있었다. 비치니가 징집한 말은 전선에 투입되기도 전에 죽었기 때문에 부정 혐의로 체포되어 재판을 받기도 했다. 그러나 20년 형을 받았던 비치니는 고위직 관리들의 비호를 받으며 무죄로 석방되었고, 출옥 후 명반 광산 조합을 결성해 재기를 노렸다. 그의 영향력은 집권한 무솔리니와 함께 저녁 식사를 할 정도로 성장했다. 마피아를 혐오했던 무솔리니 정부에 의해 몇 번의 체포와 투옥을 당했지만, 제2차 세계대전의 발발은 비치니에게 새로운 기회를 제공했다. 무솔리니조차 건드리지 못하는 마피아 두목이라는 소문이 퍼지면서 비치니는 헐값에 땅을 사들여 대지주로 변신했다. 그는 시칠리아 중부 지역 주민들에게 '돈 칼로Don Calò'로 불리며 '마피오소Mafioso'의 두목으로 군림했다.

돈 칼로는 미군들이 시칠리아에 상륙하자 제일 먼저 달려가서 환영의 깃발을 흔들었다. 미군이 자랑하는 셔먼 탱크에 탑승해서 시가행진을 선도하기도 했다. 그는 미군들에게 모든 무솔리니 군인들이 무기를 내려놓게 만들겠다고 호언장담했고, 파시스트 정부를 대체할 유력 인사를 찾고 있던 미군들은 그를 비랄바Villalba 시의 시장으로 임명했다. 시장이 된 돈 칼로는 미군에서 불하받은 트럭을 이용해 독일군과 이탈리아군이 남기고 간 군수 물자를 모두 가로챘다. 그는 이를 팔레르모의 암시장에 내다 팔아 막대한 부를 축적했다. 시칠리아 주민들은 돈 칼로와 마피아의 명령에 복종할 수밖에 없었다. 그의 뒤에는 시칠리아의 새로운 점령자 미군이 있었기 때문이다. 1954년 그가 임종했을 때 남겨진 묘비명은 돈 칼로가 어떤 위치에 있었는지를 잘 알려준다.

> 그의 마피아 조직은 범죄 집단이 아니었다. 오히려 법을 존중했고, 모든 사람의 권리를 위해 헌신한 단체였으며, 큰 존경을 받았다. 마피아는 사랑이었다.[2]

시칠리아 상륙 작전에 깊이 관여했던 또 1명의 '마피오소'가 있었다.

시칠리아는 눈물을 믿지 않는다

1943년 당시 뉴욕 주립 교도소에 수감되어 있던 럭키 루치아노Lucky Luciano(1897~1962년)였다. 미국 중앙정보국Central Intelligence Agency, CIA과 해군 정보기관Office of Naval Intelligence, ONI은 시칠리아 상륙 작전을 앞두고 시칠리아 출신의 마피아 두목인 루치아노와 접촉했다. 코르보의 반대에도 불구하고 미국의 첩보 기관들은 시칠리아에 여전히 영향력을 행사하고 있던 루치아노에게 협력을 요청했고, 결국 미국 형무소에 수감되어 있던 루치아노의 부하들이 허스키 작전 이전에 시칠리아에 투입되었다.[3] 이때 시칠리아로 돌아왔던 루치아노의 부하 비토 제노베세Vito Genovese (1897~1969년)는 미군 사령부의 통역과 운전을 맡으면서 세력을 키워갔다. 돈 칼로가 시칠리아 중부를 차지했다면 제노베세는 서부를 장악했고, 연합군이 떠난 다음 시칠리아를 어두운 폭력의 세계로 만들어갔다. 연합군의 상륙을 도왔다는 공을 인정받아 루치아노는 사면을 받았고, 시칠리아로 돌아가서 편안하게 살다가 1962년에 죽었다. 마피아들이 활개를 칠 수 있었던 이유 중의 하나는 허스키 작전 때 미군을 지원했던 마피아들의 공헌을 무시할 수 없었기 때문이었다.[4]

## 시칠리아 마피아의 역사

흔히 시칠리아는 '마피아의 땅'이라고 말한다. 심지어 마피아는 시칠리아 주민의 고유한 행동 양식이라는 견해까지 있다. 시칠리아 문화와 밀접한 관계가 있는 마피아의 기원에 대해서는 여러 가지 설이 있다.[5] 우선 1282년 시칠리아 만종 사건 당시 "이탈리아는 열망한다, 프랑스인의 죽음을!"이라고 외쳤던 시칠리아 기사들의 맹세에서 출발했다는 설이다. 팔레르모에서 활동했던 극작가 주세페 리초토Giuseppe Rizzotto가 공연했던 〈비카리아의 마피우스I mafiusi de la Vicaria〉(1863년)에서 처음 사용되었다는 설도 있다. 다른 주장으로는 시칠리아의 부재지주들이 개인적으로 거느리고 있던 사병 조직을 'mafie'로 부르면서 시작되었다는 견해다. 역사적 관점에서 보면 시칠리아에서 오랫동안 자생해왔던 '명예로운 조직Onorata Società'이 마피아의 기원이라는 가설이 가장 설득력 있다. 이들은 이미 사라센 시대부터 존재했는데, 아랍어로 '마피아'는 피난처, 채석장이란 의미를 담고 있다. 외국인 침략자들의 횡포에 시달리던 시칠리아 주민들이 피난처로 삼았던 명예로운 조직에서 출발한 것이다. 실제로 팔레르모 사투리로 '마피오소'는 '멋진 사람, 자부심이 강한 사람'이라는 뜻을 내포하고 있다.[6]

흔히 '기업형 범죄 조직'의 의미로 마피아란 용어가 고유명사처럼 사용되지만, 이탈리아 각 지역에는 독자적인 마피아가 존재하고 지역별로 이름이 다르다. 시칠리아에서는 '코사 노스트라Cosa Nostra', 나폴리에서는 '카모라Camorra', 칼라브리아 지역에서는 '은드랑게타Ndrangheta', 풀리아 지역에서는 '사크라 코로나 우니타Sacra Corona Unita' 등으로 불린다. 이 중에서 1970년대 사업가 납치와 마약 밀매, 조직 간의 전쟁으로 유명했던 은드랑게타의 폭력성은 지금도 악명이 높다.[7]

시칠리아 마피아가 기록에 등장하기 시작한 것은 1861년 통일 이탈리아가 건국되고 난 이후였다. 이것은 북부 이탈리아 사람들이 시칠리아를 '범죄자들에 의해 좌지우지되는 봉건적이고 낙후된 지역'으로 몰아갔던 인식과 시기적으로 일치한다. 1860년대부터 기록으로 남은 마피아의 활동 영역은 농촌에서 도시로 이어지는 농산물의 공급 경로와 연관이 있었다. 특별히 초기의 마피아들은 오렌지와 귤을 생산하는 농촌 지역에서 팔레르모를 포함한 여러 대도시로 보급하는 공급망을 장악했다. 일부 마피아들은 도시에서 온 도매상들의 횡포를 방어하기 위해 농민들의 요청으로 결성되기도 했다.

일부 사회학자들은 이른바 '스페인 모델'로 마피아의 준동을 설명한다. 즉 시칠리아의 내정에 관심이 없었던 스페인 부르봉 왕조의 정책이 마피아라는 소규모 자치 권력을 배태시켰다는 것이다. 사실 부르봉 왕조의 무관심은 시칠리아에 무정부 상태를 초래하곤 했다. 시칠리아의 이런 공권력 부재의 상황이 마피아가 사유화된 국가 권력을 행사하도록 만들었다는 것이다. 시칠리아에 중앙 정부의 힘이 미치지 못하자 마피아 세력이 권력을 장악한 것이 사실이다. 마피아는 범죄 집단이 분명했지만, 중앙 정부가 제공하던 법적인 안전망이 사라지자 사적 보호 명목으로 금품을 갈취하는 마피아들이 시칠리아에 준동하게 되었다는 견해다.

# 13장

## 자치 구역으로 선포된 시칠리아와 오늘의 모습

### 1946년

# 제2차 세계대전의 여파와 MIS 운동(1943~1951년)

허스키 작전이 성공으로 끝나자(1943년 8월), 연합군은 해방자의 모습으로 이탈리아를 점령해갔다. 무솔리니의 인기는 하루아침에 몰락했고, 회담을 빙자해 무솔리니를 초청했던 히틀러는 그를 구금시켜버렸다. 스페인 부르봉 왕조, 통일 이탈리아 왕국 시대의 북부 이탈리아 행정관들, 그리고 무솔리니가 물러간 시칠리아에 갑자기 권력의 공백이 생겼다. 지난 2,800년 동안 14번에 걸친 외국인의 수탈을 견뎌야만 했던 시칠리아 주민에게 더 이상의 인내를 요구한다는 것은 무리였다. 마침내 시칠리아에서 자체 독립 운동이 거세게 일어났다. 안드레아 아프릴레Andrea Aprile (1878~1964년)가 주도했던 1943~1951년의 MIS 운동은 시칠리아에서 처음으로 자치권을 확보하려는 정치적 노력이었다.

이 독립운동의 직접적인 원인은 무솔리니의 몰락 후, 1943년 9월 3일 통일 이탈리아 정부가 연합군에게 '무조건적 항복'을 선언했기 때문이었다. 무능했던 비토리오 에마누엘레 3세와 그의 신임 총리는 그동안 우방국이었던 독일이 로마로 진격하자 남쪽 풀리아 지방으로 도주해버렸고,

시칠리아는 눈물을 믿지 않는다

남아 있던 이탈리아 군대는 큰 혼란에 빠졌다. 연합군과 싸워야 하는지, 아니면 독일군과 싸워야 하는지 불분명했지만 중앙정부는 어떤 지시도 내리지 않았다. 시칠리아 주민들이 분노한 이유는 비토리오 에마누엘레 3세 정부가 시칠리아 통치를 포기했기 때문이다. 완전한 무정부 상태가 초래되자, 시칠리아의 혼란은 극에 달했다. 시칠리아의 귀족이나 지주들은 왕정 복귀를 주장했고, 사회주의자들은 공산주의 체제의 도입을 주장했으며, 나머지 농민들은 마피아의 눈치를 보고 있었다.

시에나 대학교에서 교수 생활을 하던 아프릴레는 허스키 작전이 시작되기 직전 팔레르모로 귀환해 시칠리아 독립을 위한 정당 창당에 관여하게 되는데, 이를 '시칠리아의 독립을 위한 운동Movimento per l'Indipendenza della Sicilia, MIS'이라 부른다. MIS의 초대 의장으로 추대된 아프릴레는 비토리오 에마누엘레 3세에게 왕위에서 물러날 것을 공식 건의하고, 1944년에는 의용군을 결성하면서 MIS를 이끌었다. MIS가 이런 대담한 의견을 개진하고 자체 군대를 조직할 수 있었던 것은 실질적으로 시칠리아를 통치하던 연합군 첩보 기관의 지원을 받았기 때문이다. 시칠리아를 점령한 연합군 사령부는 MIS를 유일한 정당으로 인정하고 있었다. 1944년, 타오르미나에서 개최된 MIS 총회는 시칠리아의 독립을 위해 이탈리아 정부군과 무장 투쟁을 벌일 것을 결의했다. 1945년 몇 번의 전투가 벌어졌고, 산악 지역의 강도 집단과 마피아까지 MIS 의용군에 입단하자, 일부 인사들이 MIS를 이탈하기도 했다. 계속된 이탈리아 정부군과 MIS 의용군의 분쟁은 제2차 세계대전 종전 이후 방치할 수 없는 정치 현안으로 대두되었다. 불과 24일간 집권해서 '5월의 왕'으로 불리는 통일 이탈리아 왕국의 마지막 왕 움베르토 2세Umberto II (1946년 5월 9일~6월 2일 재위)는 시칠리아를 '특별 자치주'로 인정함으로써 두 진영의 갈등을 해소시켰다(1946년

5월 15일). 1948년 새로 제정된 이탈리아 공화국 헌법은 시칠리아를 '특별 자치주'로 다시 인정했다. 그러나 MIS는 1948년 지방선거에서 단 한 석의 대표도 배출하지 못하는 참패를 당해, 정당 해산이 결정되었다.

## 마피아와 싸운 시칠리아의 전사 조반니 팔코네

시칠리아 역사상 처음으로 온전한 자치를 주장하고 자체 의용군까지 결성했던 MIS가 정치 정당으로 성장하지 못한 것은 마피아와 뿌리 깊은 결탁 관계를 유지했기 때문이었다. 일부 MIS 지도자들이 마피아와의 은밀한 관계를 지속했고, 이것이 시칠리아 주민들의 반감을 사게 된 것이다. 마피아가 이처럼 시칠리아의 문화 안으로 완전히 침투해 있을 때, 어둠의 세력을 척결하기 위해 새로운 운동을 일으킨 인물이 있었다. 시칠리아의 진정한 자유를 위해 이제는 외부의 침략자가 아니라 내부의 수탈자인 마피아와 싸워야 한다고 주장했던 인물이 바로 조반니 팔코네 Giovanni Falcone (1939~1992년)다.

팔코네는 제2차 세계대전이 발발했던 1939년, 팔레르모에서 태어났다. 팔코네의 가정은 보수적이고 전통적인 가톨릭 신앙을 가진 집안이었다. 부모로부터 근면, 성실, 용기 그리고 애국심을 강조하는 교육을 받으며 성장한 팔코네는 해군에 입대하기를 원했다. 그러나 아버지는 아들이 군대 생활을 하기에는 지나치게 독립심이 강하다고 판단하여, 그를 팔레르모 법학 대학에 진학시켰다. 팔레르모 대학교에서 팔코네는 어렸을 적 동네 친구였던 파올로 보르셀리노 Paolo Borsellino (1940~1992년)와 재회하는데, 이후 팔코네와 보르셀리노는 평생을 마피아와의 전쟁에 바치는 믿음직한 전우가 된다.

1961년 대학을 졸업하고 변호사로 경력을 쌓던 팔코네는 3년 만에 치안 검사가 되었고, 1980년부터 팔레르모 검찰청의 수사 지부에 파견되었다. 이 시기는 시칠리아 마피아 세력이 급격하게 성장하며 검찰과 마피아 사이의 충돌이 본격화되던 때였다. 팔코네가 부임하기 직전에, 마피아 범죄를 조사하던 경찰청장과 지역 판사가 살해되기도 했다. 팔코네는 마약 사건을 수사하는 담당 검사로 임명되었다. 당시 시칠리아의 주요 마피아 조직은 각각 수장의 이름을 딴 스파톨라Spatola, 인제릴로Inzerillo 조직이었고, 이들은 뉴욕의 감비노Gambino 가문에 마약을 밀매하고 있었다. 팔코네는 직접 미국을 방문하여 미국 법무부와 협력 관계를 구축하고 당시로서는 혁신적이었던 국제 수사의 기틀을 마련했다. 또한 은행 계좌의 추적을 통해 자금 흐름을 파악하는 수사 방법도 그가 처음으로 시도한 것이었다. 팔코네의 적극적이고 현대적인 수사 결과, 마약의 유통지였던 튀르키예와 자금 세탁 장소였던 스위스까지 수사가 확대되었다. 그리고 그 결과 본래 프랑스 마르세유를 근거지로 활동하던 마약 제조업자들이 시칠리아로 활동지를 옮겨, 시칠리아가 미국에 마약을 공급하는 마약 공장이 되었다는 국제 마약 사업의 전반적인 실체가 밝혀지게 되었다.

수사가 시작된 이듬해인 1981년, 스파톨라를 비롯한 74명의 마피아 조직원들이 유죄 판결을 받았다. 그러나 이것은 팔코네가 보일 활약의 시작에 불과했다. 이후 팔코네는 보르셀리노를 비롯한 동료들과 함께 반마피아 연합Antimafia Pool을 만들고, 시칠리아의 마피아 소탕 작전을 계속 펼쳐갔다. 동료들이 살해당하는 위협 속에서도 계속되었던 반마피아 연합의 노력은 1986년 475명의 마피아 조직원을 기소하는 결실로 이어졌다. 이른바 '맥시 재판Maxi Trial'이라고 불리는 이 재판에서 총 338명이 유죄 판결을 받고 구속되었다.

맥시 재판은 단순히 다수의 조직원을 체포했다는 업적 외에도, 마피아가 단순한 불량배들의 모임이 아닌 매우 체계적이고 조직적으로 구성된 범죄 집단이라는 사실을 처음으로 밝혀냈다. 그러나 팔코네는 내부와 외부로부터 극심한 견제와 비난에 시달렸다. 심지어 팔레르모의 검찰청 내부에서도 팔코네가 자신의 업적을 부풀리기 위해 마피아라는 조직을 허구로 만들어냈다는 비난을 받았다. 당시 팔레르모에서는 팔코네의 업적을 폄하하는 분위기 속에서 맥시 재판을 통해 유죄 판결을 받은 조직원 일부가 항소심에서 풀려나고 있었다. 팔코네는 로마에서 사법부 장관과 협력하여 이들을 다시 체포하는 법령을 만들고, 마피아를 담당하는 정부 부처를 신설하는 등 이탈리아 검찰 개혁을 주도해나갔다. 이 시기에 대법원이 맥시 재판의 판결을 최종적으로 승인하면서, 장장 6년에 걸친 대규모 공판이 마피아 세력에 치명타를 입히며 종결되었다. 이에 전 세계 마피아 두목들이 모여 팔코네를 암살하기로 결의한다. 1990년대 초, 시칠리아 마피아를 장악하고 있던 코를레오네시Corleonesi 파의 두목 살바토레 리이나Salvatore Riina(1930~2017년)가 주도한 암살 작전이었다. 맥시 재판에서 종신형을 받은 리이나는 검찰과 전면전을 펼치기 위해 공개적으로 팔코네를 암살하게 된다.

1992년 5월 23일, 로마행 비행기를 타기 위해 팔코네와 그의 아내가 탄 피아트 차량이 A29 고속도로를 타고 팔레르모 공항으로 이동하고 있었다. 도로가 내려다보이는 언덕 위 건물에서 리이나의 조직원 조반니 브루스카Giovanni Brusca가 지나가는 팔코네의 차량을 확인하고 폭발 리모컨의 버튼을 눌렀다. 도로 밑 배수로에 숨겨져 있었던 약 400킬로그램의 폭탄이 터졌다. 앞에서 팔코네의 차량을 경호하던 자동차는 수십 미터를 날아가 길가에 서 있던 올리브 나무와 충돌했고, 탑승하고 있었던 3명의 경찰관이 모두 그 자리에서 죽었다. 이를 뒤따르던 팔코네와 아내가 탄 차량도 큰 충격을 받았고, 두 사람 다 창문 밖으로 튕겨 나가 목숨을 잃었다. 마피아들은 샴페인을 터뜨리며 팔코네의 죽음을 기념했다. 맥시 재판에 대한 마피아의 반발은 계속되어, 팔코네의 동료였던 보르셀리노도 팔코네 사망 57일 후 같은 방식으로 암살당했다. 팔레르모 공항은 팔코네-보르셀리노 공항이라는 이름으로 불리게 되었다. 팔코네-보르셀리노 공항으로 가는 A29 고속도로를 타고 가다 보면, 팔코네가 암살당한 지점에 추모비가 높이 세워져 있는 것을 볼 수 있다.

팔레르모의 한 주민이 마피아와 싸우다가 목숨을 바쳤던 팔코네와 보르셀리노의 희생에 대해 열변을 토하고 있다. 그림 속 왼쪽 인물이 팔코네다.

팔코네와 보르셀리노의 희생으로 시칠리아를 포함한 이탈리아 전역에서 마피아에 대한 거센 저항이 일어났다. 이탈리아 당국과의 전면전을 불사하던 마피아들은 '마피아의 평화Pax Mafiosi'로 투쟁 노선을 완화하고, 공개적인 테러는 자제하게 된다. 팔레르모의 거리를 걷다 보면 종종 상점 출입구나 유리창에 "아디오 피초Addio Pizzo"라고 적힌 X자 모양의 노란색 스티커를 볼 수 있다. "잘 가, 피초"라는 뜻으로, 그 스티커를 문에 붙여 놓은 상점은 피초를 내지 않는다는 뜻이다. 피초란 마피아 조직원들이 상점 주인에게 보호세 명목으로 갈취하는 돈이다. 1990년대 초만 하더라도 시칠리아 전체 상점의 80퍼센트 이상이 피초를 냈고, 이는 마피아 전체 수입의 약 50퍼센트를 차지했다. 피초 내기를 거부하면, 마피아가 그 상점의 열쇠 구멍에 본드를 채운다거나 상점 앞에서 소동을 벌여 영업을 방해했다. 아디오 피초 운동은 시칠리아가 서서히 마피아의 손아귀에서 벗어나고 있다는 것을 보여주는 증거다. 아디오 피초 운동에 참여하는 상점 주인들은 마피아 조직원이 피초를 요구하거나 자신들에게 위협을 가하면 연합해 이 사실을 언론에 알리고, 법적으로 대항하고 있다. 현재 피초를 납부하는 상점 수는 절반가량 줄어든 것으로 추정된다. 80퍼센트를 기록했던 1990년대와 비교한다면, 그래도 희망적인 변화라고 할 수 있다.

## 1980년대 이후의 시칠리아

이탈리아 총리를 3번이나 역임했던 실비오 베를루스코니Silvio Berlusconi 때문에 시칠리아는 다시 정치적으로 고립되고 만성적인 경제난에 시달리는 비운을 겪게 된다. 이탈리아의 재벌이었던 베를루스코니는 시칠리

시칠리아는 눈물을 믿지 않는다

아와 나폴리를 포함한 이탈리아 남부 지역에 대한 반감을 활용하며 자신의 정치적 세력을 넓혀간 정치인이었다. 그가 1993년에 창당한 '포르차 이탈리아Forza Italia' 당은 시칠리아를 포함한 남부 지방의 가난을 북부가 계속 지원하는 것을 반대하면서 보수적인 당의 정체성을 만들어갔다. 1950년대부터 남부 지방의 경제 재건을 위해 책정되었던 기금이 지역 정치인들의 부정으로 고갈된 것을 공격하면서 북부 유권자를 공략하는 전략을 구사했다. 제2차 세계대전을 일으켰던 파시스트 정권의 후예들이 베를루스코니의 우파 정치 세력과 결합하면서 '포르차 이탈리아' 당은 점차 네오-파시스트 정당으로 변모해갔다. 1994년 선거에서 이탈리아 대표적인 텔레비전 채널 3개를 보유한 베를루스코니는 적극적인 홍보로 첫 집권에 성공했다. 베를루스코니 총리의 3연임은 시칠리아 경제를 낙후시키는 원인 중의 하나로 작용했다. 그가 펼친 이탈리아 북부 중심의 경제 정책은 시칠리아에 어떤 외국인의 투자도 불가능하게 만들었고, 결국 시칠리아의 만성적인 경제난은 가중되어갔다.

지금도 시칠리아의 고질적인 경제난은 해결될 기미를 보이지 않고 있다. 이탈리아의 1인당 GDP는 3만 5,657달러(2021년 월드뱅크 통계)로 한국과 거의 비슷하다(한국은 3만 4,997달러). 그러나 시칠리아의 1인당 GDP는 최근 20년간 1만 7,000달러 수준에서 머물러 있다. 이탈리아의 전체 경제 규모와 비교하면 약 절반 수준의 경제력을 가지고 있는 셈이다. 시칠리아 전체 실업률이 18퍼센트에 달하는 것도 큰 문제지만, 청년 실업률이 무려 40퍼센트를 넘어선다는 것은 더욱 심각한 문제다.[1] 이는 EU에 속한 주요 생활권역 중에서 최하위에 해당하는 성적이다.

시칠리아는 젊은이들에게 치명적인 섬이다. 청년들이 떠나는 곳에 미래의 희망이 있을 수 없다. 시칠리아의 여러 도시는 인구 유지를 위해서 마지막 수단을 강구하고 있으니, 이른바 '1유로 주택 판매 정책'이다. 쇠락해가는 마을을 살리기 위해 시칠리아 중북부의 작은 산악 도시 간지가 처음 시작한 '1유로 주택 판매 정책'은 보통 10만 유로 정도의 수리 비용을 본인이 감당하고, 일정 기간 거주를 조건으로 걸고 있다. 버려진 빈집을 싼값에 판매하는 대신 경제를 부양하고 적정 수준의 인구를 유지하겠다는 고육지책이다. 간지의 성공 사례 덕분에 살레미Salemi, 무소멜리Mussomeli, 삼부카Sambuca 등도 도시 재건 사업을 시행하고 있다.

## 영화 〈대부〉와 시칠리아

프랜시스 코폴라Francis Coppola 감독의 1972년 명작 〈대부〉는 시칠리아에 대한 이미지를 고착시켰다. 척박한 땅에서 마피아의 수탈에 시달리는 시칠리아 주민들의 이미지는 미국의 할리우드와 코폴라가 만들었다고 해도 과언이 아니다. 시칠리아 하면 제일 먼저 '마피아'가 떠오르는 것도 이 영화 때문이다. 〈대부〉는 시칠리아 중서부의 코를레오네에서 시작된 마피아 조직의 이야기이지만, 폭력 집단의 잔혹한 서사 아래에서 펼쳐지는 가족 드라마이기도 하다. 물론 영화의 주 무대는 비토 코를레오네가 처음 이주했던 뉴욕이지만, 전체 스토리는 코를레오네 가문의 고향인 시칠리아의 현실과 맞물리면서 전개된다. 비토 코를레오네 역을 맡았던 젊은 시절의 로버트 드니로Robert de Niro, 노년 시절을 맡아 열연했던 말런 브랜도Marlon Brando, 그리고 그 조직의 후계자였던 마이클 코를레오네 역을 맡았던 알 파치노Al Pacino의 신들린 연기는 영화사에 길이 남을 명장면들을 남겼다. 무엇보다 당시 무명 배우였던 파치노가 〈대부〉를 통해 일약 할리우드의 명배우 반열에 올라선 것은 유명한 일이다. 물론 그의 탁월한 연기력이 결정적인 영향을 끼친 결과이지만, 파치노의 아버지가 시칠리아 출신이었으며, 외할아버지 부부가 코를레오네 출신이었기 때문에 고향의 정서를 누구보다 잘 대변한 것으로 알려져 있다.[2] 〈대부〉 1편에서 가수로 등장하는 프랭크 시나트라<sup>Frank Sinatra</sup> 역시 시칠리아 출신이었다.

영화 〈대부〉의 묘사와는 달리 코를레오네는 현대적인 느낌이 나는 도시다.

코폴라 감독은 시칠리아 장면을 촬영하기 위해 타오르미나에 베이스 캠프를 차렸다. 지금도 시칠리아 최고의 호텔인 산 도메니코 펠리스San Domenico Palace에 체류하면서 중요한 결정이 내려졌다. 코를레오네가 너무 상업화된 도시로 성장해버려, 패밀리의 이야기가 처음 시작되는 척박한 시골의 이미지가 없어진 것이 문제였다. 적절한 촬영 로케이션을 놓고 고민을 거듭하고 있던 코폴라에게 한 호텔 직원이 적절한 마을을 소개해주었다. 그곳이 바로 〈대부〉의 첫 장면(장례식 장면)과 뉴욕에서 도피해온 마이클이 그리스 출신의 시칠리아 여성 아폴로니아와 사랑에 빠지는 장면을 촬영한 곳이다. 타오르미나에서 메시나로 가다 보면, 포르차 다그로Forza D'Agro란 작은 언덕 위의 도시가 나온다. 여기서 조금 더 내륙 쪽으로 들어가면 사보카Savoca라는 작은 산동네가 나오는데, 이곳에서 〈대부〉의 초반 장면이 촬영되었다.

영화 〈대부〉에서 아폴로니아와 사랑에 빠진 마이클이 그녀의 아버지와 처음 만나 결혼 허락을 받는 장면이 나온다. 포르차 다그로의 도심에서 지금도 영업하고 있는 비텔리 바Bar Vitelli에서 촬영된 것이다.[3] 두 사람의 결혼식 장면은 같은 마을의 산 니콜로 성당에서 촬영되었다.[4] 비토가 미국에서 성공을 거두고 자기 아버지를 죽인 시칠리아의 마피아 두목을 죽이는 장면과 시칠리아의 아름다운 신부 아폴로니아가 자동차 운전 연습을 하다가 폭발로 죽는 장면은 타오르미나 인근의 카스텔로 델리 스키아비Castello Degli Schiavi에서 촬영된 것이다. 총 3부작으로 구성된 〈대부〉 3편의 마지막 장면은 팔레르모의 마시모 극장Teatro Massimo에서 촬영되었다. 극장 계단에서 딸 마리아(감독 코폴라의 실제 딸 소피아)의 시신을 안고 울부짖는 파치노의 연기는 전체 시리즈 중에서 가장 감동적인 장면으로, 영화사에 길이 남을 피날레로 기억되고 있다.

영화 〈대부〉의 마지막 피날레가 촬영된 마시모 극장의 계단.

마시모 극장에서 상연된 작품은 소설가로 유명한 조반니 베르가Giovanni
Verga(1840~1921년)의 〈카발레리아 루스티카나Cavalleria Rusticana〉, 즉 〈시골
의 기사〉란 오페라였다. 이 작품 역시 시칠리아를 배경으로 한다. 전쟁
에 나가 군 복무를 마친 남자 주인공이 시칠리아로 돌아와, 이미 다른 사
람과 결혼해버린 옛 애인을 몰래 만나다가 남편에게 발각되고, 결국 결
투를 벌이다 죽음을 당한다는 내용이다. 〈대부〉 3편의 마지막 마시모 극
장 계단 장면에서 사용된 음악이 바로 이 오페라의 간주곡이다. 가족과
조직을 위해 불법을 일삼는 아버지 마이클에게 반감을 품고 있던 아들
은 마피아 두목의 자리를 계승하는 것을 거부하고 오페라 가수가 되었
고, 그 첫 번째 공연이 고향 시칠리아의 마시모 극장에서 개최된 것이다.
그러나 바로 그 장소에서 경쟁 파벌 마피아가 보낸 암살자의 총탄에 딸
이 목숨을 잃는 슬픔을 겪게 된다. 딸의 시체를 부둥켜안고 울부짖는 마
이클의 모습은 시칠리아가 겪어왔던 슬픔을 가장 극적으로 보여주는 장
면일 것이다. 딸을 잃은 충격에 입을 크게 벌리고 울부짖고 있지만, 어떤
절규도 들리지 않는 짧은 시간이 지나간다. 그 고통의 순간을 처연한 오
페라의 간주곡만이 조용히 채워나간다. 그 장면을 보면서 울지 않는 시칠
리아 사람은 없었다고 한다. 시칠리아 출신의 아버지와 외할아버지를 둔
파치노만이 할 수 있는 연기였고, 시칠리아 사람만이 이해할 수 있는 울
부짖음이기 때문일 것이다. 입은 크게 벌어져 있고, 절규는 가슴 깊숙한
곳에서 터져 나왔으나, 시칠리아 사람은 눈물을 흘리지 않는다. 숨이 멎
도록 처절한 고통이 계속된 땅, 시칠리아는 눈물을 믿지 않기 때문이다.

나가며

# 시칠리아는 눈물을
# 믿지 않는다

## 체념과 희망 사이

시칠리아가 한국 관광객들 사이에서 인기 있는 여행지로 주목받고 있다. 아름다운 자연 풍광, 그리스와 로마 문명을 동시에 만날 수 있는 박물관 같은 섬, 비교적 저렴한 물가와 풍성한 식탁까지, 한국 관광객을 유인할 만한 충분한 자격을 갖추고 있다. 그러나 시칠리아를 수박 겉핥기식으로 보는 것은 경계해야 한다. 코폴라 감독이 마지막 장면에서 명배우 파치노의 연기를 통해 묘사하려고 했던 시칠리아의 슬픔도 그들이 감당해야 했던 상처의 깊이를 모두 드러내지 못하기 때문이다. 시칠리아는 슬픔의 땅이다. 수탈과 압제에 시달린 땅이다. 무려 2,800년 동안 14번에 걸친 외지인들의 침략을 당했던 곳이고, 지금도 여전히 그 땅은 정치적으로 무시당하고 있고, 극심한 경제적 고립에서 벗어나지 못하고 있다. 시칠리아의 과거는 시칠리아의 피할 수 없는 미래이기에, 그들은 말한다. 우리에게 내일 따위는 없어요….

진정한 시칠리아의 내면과 마주하고 싶은 독자를 위해 추천하고 싶은 책이 있다. 지진과 가뭄, 예측 불허의 지진과 화산 폭발이라는 자연재해,

끊임없는 외부인의 도래와 수탈 속에서도 시칠리아가 지중해의 높은 파도에 휩쓸리지 않았던 이유를 알려면, 이 책을 반드시 읽어야 한다. 팔레르모 출신의 작가 람페두사가 쓴《표범》이다. 시칠리아의 고단했던 역사가 초래한 근원적 불안을 다룬 이 책은 이탈리아의 저명한 서평지〈투로리브리Turrolibri〉가 진행한 "지난 100년 동안 출판된 이탈리아 소설 중 당신이 가장 좋아하는 책은?"이라는 설문 조사에서 단연 1위를 차지했다.

1958년에 출간된《표범》은 람페두사의 유고작이다. 이탈리아의 명감독 루키노 비스콘티Luchino Visconti(1906~1976년)가 동명으로 영화화해서, 1963년 칸 영화제에서 황금종려상을 받은 작품이기도 하다. 이 소설은 1860년, 통일 이탈리아 운동의 영웅 가리발디가 혁명군 '천인대'를 이끌고 시칠리아에 상륙하는 시점부터 시작된다. 작품 이름에 등장하는 '표범'은, 시칠리아를 대표하는 귀족 가문이었지만 시대의 변화와 함께 서서히 몰락해가던 살리나Salina 가문을 상징한다. 이 소설은 살리나 가문의 마지막 영주 돈 파브리치오의 1인칭 시점으로 전개된다. 시칠리아 최고의 명문 귀족이었던 살리나 가문은 돈 파브리치오가 생존했던 시대로 마감되기에, 그는 시칠리아를 지키는 마지막 '표범'으로 묘사되고 있다. 살리나 가문은 1798년 나폴리로 진격하던 프랑스 군대를 피해 시칠리아로 도주했던 페르디난드 1세와 마리아 카롤리나 왕비가 머물렀던 별장을 소유하고 있었고, 그 사건을 기념해 그 별장의 이름을 '돈나푸가타'로 붙였다. 시칠리아의 마지막 '표범'인 돈 파브리치오는 '돈나푸가타' 별장에서 포도주를 들이키며, 새로운 시대가 시작되고 있는 시칠리아의 모습을 조용히 응시하고 있었다.

가리발디의 혁명이 성공을 거두고, 통일 이탈리아 왕국의 행정 관료인 '슈발레이'라는 인물이 돈나푸가타의 영주 돈 파브리치오를 찾아온다.

피에몬테 출신의 기사 계급, 즉 북부의 뼈대 있는 집안 출신의 슈발레이는 돈 파브리치오에게 이탈리아 왕국의 상원 의원이 되어달라는 정부 당국의 초청을 전한다. 이탈리아에 새로운 시대가 도래했으니, 시칠리아의 최고 명문가였던 살리나 가문에서 상원 1석을 차지하는 것이 당연한 이치라는 설명을 구구절절 덧붙였다. 그러나 돈 파브리치오는 이를 정중히 거절한다. 어쩌면 시칠리아 사람들이 외부의 제안이나 유혹에 대응하는 전형적인 모습일 것이다.

> 시칠리아는 이미 늙었습니다. 슈발레이 씨, 우리는 충분히 오래 살았습니다. 적어도 2,500년에 걸쳐 우리는 크고 작은 온갖 문명의 부담을 견뎌왔습니다. 모든 것이 완제품으로, 바깥에서 들어왔습니다. 이 땅에서 태어난 것은 아무것도 없습니다. 한 번도 우리가 앞장서서 보급시킨 적이 없습니다. 귀공이나 영국 여왕처럼 우리도 백인종입니다. 그러나 2,000년 전부터 이곳은 식민지였습니다. 물론 우리 자신에게도 책임이 있습니다. 우리는 피로하고, 지치고 어쨌든 완전히 기운이 쇠하고 말았습니다.[1]

돈 파브리치오의 말대로, 시칠리아는 피로하고, 지치고 기운이 쇠하고 말았다. 크고 작은 문명의 부담을 견디느라 기력이 모두 소진되었기 때문이다. 페니키아, 그리스, 로마, 반달, 동고트, 비잔틴, 사라센, 노르만, 독일의 호엔슈타우펜, 프랑스의 앙주 왕가와 블루아 왕가, 스페인의 아라곤 왕조, 사보이아 왕국과 합스부르크 왕조, 스페인의 부르봉 왕조, 그리고 허스키 작전을 통해 시칠리아 해안에 상륙했던 미국과 영국의 연합군들…. 심지어 자신들의 정치적 목적 때문에 시칠리아를 야만의 땅으로 타자화했던 이탈리아의 정치인들…. 팔코네와 보르셀리노를 암살했던 마피아 깡패들까지. 시칠리아는 정말 완전히 지쳐버렸다.

　그들은 모두 장밋빛 청사진을 제시하며 시칠리아를 유혹해왔다. 그리스인들은 그 알량한 아레투사의 사랑 이야기로 시칠리아와 자신들의 모국과 엮기 위해 잔재주를 부렸고, 로마인들은 그들의 기름진 땅을 칭찬하며 '지중해의 곡물 창고'라고 치켜세웠다. 그러나 그들의 말은 모두 빛 좋은 개살구에 불과했다. 빼앗기 위해 애절한 척했으며, 노예로 삼겠다는 말을 '함께 힘 모아 제국을 건설하자'는 말로 사탕발림했다. 시칠리아의 오늘은 돈 파브리치오에 의해 이렇게 규정된다.

　　폭력적인 자연환경, 잔혹한 날씨, 끝날 것 같지 않은 긴장감은 시칠리아의 모든 것에 깃들어 있다. 과거의 위대한 유산은 장엄한 모습으로 우리에게 다가오지만, 아무도 그 진정한 의미를 알지 못한다. 왜냐하면 우리 주위에 도열해 있는 그것들은 모두 우리가 만든 것이 아니었기 때문이다. 그 아름다운 유적들은 말할 수 있는 능력을 상실한 벙어리 유령일 뿐이다. 사방에서 강력한 무기를 들고 이 땅에 상륙해서 시칠리아를 통치했던 외부인들에게, 우리는 먼저 복종했고, 곧 혐오하게 되었으며, 결국 그들의 의도를 오해하게 되었다. 그들이 남긴 예술 작품을 우리는 이해할 수 없었다. 그저 우리는 그들이 강제로 부과했던 세금에 대해서 매우 민감하게 반응했을 뿐이다. 이 모든 것들이 우리들의 지금 성격을 규정하게 되었다. 언제나 우리의 통제권 밖에 있었던 상황들 때문이었고, 또한 '공포에 질린 섬의 심리 상태' 때문이기도 했다.[2]

　'공포에 질린 섬의 심리 상태'는 시칠리아의 진정한 내면을 바라볼 수 있게 만드는 해석의 코드다. 지중해 남부 지역의 만성적인 게으름으로 시칠리아의 후진적인 현재를 진단할 수 없다. 지중해의 징검다리였다는 지정학적 이유가 만성적인 외지인의 침략을 정당화하거나 그 이유를 설명해주지 못한다. 원인보다 중요한 것은 결과다. '공포에 질린 섬의 심리 상태'라는 현재의 결과가 과거에 시칠리아가 견뎌야만 했던 수난과 좌절을 설명하기에 충분하다. 그들의 고통은 그래서 원인의 파악을 불필요하게 만든다. 시칠리아 주민들이 습관적으로 인상을 찌푸리는 것은 그들이 외부의 것을 혐오하거나 경계하는 것이 아니라, 슬퍼서 우는 것이다. 그러나 작열하는 시칠리아의 태양 아래에서 빠짝 말라버린 눈물샘 때문에, 그들은 눈물을 흘리지 않는다. 아니, 더 정확하게 말하자면, 시칠리아는 눈물을 믿지 않기 때문이다.

## 김도근 작가의 〈시칠리아 어부〉

여행자를 위한 인문학 시리즈는 이제 네 번째 여행을 마친다. 로마(2019년), 베네치아(2020년), 피렌체(2022년)에 이어 시칠리아가 네 번째 여행지였다. 네 권의 책을 쓰기 위해 이탈리아 여러 곳을 여행하는 동안, 나와 늘 동행했던 사진작가가 있었다. 내 둘째 동생이기도 한 김도근 작가다. 김도근 작가는 이 책의 사진을 찍기 위해 시칠리아를 5번 방문했고, 나와 함께 따로 촬영 여행을 하기도 했다. 동생의 사진이라 그런지, 나는 김도근 작가의 사진을 보면서 내 생각을 수정하기도 하고, 가다듬기도 한다. 피사체를 바라보는 김도근 작가의 시선이 내가 사물을 보는 방식과 다르기 때문이다.

여행자를 위한 인문학의 네 번째 여행지가 시칠리아로 결정된 것은 김도근 작가가 처음 시칠리아 여행에서 찍어 온 한 장의 사진 때문이었다.

시칠리아의 어느 어촌 마을에서 고기잡이를 마치고 항구로 돌아온 한 어부를 찍은 사진이었다. 빨간 모자를 눌러 쓴 그 늙은 어부의 모습에서 나는 전율을 느꼈다. '공포에 질린 섬의 심리 상태'를 정확하게 보여주는 이미지였다. 경계하는 눈동자와 가늘게 떨리고 있는 입술, 그것은 시칠리아의 모습이었다.

이 책은 '공포에 질린 섬의 심리 상태'를 정확하게 보여준 그 사진의 주인공에게 바친다. 당신의 모습에서 공포 속에서도 꿋꿋하게 살아가는 한 인간의 진정한 용기를 보았다고 말해주고 싶다. 이 책은 이런 유사한 공포에 시달리면서도, 매일 한 마리 벌떡이는 생선을 잡아 올리기 위해, 바다에 그물을 던져야 하는 주위의 이웃들에게 헌정하고 싶다. 2,800년 동안 14번의 침략을 받았지만, 그래도 지중해의 높은 풍랑에 휩쓸리지 않았던 그 시칠리아 어부의 모습을 기억하라고 얘기해주고 싶다. 또 눈물은 믿지 않아도 되는 것이라고 말해주고 싶다.

2023년 6월, 김도근 작가는 이 사진의 주인공을 다시 만나기 위해 시칠리아를 여섯 번째 방문했지만, 그가 이미 2년 전에 임종했다는 이야기를 동네 사람들로부터 전해 들었다. 어부의 이름은 살바토레 스타빌레 Salvatore Stabile, 평생 시칠리아의 거친 바다를 헤치며 물고기를 잡았고, 그것을 시장에 내다 팔았다고 한다.

더 이상 눈물이 없는 곳에서 그의 영혼이 안식을 누리기를.

# 주

들어가며

1  람페두사가 시칠리아를 묘사할 때 자주 사용한 표현이다. 주세페 토마시 디 람페두사, 최명희 역, 《표범》(광주: 동안, 2015), 296 참조.

2  람페두사의 시칠리아 관찰에 근거한 문장을 문맥에 맞게 수정한 것이다.

3  괴테, 〈이탈리아 여행〉 1787년 4월 3일 일기.

4  괴테, 〈이탈리아 여행〉 1787년 4월 7일 일기.


1장 시칠리아 원주민과 페니키아인의 등장

1  단테, 《신곡》 '천국' 편 제19곡 131행.

2  베르길리우스, 《아이네이스》 1권 50~156행.

3  투키디데스, 《펠로폰네소스 전쟁사》 3권 88절.

4  투키디데스, 《펠로폰네소스 전쟁사》 6권 2절. 라틴어는 시카니 Sicani 로 표기한다.

5  투키디데스, 《펠로폰네소스 전쟁사》 6권 2절. 라틴어는 엘리미 Elymi 로 표기한다.

6  베르길리우스, 《아이네이스》 제5권 23~246행.

7  호메로스, 《오디세이아》 20권 382행. 라틴어는 시쿨리 Siculi 로 표기한다.

8  Emma Blake, "The Mycenaeans in Italy: A Minimalist Position", Papers of the British School at Rome, vol. 76 (2008), 1-34.

9  투키디데스, 《펠로폰네소스 전쟁사》 6권 1장 4절.

10  다음에 등장한다. Great Karnak Inscription(1207 BC) and a wall relief at Medinet Habu (Ramses III mortuary temple) in the 8th year of Ramses III's

reign (1177 BC/1186 BC).

11  투키디데스, 《펠로폰네소스 전쟁사》 6권 1장 5절.

12  투키디데스, 《펠로폰네소스 전쟁사》 6권 2장 6절.

13  카르타고는 페니키아어로 'Karthadasht', 즉 새로운 도시란 뜻이다. 기원전
    1100년경으로 추정.

14  트라파니 앞바다 석호의 작은 섬 위에 모이타를 건설했는데 지금은 모지아
    로 불린다.

15  "레바논의 백향목"은 〈이사야〉 2장 13절, 〈민수기〉 24장 6절, 〈사무엘 하〉
    5장 11절, 〈에스겔〉 17장 3절, 〈시편〉 29편 5절, 〈에스라〉 3장 7절 등 성경에
    약 70회 언급되어 있다.

16  Aldo Volpi and M. Pamela Toti, Motya in the World of the Phoenicians
    (Marsala: La Medusa Editrice, 2014), 28.

17  하인리히 슐리만은 시칠리아 교육부의 초청으로 1875년 모지아를 방문하고
    4일간 발굴 작업을 진행했지만, 인부들의 불성실한 태도에 불만을 표시하며
    떠났다.

18  Claire Lyons and Alexandra Sofroniew, "A charioteer? A dancer?" in Getty
    Voices: Sicilian Journeys (June 17, 2013).


## 2장 그리스 이주민의 정착과 참주의 시대

1  Diodorus Siculus, Bibliotheca historica, XIV 37. 플루타르코스, 《영웅전》 중
   "티몰레온" 12장 1, 2절.

2  베르길리우스는 리파리제도의 화산에도 불카누스(헤파이스토스의 로
   마식 이름)가 대장간에서 일하고 있다고 기록한다. 《아이네이스》 8권
   416~425행.

3  1943년, 시칠리아 독립운동을 이끌었던 안드레아 아프릴레 Andrea Aprile가 처
   음 도입했다.

4  베르길리우스, 《아이네이스》 3권 692~696행.

5   호메로스, 《오디세이아》 9권.

6   호메로스, 《오디세이아》 12권.

7   호메로스, 《오디세이아》 12권 258, 259행.

8   각 버전에 따라 아레투사가 페르세포네의 납치 소식을 알려주었다는 설도
    있고, 연못으로 변한 님프 키아네가 페르세포네의 옷을 호수 수면 위로 떠
    올려 데메테르에게 딸의 행방을 알렸다는 설도 있다.

9   Roberto Sammartano, L'Apollo Archegetes di Naxos e l'identità dei Sicelioti,
    in Historika (August, 2018), 69∼89.

10  플루타르코스, 《모랄리아》 "다섯 가지 비극적인 사랑 이야기" 중 두 번째 이
    야기의 내용이다.

11  같은 발음이지만 월급을 뜻하는 샐러리salary는 로마 군인들이 봉급으로 소
    금을 받았기 때문에 만들어진 단어다.

12  참주정은 '왕'이 통치하는 왕정과 닮았지만, 약간 다른 점이 있다. 강압적인
    정치로 백성들을 가난하게 만들어 무력화시키고, 서로 불신하도록 조장하
    고, 군사적으로 무기력하게 만들어 백성을 통치하는 방식이다. 왕정과 참주
    정의 차이에 대해서는 아리스토텔레스 《정치학》 5권 11장 참조.

13  이러한 건축 양식을 '슈도페립테랄Pseudo-peripteral' 혹은 '슈도페리스타시스
    Pseudo-peristasis'라고 한다.

14  사절단의 발표 내용은 헤로도토스, 《역사》 7권 157절.

15  헤로도토스, 《역사》 7권 145절.

16  헤로도토스, 《역사》 7권 163절. 대표로 보냈던 카드모스는 보물을 착복하지
    않아, 정직한 사람임을 증명했다.

17  공화정 시대의 로마를 공포로 몰아넣었던 한니발의 아버지 하밀카르 바르
    카와 혼동해서는 안 된다.

18  헤로도토스는 하밀카르가 전장에서 사라졌다는 설과 스스로 목숨을 끊었다
    는 두 가지 설을 기록했다. 헤로도토스, 《역사》 7권 166∼167절.

19  그리스어로는 Κακού κόρακος κακόν ωόν이다.

20  고르기아스는 아테네에서 소피스트로 활약하게 된다. 플라톤은 연설의 중
    요성과 의미에 대한 소크라테스의 대화 편 제목을 "고르기아스"라고 붙였
    다. 그는 연설의 달인이었으며 말의 힘으로 무엇에 대해서든 다른 사람들의
    마음을 정반대로 바꿀 수 있는 인물로 소개된다. 플라톤 저, 김인곤 역, 《고
    르기아스》(서울: 이제이북스, 2011년), 55~57.

21  시라쿠사의 헤르모크라테스가 한 연설로 기록되어 있다. 투키디데스, 《펠로
    폰네소스 전쟁사》 4권 59~63절.

22  투키디데스, 《펠로폰네소스 전쟁사》 4권 60절.

23  투키디데스, 《펠로폰네소스 전쟁사》 4권 61절.

24  플라톤의 대화편인 "라체스"에 주인공으로 등장하는 라체스는 보수적인 장
    군의 모습을 보여준다. 라체스는 희극작가 아리스토파네스의 〈말벌들The
    Wasps〉에도 등장하는데, 귀국 후 부정 혐의로 고소당했지만 무죄로 판명 난
    다는 줄거리다.

25  투키디데스, 《펠로폰네소스 전쟁사》 7권 87절.

26  Alison Burford, "Temple Building at Segesta," The Classical Quarterly (May
    1961) vol. 11, no. 1, pp. 87~93.

27  이 한니발 마고는 카르타고 전쟁의 한니발과 다른 인물이다.

28  아테네의 플라톤 아카데미의 학생 일부도 디온의 반란에 적극적으로 협조
    했다. 정의감에 디온의 반란에 참여했다가 죽은 에우데모스를 추모하기 위
    해 아리스토텔레스가 "대화 편"을 썼다.

29  키케로의 《투스쿨룸 대화Tusuclanae Disputationes》 5권 61절에 소개되었다.

30  플라톤 편지의 위작 시비에 관한 자세한 정보는 강철웅, 김주일, 이정호
    가 옮긴 다음 자료를 참고하라. 플라톤, 《편지들》(서울: 이제이북스, 2009),
    9~38.

31  디오게네스 라에르티오스, 《그리스 철학자 열전》 8권 2장 엠페도클레스 편.

32  아리스토텔레스, 《시학》 1권 17~20절.

33  아리스토텔레스, 《형이상학》 A. 4. 985a 31~33.

34 디오게네스 라에르티오스, 《그리스 철학자 열전》 8권 2장 엠페도클레스 편, 76절.

35 이 글은 엠페도클레스가 쓴 "정화 의례들"의 일부분이다. 본문은 디오게네스 라에르티오스, 《유명한 철학자들의 생애와 사상 2》(파주: 나남, 2021), 199.

36 디오게네스 라에르티오스, 《그리스 철학자 열전》 8권 2장 엠페도클레스 편.

37 알렉산드리아의 클레멘스, 〈학설집〉, V. 9. 김인곤 외 번역, 《소크라테스 이전 철학자들의 단편 선집》(서울: 아카넷), 421.

38 디오게네스 라에르티오스, 《그리스 철학자 열전》 8권 2장 엠페도클레스 편, 70절.

39 플루타르코스, 《영웅전》 티몰레온 편, 7절 1행.

40 플루타르코스, 《영웅전》 티몰레온 편, 187.

41 가족사에 얽힌 애증 관계 때문에 아가토클레스는 상속에 염증을 느꼈다. 첫째 아들이 자신의 두 번째 아내와 불륜을 저질렀다는 소문 때문에 불화를 일으키고, 첫째 아들의 아들, 즉 손자가 둘째 아들 암살을 시도하자 아가토클레스는 시라쿠사 시민들이 자신의 상속자라고 발표했다.

42 마키아벨리, 《군주론》 8장.

43 그 이유는 마키아벨리의 《군주론》이 메디치 가문에 바친 자신의 이력서와 같은 성격을 가졌기 때문이다. 자세한 설명은 다음을 참고하라. 김상근, 《마키아벨리: 세상에서 가장 위험한 현자》(서울: 21세기북스).

44 마키아벨리, 《군주론》 8장.

45 펠로폰네소스 전쟁 이후 그리스의 패권을 장악한 스파르타에 반발했던 도시 국가들이 일으킨 전쟁을 '코린트 전쟁'이라고 하는데, 이 전쟁 중에 시라쿠사의 참주 디오니시우스 1세가 침공했던 곳이 바로 에피로스다(기원전 385년).

46 마키아벨리, 《군주론》 4장.

3장 로마의 속주로 편입된 시칠리아

1 카르타고의 한니발은 카르타고군이 이탈리아를 점령하는 동안 로마군이 시

칠리아를 거쳐 카르타고를 직접 반격하는 것을 막기 위해, 전쟁을 시작하기 전에 시칠리아에 강력한 주둔군을 배치시켰다. 리비우스, 《로마사》 21권 21절.

2    마키아벨리, 《군주론》 6장.

3    마키아벨리, 《군주론》 13장. 이 부분에 대한 강정인과 김경희의 각주에는 오류가 있다.

4    기원전 466년 참주 트라시불로스가 물러난 것을 기념해 지은 제단을 히에론 2세가 확장했다.

5    C. Antonella di Noto, The Neapolis Archeological Park in Syracuse (Sillabe, 2017), 13.

6    아테네의 디오니소스 극장은 1만 7,000명, 에피다우로스 극장은 1만 4,000명, 타오르미나의 그리스 극장은 약 1만 명, 세제스타 극장은 4,000명을 수용할 수 있다.

7    리비우스, 《로마사》 24권 4절.

8    리비우스, 《로마사》 24권 11절.

9    Vitruvius, De Architectura, Book IX, paragraphs 9~12.

10   그리스어로 '둘레'를 뜻하는 페리메트로스περίμετρος의 첫 글자 π에서 '파이'가 나왔다.

11   리비우스, 《로마사》 24권 34절.

12   리비우스, 《로마사》 25권 24절.

13   리비우스, 《로마사》 25권 25절.

14   리비우스, 《로마사》 25권 29절.

15   시칠리아의 귀족 자제들이 기병으로 자원한 300명을 훈련시키고 장비를 조달해준 기록이 나온다. 리비우스, 《로마사》 19권 1절. 스키피오는 시라쿠사에서 그리스 유민들을 지지해주었다.

16   시칠리아에서 발생한 노예 전쟁에 관해서는 다음을 참고하라. Natale Barca, Rome's Sicilian Slave Wars: The Revolts of Eunus and Salvius, 136~132 and

105~100 BC (Pen & Sword Military, 2020).

17  Dirk Booms and Peter Higgs, Sicily: Culture and Conquest (London: The British Museum, 2016), 134.

18  아르키데메스의 무덤 발견은 키케로의 《투스쿨룸 대화Tusculanae Disputationes》 5권 64~66절에 자세히 설명되어 있다.

19  플루타르코스, 《영웅전》 중 키케로 편, 6절.

20  키케로의 〈베레스를 반대하며In Verrem〉 중 두 번째 연설, 2장 5절. 이 표현은 키케로가 대 카토Cato the Elder의 말을 인용한 것이다.

21  키케로의 1차 탄핵문은 다음을 참고하라. 키케로, 김남우 외 옮김, 《설득의 정치》(서울: 민음사, 2015), 92~118.

22  베르길리우스, 《아이네이스》 1권 94, 95절.

23  베르길리우스, 《아이네이스》 5권 34절.

24  호메로스, 《일리아스》 23장.

25  베르길리우스, 《아이네이스》 5권 630절.

26  세제스타란 이름의 한 여성은 괴물의 위협을 받고 있던 트로이를 떠나 시칠리아에 오래전에 정착했다. 낯선 땅에서 세제스타는 강의 신인 크리니수스와 결혼하여 아들 아케스테스를 낳았다.

27  베르길리우스, 《아이네이스》 5권 700~703절.

28  베르길리우스, 《아이네이스》 5권 762~771절.

29  6개 도시에 로마의 전역 용사들이 이주했다. 6개의 주요 도시는 타오르미나, 카타니아, 시라쿠사, 틴다리Tindari, 테르미니 이메레세Termini Imerese, 팔레르모였다.

30  Frank Sear, "The Theatre in Taormina, a New Chronology" Papers of thr British School of Rome, 1996, vol. 64, pp. 41~79.

31  괴테, 《이탈리아 여행》 1787년 5월 7일 타오르미나에서.

32  그의 부제副帝는 콘스탄티우스(콘스탄티누스 대제의 아버지)였고 동로마 지역은 디오클레티아누스가 황제를, 갈레리우스가 부제를 맡고 있었다.

**33** 〈사도행전〉 28장 11~14절.

**34** 사도 바울은 언제나 유대인의 회당을 방문하고 복음을 전파했다. 총 11개 도시의 회당을 찾아갔다.

## 4장 반달, 동고트, 비잔틴의 통치가 이어진 시칠리아

**1** 시칠리아로 오던 도중 비잔틴 군사 500여 명이 식중독으로 사망했다. 그들이 먹은 빵에 문제가 있었고, 벨리사리우스 장군은 시라쿠사에서 새 빵과 식량을 구입해 아프리카로 향했다.

## 5장 사라센의 시칠리아 정복과 통치

**1** 수도승 테오도시오스Theodosios가 현장에서 남긴 기록이다. 현대 자료는 Adele Cilento and Alessandro Vanoli, Arabs and Normans in Sicily and the South of Italy (Bologna: Magnus Edizioni, 2022), 26.

**2** Sandra Benjamin, Sicily: Three Thousand Years of Human History (Hanover: Steerforth Press, 2006), 141.

**3** 전설에 의하면 베르베르족은 다윗이 죽인 골리앗의 후손들이라고 한다. 이들은 유대인에게 팔레스타인 땅을 빼앗기고 북아프리카로 이주한 민족이다. 이 민족의 일부가 아랍화 과정을 거쳐 이슬람 신앙을 받아들였다.

**4** Adele Cilento and Alessandro Vanoli, Arabs and Normans in Sicily and the South of Italy (Bologna: Magnus Edizioni, 2022), 39.

**5** 노르만의 왕 윌리엄 1세가 1165년 여름 별장으로 건축을 시작한 라 지사La Zisa나 그의 아들 윌리엄 2세가 1180년에 건축한 라 쿠바La Cuba는 북유럽에서 온 노르만인들에게 사라센 문화가 얼마나 강력한 인상을 남겼는지 잘 보여주고 있다.

**6** Adele Cilento and Alessandro Vanoli, Arabs and Normans in Sicily and the South of Italy (Bologna: Magnus Edizioni, 2022), 52.

**7** 시칠리아 사람들은 매년 12월 3일, 산타 루치아 축일에 꼭 아란치니를 먹는

다. 1646년 대기근으로 굶주림에 지쳐 있던 시칠리아 사람들은 마침 산타
루치아 축일이었던 그해 12월 3일, 항구에서 구호물자와 식량이 가득 실은
선박이 도착하는 것을 보고 기쁨의 눈물을 흘렸다. 굶주림에 시달리던 그들
을 위해 시칠리아의 요리사들이 바로 조리할 수 있는 쌀을 가져다가 아란치
니를 만들었다.

8 《데카메론》의 4일째 일화 중 5번째 이야기다.

## 6장 프랑스 노르만의 시칠리아 통치

1 이븐 알-와르디는 유럽 문헌에서 'Bernavert'로 소개되고 있지만, 이슬람 역
사에는 정확한 이름이 알려져 있지 않다. John J. Norwich, The Normans in
the South, 1016~1130 (Faber & Faber, 2018), 254 각주 참조.

2 단테, 《신곡》 '천국' 편 18곡 47행.

3 Sandra Benjamin, Sicily: Three Thousand Years of Human History (Hanover:
Steerforth Press, 2006), 149. 김상근 번역.

4 로제 2세의 왕 가운은 신성 로마 제국의 황제들이 사용했기 때문에 현재 빈
에 소장되어 있다.

5 이 연합 전선을 주창한 사람은 클레르보Clairvaux의 수도원장 베르나르도Ber-
nardo였다.

6 Edmund Curtus, Roger of Sicily (New York: Knicker Press, 1912), 124.

7 당시 교황청이 로제 2세에게 민감한 반응을 보인 이유는 그가 1130년 교황
선거의 결과를 받아들이지 않고 대립 교황 아나클레투스 2세를 지지했기 때
문이다. 당시 합법적인 교황은 인노켄티우스 2세(1130~1143년 재위)였다.

8 Edmund Curtus, Roger of Sicily (New York: Knicker Press, 1912), 203.

9 Adele Cilento and Alessandro Vanoli, Arabs and Normans in Sicily and the
South of Italy (Bologna: Magnus Edizioni, 2022), 84.

10 프레토리아 분수는 1544년 피렌체에서 정원 장식 조각으로 제작되었지만
1574년 팔레르모로 옮겨 와서 시청사 앞에 설치되었다. 19세기 팔레르모 시

의 부정부패를 상징하는 건물처럼 여겨지고 노골적인 누드가 인근 수녀들에게 수치를 안겨준다고 해서 "수치의 광장Piazza della Vergogna"으로 불리기도 했다.

11 Andele Cilento, Byzantine Mosaics in Norman Sicily (Bologna: Magnus Edizioni, 2018), 104.

12 Edmund Curtus, Roger of Sicily (New York: Knicker Press, 1912), 214에서 재인용.

13 김정위, 《이슬람 문헌에 비친 한반도 상》(서울: 장보고기념사업회, 2005), 92에서 재인용. 김정위는 문경현의 연구를 인용하며 카이와Kaiwa를 계림鷄林으로 해석한다. 문경현文暻鉉, 《新羅國研究》(1970), 〈大兵史學〉第二號 참조.

14 Maria Antonietta Spadaro, The Arab-Norman Itinerary (Palermo: Kalos, 2018), 122~125.


## 7장 독일 호엔슈타우펜 왕가의 시칠리아 통치

1 살리카 법은 500년경 프랑크 왕국의 클로비스Clovis 황제가 세운 원칙이다.

2 살림베네는 〈프리드리히 2세의 12가지 재앙〉에서 편견에 가득 찬 글로 황제를 비판했다.

3 살림베네의 기록에 의하면 그 아기들은 결국 언어 사용을 하지 못했고, 모두 사랑의 결핍으로 죽어나갔다고 한다.

4 한형곤, 《이탈리아 문학의 연구》(서울: 외대출판부, 2009), 88.

5 시오노 나나미, 《황제 프리드리히 2세의 생애》 하편(서울문화사, 2021), 299에서 재인용.

6 단테, 《신곡》 '지옥' 편 제10곡 119행.

7 단테, 《신곡》 '천국' 편 제19곡 131~135행. 단테는 〈속어론De vulgari eloquentia〉 1.12.4에서 프리드리히 2세와 그의 아들 만프레디를 이상적인 군주로 찬양한 바 있다.

8 아베로에스가 아랍어로 번역했던 아리스토텔레스의 책을, 다시 라틴어로

옮긴 사람은 스코틀랜드 출신의 수도사 마이클 스콧<sup>Michael Scot</sup>이었다. 프리드리히 2세보다 20살 정도 많았던 그는 옥스퍼드와 파리의 대학교에서 수학한 후 스페인의 톨레도에서 학문에 전념하다 프리드리히 2세를 만났다. 그는 황제의 후원을 받으며 아베로에스의 책을 라틴어로 옮겼다.

9   이 별명은 영국 출신의 베네딕트회 수도사이자 연대기 작가였던 매슈 파리스<sup>Matthew Paris</sup>의 글에 나온다.


## 8장 프랑스 카페 왕조의 시칠리아 통치

1   레오나르도 브루니는 조금 다른 이야기를 전하고 있다. 팔레르모 축제 때 무기 소지 여부를 점검하던 프랑스 군인이 한 시칠리아 여성의 가슴을 만져 이에 격분한 팔레르모 사람들이 살인을 시작했다고 한다.


## 9장 스페인 아라곤 왕조의 시칠리아 통치

1   《표범》, 297. 인용된 문장은 저자 김상근의 번역이다.

2   이 해석은 런던 대학교 코톨드 미술대학에서 르네상스 미술사를 전공하고 있는 최현주와의 대화를 통해 인사이트를 얻었다.

3   조르조 바사리, 《예술가 열전》 안토넬로 다 메시나 편.

4   김상근, 《카라바조: 이중성의 살인미학》(파주: 21세기북스, 2016).

5   카라바조가 시칠리아에서 그린 세 작품에 대한 자세한 설명은 다음을 참조하라. 김상근, 《카라바조: 이중성의 살인미학》(파주: 21세기북스, 2016), 260~284.

6   산타 마리아 수도원 성당<sup>Santa Lucia alla Badia</sup>에 전시되어 있던 이 작품은 보존을 위해서 최근 산타 루치아 성묘 대성당으로 이전되어 전시되고 있다.

7   산타 루치아의 유해가 시칠리아를 떠나 베네치아에 매장된 과정에 대해서는 다음을 참조하라. 김상근, 《삶이 축제가 된다면》(시공사, 2020), 231~238.


시칠리아는 눈물을 믿지 않는다

## 10장 사보이아, 합스부르크, 부르봉 왕조의 통치

1  스페인 부르봉 왕가는 프랑스 루이 14세의 손자이자 앙주 공작이었던 펠리페 5세가 문을 열었다.

2  괴테, 〈이탈리아 여행〉 1787년 4월 3일 팔레르모에서 쓴 일기.

3  괴테, 〈이탈리아 여행〉 1787년 4월 5일 일기.

4  괴테, 〈이탈리아 여행〉 1787년 4월 13일 일기.

5  괴테, 〈이탈리아 여행〉 1787년 4월 20일 일기.

6  괴테, 〈이탈리아 여행〉 1787년 4월 20일 일기.

7  괴테, 〈이탈리아 여행〉 1787년 4월 28일 일기.

8  괴테, 〈이탈리아 여행〉 1787년 4월 28일 일기.

9  비스카리 가문은 1693년 대지진 이후에 왕궁을 건축했고 지금도 건물이 남아 있다.

10  괴테, 〈이탈리아 여행〉 1787년 5월 13일 일기. 저자의 번역.

11  나폴리에서 시칠리아로 가는 전함에 나폴리 대사 윌리엄 해밀턴 부부가 동승하고 있었다. 항해하는 동안 해밀턴 부인이 넬슨 제독과 불륜을 맺는 유명한 사건이 발생한다.

## 11장 통일 이탈리아로 편입된 시칠리아와 무솔리니의 파시스트 통치

1  마키아벨리는 페트라르카의 《칸초니에레 Canzoniere》 중 "나의 이탈리아, 그 이름 허공에 메아리친다 해도 Italia mia, benché 'l parlar sia indarno"를 인용하고 있다. 분열된 이탈리아의 각 도시 국가의 지도자들에게 독일(신성 로마 제국)의 침략에 맞서고 용병제의 모순을 직시하라는 탄원을 담고 있다.

2  1831년까지 통일 이탈리아를 위해 활동하던 독립투사들의 비밀 단체였다.

3  1807년, 프랑스 남부 니스에서 태어난 가리발디는 집안 전통에 따라 무역업에 종사했다. 25살의 가리발디는 무역선의 선장 자격증을 취득해 멀리 러시아에까지 직접 농산물을 운송하는 일에 종사했다. 1833년, 제노아에서 이탈리아 독립운동 지도자 주세페 마치니를 처음 만났고 이듬해인 1834년부터

혁명에 적극적으로 가담했다.

4  사실 오스트리아는 베네치아를 이탈리아가 아니라 프랑스에 넘겨줄 계획이
었다. 프랑스가 프로이센 편에 서지 않으면, 전쟁 후에 베네치아를 프랑스
에 양도하겠다는 비밀 합의를 한 바 있었다. 그러나 프랑스의 나폴레옹 3세
는 베네치아 지역을 이탈리아 왕국에 양보하고, 대신 다른 땅을 요구했다.
지금 프랑스 영토가 된 사보이아 왕국과 니스가 이때 베네치아와 맞교환되
어 프랑스로 넘어갔다.

5  친 교황청 정책을 고수했던 프랑스 나폴레옹 3세의 주선으로 이루어진 결
정이다. 로마 교황청을 이탈리아 왕국에 편입시키지 않으려는 교황 피우스
9세의 의사에 따라 수도가 피렌체로 결정되었다. 이른바 '제4차 이탈리아
통일 전쟁'이라 불리는 로마 점령(1870년)을 거쳐, 1871년 로마가 이탈리아
왕국의 수도로 최종 결정되었다.

6  사보이아 정부는 시칠리아의 치안 유지를 위해 부르봉 왕조 시대의 관리를
고용했다. 혁명의 와중에 초래된 재산권 침해 사건을 조사하는 과정에서 공
무원과 토착 지주 간의 유착이 발생했고, 이에 대한 불만이 고조되었다. 종
교 기관의 소유에 대한 조사 과정에서도 부정이 발생해 큰 반발을 불러일으
켰다.

## 12장 연합군의 시칠리아 상륙과 마피아의 등장

1  James Holland, Sicily '43 (London: Penquin Random House, 2021),
120~121.

2  John Dickie, Cosa Nostra: A History of the Sicilian Mafia (London: Coro-
net, 2004), 248~253.

3  James Holland, Sicily '43 (London: Penquin Random House, 2021), 548.

4  허스키 작전과 럭키 루치아노의 협력 관계는 1954년 뉴욕에서 작성된 〈헐랜
즈 보고서Herlands Report〉를 통해 알려지게 되었다.

5  Francesco Benigno, "Rethinking the origins of the Sicilian Mafia. A new in-

terpretation", Baria, vol. 22, no. 1 (2018).

6  James Holland, Sicily ´43 (London: Penquin Random House, 2021), 114.

7  미국의 석유 재벌 진 폴 게티Jean Paul Getty의 손자를 납치한 것도 은드랑게타 조직이었다. 이 내용은 영화 〈올 더 머니〉로 제작되었다.

## 13장 자치 구역으로 선포된 시칠리아와 오늘의 모습

1  유럽연합통계국 2021년 기준으로, 청년의 범위는 15~29세이며 이탈리아 전체 실업률은 10퍼센트다.

2  아버지 살바토레 파치노Salvatore Pacino는 시칠리아 북부의 산 프라텔로San Fratello 출신이었고, 외조부 부부(제임스 게랄디와 케이트 게랄디)는 코를레오네 출신의 미국 이민자였다.

3  주소는 Piazza Fossia, 7, 98038 Savoca ME, Italy.

4  주소는 Via S. Nicolò, 4, 98038 Savoca ME, Italy.

## 나가며

1  《표범》 292, 293.

2  《표범》 297. 인용된 문장은 저자 김상근의 번역이다.

# 도판 출처

11쪽 ⓒ김도근.

14쪽 ⓒ최현진.

16쪽 ⓒ최현진.

21쪽 ⓒ김도근.

23쪽 ⓒ김도근.

24쪽 ⓒ최현진.

27쪽 Wikimedia/ⓒAEK.

32쪽 ⓒ김도근.

36쪽 ⓒ김도근.

37쪽 ⓒ김도근.

38쪽 ⓒ김도근.

40쪽 Wikimedia.

42쪽 ⓒ김도근.

43쪽 ⓒ김도근.

46쪽 ⓒ김도근.

48쪽 ⓒ김도근.

50쪽 ⓒ김도근.

53쪽 ⓒ김도근.

56쪽 Flickr/ⓒMichele Ahin.

58쪽 ⓒ김도근.

61쪽 ⓒ김도근.

63쪽 ⓒ김도근.

66쪽 Wikimedia/ⓒLouisAragon.

68쪽 ⓒ김도근.

70쪽 ⓒ김도근.

76쪽 ⓒ김도근.

79쪽 ⓒ김도근.

81쪽 ⓒ김도근.

83쪽 ⓒ김도근.

87쪽 Wikimedia/ⓒfonte.

89쪽 ⓒ김도근.

90쪽 Wikimedia.

95쪽 ⓒ김도근.

104쪽 ⓒ김도근.

107쪽 Wikimedia/ⓒMarie-Lan Nguyen.

117쪽 ⓒ최현진.

119쪽 ⓒ김도근.

125쪽 ⓒ김도근.

128쪽 Wikimedia.

131쪽 ⓒ김도근.

135쪽 ⓒ김도근.

140쪽 ⓒ김도근.

141쪽 Wikimedia.

145쪽 ⓒ김도근.

149쪽 ⓒ김도근.

150쪽 ⓒ김도근.

153쪽 ⓒ김도근.

158쪽 ⓒ김도근.

160쪽 Wikimedia/ⓒMDavenhill.

168쪽 Wikimedia.

172쪽 ⓒ김도근.

174쪽 ⓒ김도근.

시칠리아는 눈물을 믿지 않는다

176쪽 ⓒ김도근.

179쪽 ⓒ김도근.

183쪽 Wikimedia.

188쪽 ⓒ최현진.

190쪽 Wikimedia.

196쪽 Wikimedia/ⓒG.dallorto.

198쪽 Wikimedia.

200쪽 ⓒ김도근.

204쪽 ⓒ최현진.

207쪽 ⓒ김도근.

210쪽 ⓒ김도근.

211쪽 ⓒ김도근.

212쪽 ⓒ김도근.

214쪽 ⓒ김도근.

216쪽 Wikimedia/ⓒKonrad Miller.

220쪽 Wikimedia/ⓒMatthias Süßen.

224쪽 ⓒ김도근.

230쪽 Wikimedia.

234쪽 Wikimedia.

237쪽 ⓒ김도근.

242쪽 Wikimedia.

244쪽 ⓒ김도근.

245쪽 ⓒ최현진.

249쪽 Wikimedia.

253쪽 ⓒ김도근.

255쪽 Wikimedia.

266쪽 ⓒ김도근.

273쪽 ⓒ김도근.

275쪽 ⓒ최현진.

277쪽 ⓒ김도근.

279쪽 Wikimedia.

285쪽 Wikimedia.

286쪽 Wikimedia.

288쪽 Wikimedia.

290쪽 ⓒ최현진.

291쪽 ⓒ김도근.

293쪽 ⓒ김도근.

295쪽 ⓒ김도근.

298쪽 ⓒ김도근.

307쪽 ⓒ김도근.

308쪽 ⓒ김도근.

309쪽 ⓒ김도근.

310쪽 ⓒ김도근.

316쪽 Wikimedia.

317쪽 ⓒ김도근.

318쪽 ⓒ김도근.

322쪽 Wikimedia.

329쪽 ⓒ김도근.

335쪽 Wikimedia.

349쪽 ⓒ김도근.

353쪽 ⓒ김도근.

355쪽 ⓒ김도근.

357쪽 ⓒ김도근.

363쪽 ⓒ김도근.

# 찾아보기

시칠리아는 눈물을 믿지 않는다

시칠리아는 눈물을 믿지 않는다

시칠리아는 눈물을 믿지 않는다

# 시칠리아는 눈물을 믿지 않는다

**초판 1쇄 인쇄일** 2023년 7월 18일
**초판 1쇄 발행일** 2023년 7월 25일

**지은이** 김상근

**발행인** 윤호권
**사업총괄** 정유한

**편집** 최안나 **디자인** 박정원 **마케팅** 윤아림
**발행처** ㈜시공사 **주소** 서울시 성동구 상원1길 22, 6~8층(우편번호 04779)
**대표전화** 02-3486-6877 **팩스(주문)** 02-585-1755
**홈페이지** www.sigongsa.com / www.sigongjunior.com

글 ⓒ김상근, 2023 | 사진 ⓒ김도근, 2023

ISBN 979-11-6925-874-6 03900

*시공사는 시공간을 넘는 무한한 콘텐츠 세상을 만듭니다.
*시공사는 더 나은 내일을 함께 만들 여러분의 소중한 의견을 기다립니다.
*잘못 만들어진 책은 구입하신 곳에서 바꾸어 드립니다.

**WEPUB** 원스톱 출판 투고 플랫폼 '위펍' _wepub.kr
위펍은 다양한 콘텐츠 발굴과 확장의 기회를 높여주는
시공사의 출판IP 투고·매칭 플랫폼입니다.